老活・終活のウソ、ホント70

—データや研究実践、経験からみた実像—

川村匡由

大学教育出版

はじめに

総務省の統計によると、日本の総人口は2018（平成30）年4月に発表された2017（平成29）年10月1日現在の推計は約1億2670万人で、このうち、65歳以上の高齢者は同3515万人と総人口の27・7％を占め、世界一高齢の国となっている。これに伴い、毎年約130万人が死亡している。「多死社会」といわれるゆえんである。

しかも、このような高齢社会は今後、さらに顕著となるものの、総人口は合計特殊出生率が低迷した状態で推移する傾向にあるため、2030年には総人口が1億1662万人に減少する反面、65歳以上の高齢者は同3685万人に増加する。これに伴い、総人口の31・6％が65歳以上の高齢者、5人に1人は75歳以上の後期高齢者となる見込みで、年金や医療、介護、子育てなどの社会保障給付費が今後も増大の一途であるにもかかわらず、国と地方の債務残高は2018（平成30）年現在、約1107兆円と世界屈指の〝借金大国〟になっている。このため、政府はその財源を調達すべく、消費税の増税や年金の支給開始年齢の繰り下げ、医療費の自己負担の引き上げの一方、在宅医療の普及や「要介護3」以上の介護老人福祉施設（特別養護老人ホーム：特養）の入所に限定するなど給付の抑制に躍起である。

そこで、高齢者がにわかに関心を高めているのが定年退職後の老後の生活と死への準備、いわゆる老活と終活である。折しも現役世代の約4割は非正規労働者で厳しい生活を強いられている半面、団塊世代など高齢者は比較的裕福で、日本銀行の調査によると、その金融資産は2017（平成29）年12月現在、総額約1880兆円で、うち同1000兆円は60歳以上の高齢者で占められている。しかも、高齢者世帯の約4割が一世帯当たり2000万円以上の金融資産を持つといわれているため、このような高齢者に対し、官民がこぞって個人年金や生命保険、民間介護保険などへの加入による自助努力を吹聴《ふいちょう》する一方、金融機関や寺院、葬祭業者なども財産管理や生活用品の整理、遺言、相続、葬儀、墓守など老活や終活に関わる新聞の広告記事や折り込みチラシ、ダイレクトメール、ウェブサイト、電話、無料セミナー、相談会などを通じ、売り込みに躍起である。

ところが、独立行政法人国民生活センターのまとめによると、２０１７（平成29）年度、全国の消費生活センターに寄せられた相談は金融商品への投資や健康食品の送り付けなどを中心に計約94万件、また、警察庁の調査によると、刑法犯認知件数のうち、高齢者が被害者となった件数は２０１６（平成28）年現在、振り込め詐欺や住宅のリフォームなどを中心に同11万件に上っており、ともに注意を呼びかけている。

そこで、善良な高齢者が「老後のトラの子」である年金や預貯金、退職金、不動産などを浪費せず、「確かな老活」、「後悔しない終活」のため、政府など公的なデータや筆者の過去約30年にわたる社会保障の研究実践、不動産取り引き、老親《ろうしん》の介護や死別に伴う葬儀、相続、墓守、登記などの経験を踏まえ、そのウソを見抜き、ホントの実像を示して具体的な対応法をまとめた。そのうえで、「老活・終活のポイント5」と題し、これから老活や終活を実践するにあたり、必要な自分のタイムライン（年表）や消費者運動への関わりなどの善後策を5つにまとめた。その意味で、本書が老活や終活に関心を持つ多くの読者諸兄姉のお役に立てばこれにまさる喜びはない。

なお、老活や終活の実践にあたり、ご相談があれば本書に差し込んである「愛読者無料相談カード」にそのむねお書きのうえ、大学教育出版編集部「老活・終活のウソ、ホント70」係までお寄せいただければ責任をもってお答えします。

最後に、本書の上梓にあたりその編集の労をとっていただいた大学教育出版社長の佐藤守および社彩香両氏に対し、貴重な紙面をお借りして深く感謝したい。

２０１９（平成31）年3月

社会保障学者・武蔵野大学名誉教授　川村　匡由

老活・終活のウソ、ホント70

——データや研究実践、経験からみた実像——

目次

はじめに……i

第1章　老活のウソ、ホント45……1

1「人生100年時代」はウソ、ホントは「人生70〜90年時代」である。……1
2「60〜65歳定年制」はウソ、ホントは雇い止めや非正規雇用などのため、中途退職が続出、60〜65歳の定年まで勤める人は年々減っている。……6
3「税金は累進課税」はウソ、ホントは所得税率も相続税率も富裕層を優遇しており、相変わらず不公平税制のままである。……8
4「消費税は全額、社会保障の財源」はウソ、ホントは大半は赤字国債の減額などの財源に支出されている。……10
5「年金の保険料は2017（平成29）年度以降、固定化する」はウソ、ホントは今後の少子高齢化や人口減少によって引き上げが避けられないからである。……14
6「社会保険料の労使折半は世界の趨勢《すうせい》」はウソ、ホントは使用者の負担の方が大きい国もある。……17
7「専業主婦は国民年金の保険料が未納付」はウソ、ホントは夫が加入する厚生年金や共済年金の制度全体で負担している。……19
8「日本の国民負担率はまだまだ低い」はウソ、ホントはヨーロッパ諸国並みに高くなりつつある。……22
9「社会保障の機能は所得の再分配」はウソ、ホントは社会保障以外の赤字国債の補填《ほてん》のほか、土建型公共事業や防衛費に過大に拠出されており、機能不全を来《きた》している。……24
10「国民皆年金・皆保険」はウソ、ホントは非正規雇用者などは公的年金や医療保険の対象から漏《も》れている。……26
11「退職一時金は平均1900万円」はウソ、ホントは学歴や資格、技術、雇用先の規模、勤続年数などにより1000万円にもならない人もいる。……28
12「退職一時金は功労金」はウソ、ホントは賃金の後払いである。……29

13「生涯賃金は約3億円」はウソ、ホントはせいぜい2億〜1億円である。……… 33
14「福利厚生」はウソ、ホントは人事労務管理である。……… 36
15「老後の生活費は最低月25万円」はウソ、ホントは同15〜20万円程度である。……… 37
16「公的年金はもらえる・くれる」はウソ、ホントは受け取る権利である。……… 40
17「サラリーマンの公的年金は現役時代の給与の6割」はウソ、ホントは5〜4割である。……… 44
18「基礎年金は全国民共通の最低年金」はウソ、ホントは自営業・自由業、専業主婦などは老後の最低生活費が不足する。……… 48
19「サラリーマンの妻（専業主婦）は離婚したら夫と公的年金を折半」はウソ、ホントは夫の老齢厚生（退職共済）年金の半額だけである。……… 50
20「〝消えた年金〟〝宙に浮いた年金〟はすべて処理済み」はウソ、ホントは職務怠慢のため、進んでいない。……… 52
21「私的年金も物価にスライドされて増額されるほか、遺族年金もある」はウソ、ホントはいずれもない。……… 54
22「公的年金は一元化によって官民格差を是正」はウソ、ホントは公務員、私学教職員の3階建て部分は温存されている。……… 56
23「パッケージ旅行は割安」はウソ、ホントはそれなりの内容にとどまっている。……… 58
24「公共の宿は宿泊料金を据え置いたままのため、ホテルや旅館よりも高い」はウソ、ホントはロケーションや付帯設備がホテルや旅館よりもすぐれており、実質的には割安である。……… 59
25「ワンルームのリゾートマンションは破格」はウソ、ホントは管理費や維持費が別途負担となるため、投資の対象にならない。……… 62
26「民間資格を取って起業できる」はウソ、ホントはほとんどが〝名ばかり資格〟で起業など困難である。……… 63
27「住宅のリフォーム費用は総額200万〜300万円」はウソ、ホントは相場がなく、業者次第である。……… 65

28「破格の物件」はウソ、ホントは未開発地や〝ワケあり（事故）物件〟のため、要注意である。……69
29「住み替えにも課税される」はウソ、ホントは3000万円以下なら無税である。……70
30「実家や空き家を処分したら課税される」はウソ、ホントは状況によっては費用への一部補助や減免などの措置がある。……73
31「家賃収入は保証」はウソ、ホントは空室が出れば家賃などを引き下げられて減収となり、経営不安に陥る。……76
32「シルバー人材センターは老後の生きがい事業」はウソ、ホントは高齢者の老後の収入（賃金）のために変容しつつある。……78
33「NPO（特定非営利活動法人）の活動には市民権が付与される」はウソ、ホントは行政の下請けで活動に行き詰まっているところもある。……80
34「医療費の自己負担は一律1～2割」はウソ、ホントは現役並み所得者は3割負担である。……82
35「患者にやさしい開業医は信用できる」はウソ、ホントは儲《もう》け主義の開業医もいる。……85
36「保険診療の自己負担分の医療費は高額療養費制度にもとづき、いったん全額を支払ったのちでなければならない」はウソ、ホントはあらかじめ所定の手続きをして条件を満たせば最初から高額療養費制度内の負担で済む。……87
37「処方箋《しょほうせん》にもとづき、保険調剤薬局で渡された薬は全部服用」はウソ、ホントは薬の飲み残しや飲み忘れ、大量放棄などとなっている。……93
38「介護保険は介護の社会化」はウソ、ホントは国民の自助化や民営化によって形骸化《けいがい》しており、保険の機能を果たしていない。……95
39「介護サービスの選択は自由」はウソ、ホントは市町村の要介護認定や介護支援専門員（ケアマネジャー）次第でサービスの利用が制限されるおそれもある。……100

40「介護老人福祉施設（特別養護老人ホーム：特養）の入所は『要介護3』以上」はウソ、ホントは「要介護1～2」でも例外的に入所できる。……103
41「ケアマネジャーは利用者本位による自立支援」はウソ、ホントはケアマネジャーによる利益誘導となるおそれもある。……107
42「介護（予防）サービス計画（ケアプラン）はケアマネジャー作成の専権事項」はウソ、ホントは利用者やその家族も作成できる。……109
43「有料老人ホームは終身介護」はウソ、ホントは介護が重度化すれば退去させるところがほとんどである。……111
44「サービス付き高齢者向け住宅（サ高住）は終《つい》の棲家《すみか》」はウソ、ホントは高齢者専用の賃貸住宅である。……114
45「民間医療保険の見直しで医療保障の充実」はウソ、ホントは保険料の加重負担となる。……116

第2章　終活のウソ、ホント25 ……123

46「生命保険金は相続の際、節税対策としてだれにでも有効」はウソ、ホントは亡くなった被相続人が生命保険を契約し、かつ被保険者で、受け取り人は法定相続人の場合に限られる。……123
47「死亡すれば生命保険金は必ず受け取れる」はウソ、ホントは受け取れない場合もある。……127
48「宅地は丸ごと相続税が課税される」はウソ、ホントは一定の要件を満たせば小規模宅地特例により相続税の課税価額の80％が減額される。……128
49「病院死は死亡者の全体の8割」はウソ、ホントは施設死や自宅死が増えている。……134
50「エンディングノートは法的に有効」はウソ、ホントは単なる備忘録や連絡ノートにすぎず、法的な効力はない。……136
51「自筆証書遺言も有効」はウソ、ホントは公正証書遺言や秘密証書遺言しか法的な効力がない。……138

52 「生前、介護などで貢献してくれた人がいれば、だれにでも財産の一部を遺言で寄与できる」はウソ、ホントはできるのは法定相続人に限られる。……141
53 「成年後見制度の利用は無料」はウソ、ホントは有料である。……143
54 「墓地を買う」はウソ、ホントは墓地を借りる。……146
55 「仏壇の現品限り・バーゲンセール」はウソ、ホントは旧製品の在庫一掃セールである。……148
56 「葬儀費用は全国平均で約200万円」はウソ、ホントは青天井である。……150
57 「冠婚葬祭互助会の会員であれば葬儀費用は会員割引で利用できる」はウソ、ホントは式場や利用できるコースが決まっているほか、料理や返礼品、火葬料が加算されたりして割安とならない場合もある。……153
58 「『友引』の日の葬儀はよくない」はウソ、ホントは迷信で、「友引」の日でも通夜や葬儀を執り行うところもある。……155
59 「香典返し（返礼品）は必要」はウソ、ホントは贈り主の意向や金品の額などによっては必要ない。……156
60 「お布施は全国平均で20万〜30万円」はウソ、ホントは寺院や僧侶によってまちまちである。……158
61 「戒名（法名・法号）は必要」はウソ、ホントはなくても構わない。……160
62 「散骨は自由」はウソ、ホントは特定地域に限り可能である。……161
63 「亡くなった人のお墓は必要」はウソ、ホントは遺骨を墓に納骨する義務はないため、建てなくてもよい。……163
64 「身寄りのない人が死亡すれば先祖代々の墓の管理料を支払う人がいなくなるため、遺骨は捨てられる」はウソ、ホントは管理料を支払えなくても捨てられることはない。……164
65 「検体はだれでもできる」はウソ、ホントは正常な解剖が不適当だったり、長期保存ができなかったり、遺族や遺骨の引き取り手がいなかったりする場合はできない。……166
66 「臓器提供はだれでもできる」はウソ、ホントは年齢制限や家族の同意が必要である。……168

67「相続税の申告や不動産登記は専門家でないとできない」はウソ、ホントは素人でもできる。……169
68「不動産の名義人が亡くなってもその所有権の移転登記をしなくてもよい」はウソ、ホントは所有権の移転登記をしなければ二次相続の際、「争族」となるおそれがある。……172
69「遺品整理代は5万～10万円」はウソ、ホントは相場がない。……174
70「法要や法事は必要」はウソ、ホントは縮減できる。……176

第3章　老活・終活のポイント5……179
1　まずは自分のタイムライン（年表）をつくる……179
2　家族会議と親族会議を開いて協議する……182
3　行政やメディア、消費生活センターなどの情報を集める……185
4　複数の業者から見積もりを取り、比較検討する……190
5　自分たちの知識や体験を伝え、ともに消費者運動に関わる……191

参考文献……196
おわりに……198

第1章　老活のウソ、ホント45

1　「人生100年時代」はウソ、ホントは「人生70〜90年時代」である。

そのワケ、第一は、政府の「簡易生命表」によると、2017（平成29）年現在、平均寿命は男性が81・09歳、女性は87・26歳で、かつその年に生まれた子どもがあと何年生きるか、推計したものにすぎないため、「人生100年時代」はウソだからである。

第二は、平均寿命とは実は0歳児が今後、何歳まで生きるかという指標にすぎず、内閣府編『高齢社会白書（平成30年版）』の「平均寿命の推移と将来推計」により、平均寿命は本格的な少子高齢社会となる2065年でも男性は84・95歳、女性は91・35歳にとどまる見込みだからである（図表1―1）。

そして、第三は、世界保健機関（WHO）の提唱である健康寿命を踏まえた前出『高齢社会白書（平成30年版）』によると、日本人の健康寿命は2016（平成28）年現在、男性が72・14歳、女性が74・79歳にとどまっているからである（図表1―2）。

ちなみに、平均寿命を市町村別でみると、トップは男性が横浜市青葉区の83・30歳、女性は沖縄県中城《なかぐすく》村の89・00歳（2015年）、また、健康寿命を都道府県別でみると、トップは男性が山梨県の73・21歳、女性は愛知県の76・32歳

図表1-1　平均寿命の推移と将来推計

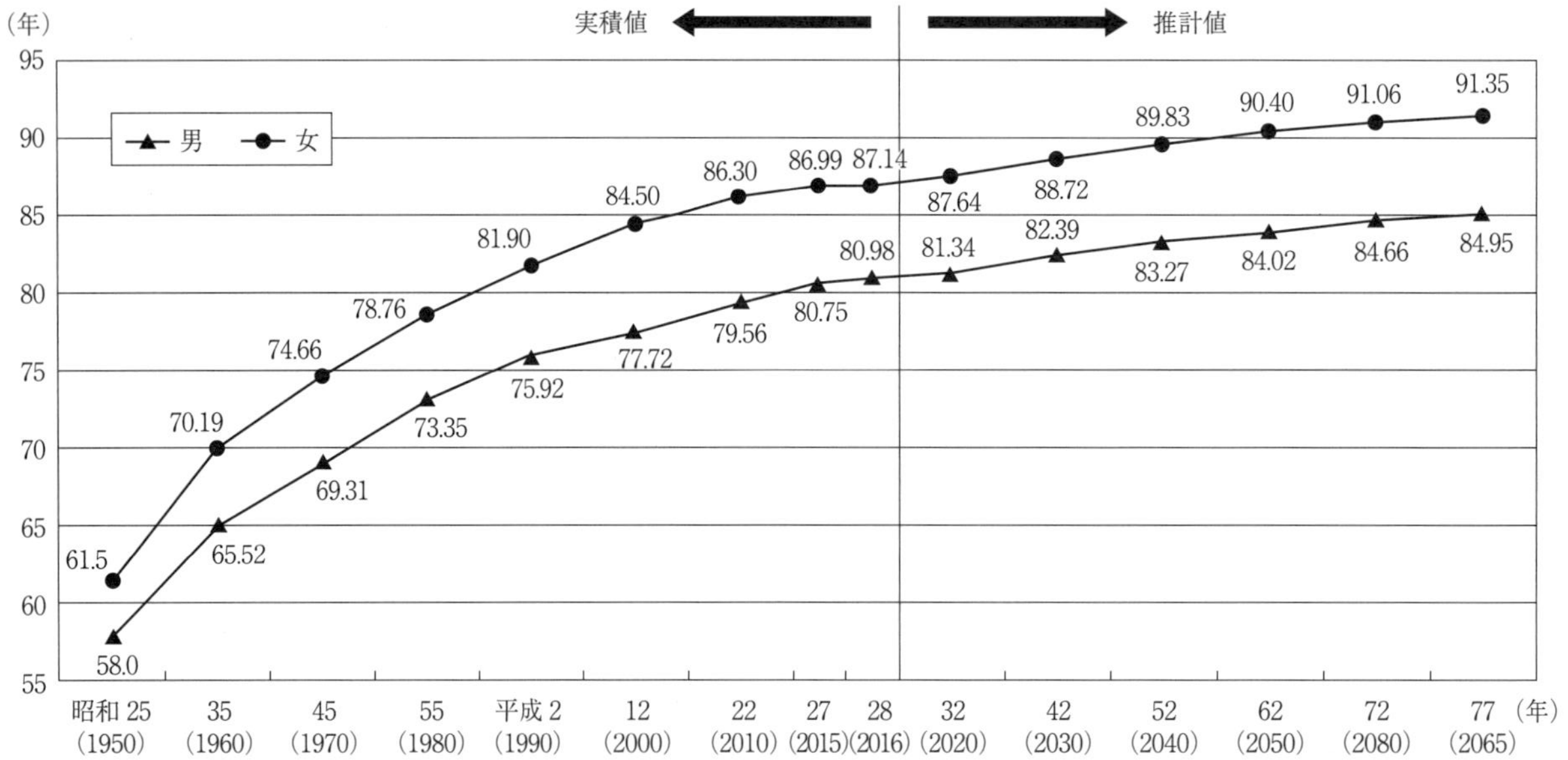

資料：1960 年は厚生労働省「簡易生命表」、1980 年から 2015 年までは厚生労働省「完全生命表」、2016 年は厚生労働省「簡易生命表」、2030 年以降は、国立社会保障・人口問題研究所「日本の将来推計人口（平成 29 年推計）の出生中位・死亡中位仮定による推計結果

（注）　1970 年以前は沖縄県を除く値である。0 歳の平均余命が「平均寿命」である。

出典：内閣府HP、2018年

図表1-2　平均寿命と健康寿命の推移

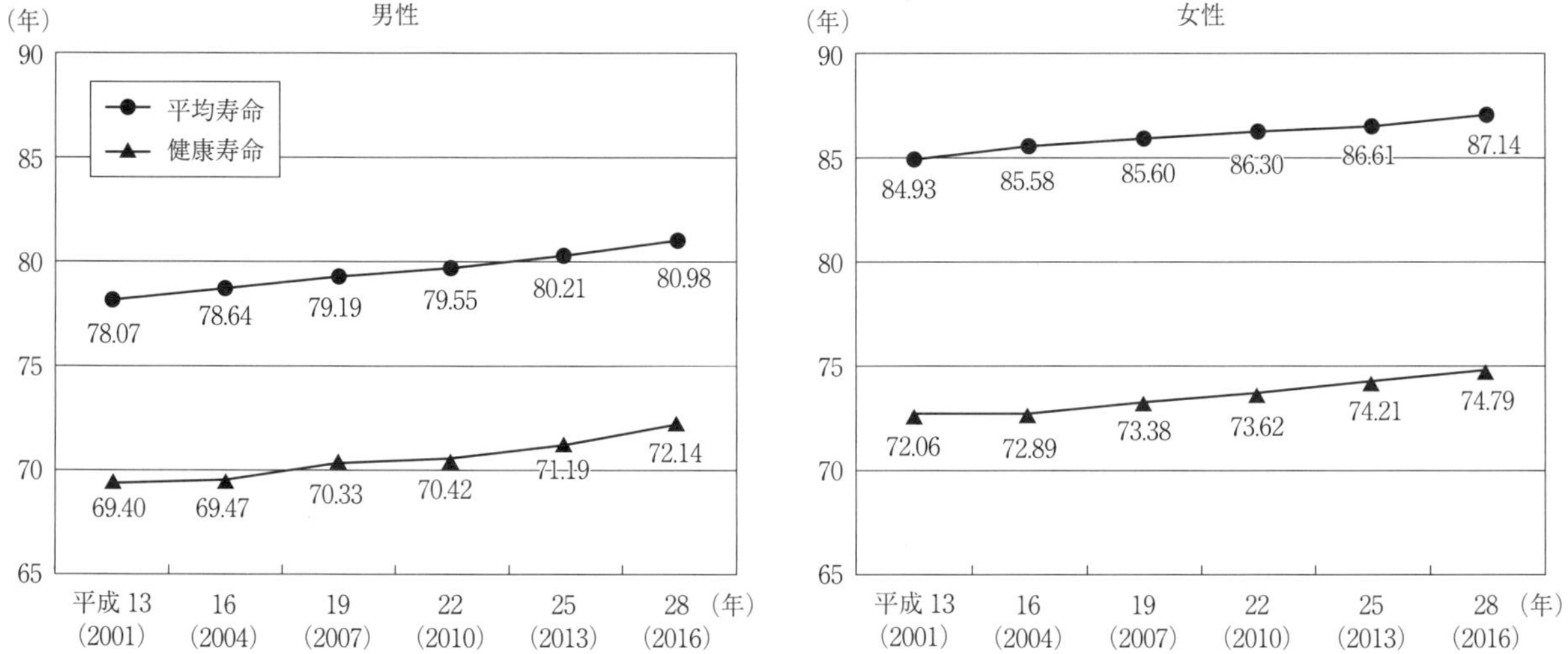

資料：平均寿命：平成13・16・19・25・28年は、厚生労働省「簡易生命表」、平成22年は「完全生命表」
健康寿命：平成13・16・19・22年は、厚生労働科学研究費補助金「健康寿命における将来予測と生活習慣病対策の費用対効果に関する研究」、平成25・28年は「第11回健康日本21（第二次）推進専門委員会資料」

出典：内閣府HP、2018年

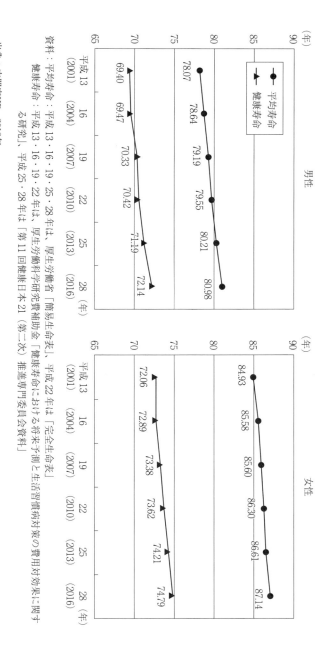

（2016年）である。

なお、内閣府『高齢社会白書（平成29年版）』によると、延命治療について、「延命のみを目的とした医療は行わず、自然にまかせてほしい」と回答した65歳以上の患者は全体の91・1％である。これに対し、「少しでも延命できるよう、あらゆる医療をしてほしい」と回答した患者は同4・7％にすぎない（図表1―3）。

また、平均寿命にはこのような延命治療により、本人の尊厳と関係なく〝生かされている患者〟も含まれている。この心身とも健康で長寿であるところに意味があるため、延命治療による平均寿命の長命には違和感を持つ高齢者がほとんどである。

にもかかわらず、政府や金融機関などが「人生100年時代」と盛んに吹聴《ふいちょう》しているのは、少子高齢社会を迎え、原則65歳および70歳繰り下げとなっている国民年金や厚生年金、共済年金の支給開始年齢を現在の65歳から68歳、また、その選択の幅を現在の70歳から70歳超に繰り下げたいほか[1]、国民が一生働き、年金保険（公的年金）をアテにしない「一億総活躍社会」を実現させ、「アベノミクス」の失敗を隠蔽《いんぺい》したいからである。また、金融機関は2017（平成29）年度末現在、約1880兆円を超える家計試算残高[2]に注目、うち、約1000兆円の預貯金を有する高齢者をターゲットに個人年金や民間医療保険の加入、有料老人ホーム（特定施設入居者生活介護）などへの入居、介護サービスの利用、自宅のリフォーム、遺言、相続、葬祭費用などを有力なシルバービジネスとしてその放出による内需拡大を目論《もくろ》んでいるからである。

ただし、厚生労働省によると、100歳以上の高齢者は2018（平成30）年現在、6万9785人とここ10年でほぼ倍増しているため、万一、「人生100年」となっても老後に支障を来《きた》さないよう、生活設計を立てておくに越したことはない[3]。

図表1-3　延命治療に対する考え方

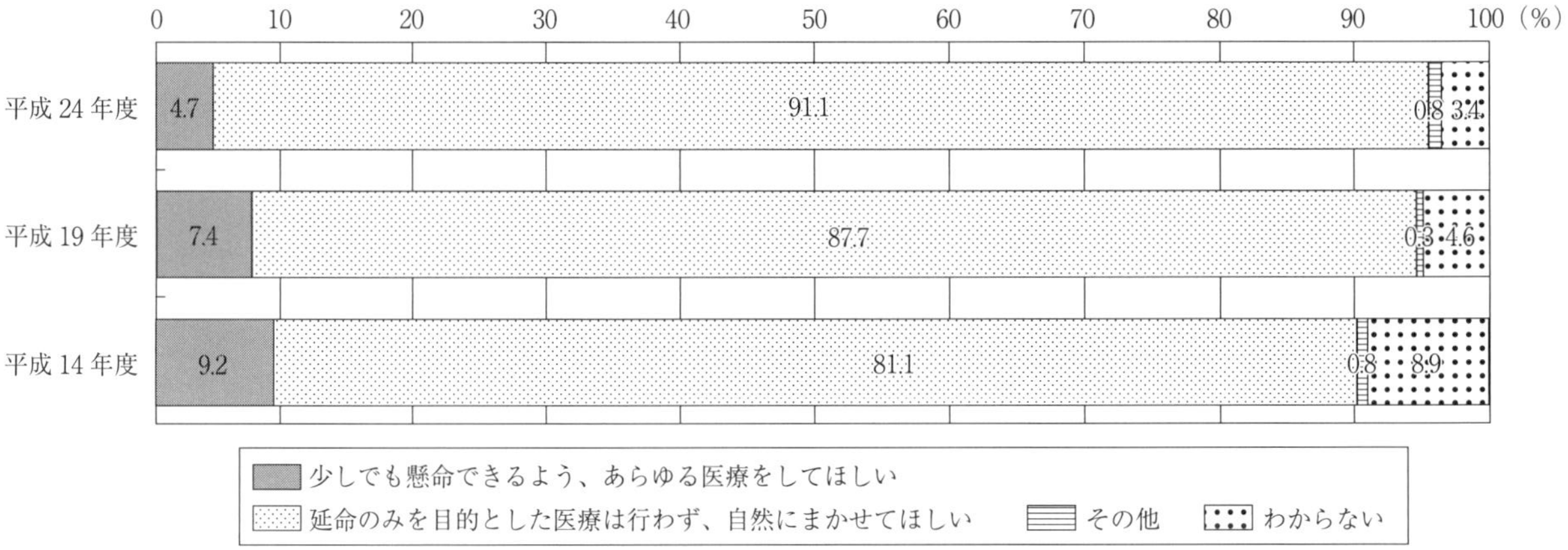

資料：内閣府「高齢者の健康に関する意識調査」（平成24年）
（注1）調査対象は、全国55歳以上の男女。数値は65歳以上の男子
（注2）質問は次のとおり、「万一、あなたの病気が治る見込みがなく、死期が近くなった場合、延命のための医療を受けることについてどう思いますか。この中から1つだけお答え下さい。」

出典：内閣府HP、2018年

２「60～65歳定年制」はウソ、ホントは雇い止めや非正規雇用などのため、中途退職が続出、60～65歳の定年まで勤める人は年々減っている。

そのワケ、第一は、政府は２０１３（平成25）年４月、「高年齢者等の雇用の安定等に関する法律（高年齢者雇用安定法）」を改正、施行し、定年年齢の65歳への引き上げ、65歳までの継続雇用、定年制の廃止のいずれかに改めるよう、指導しているが、厚生労働省の「平成27年度『非正規雇用』の現状と課題」によると、企業はパートタイム労働者（パートタイマー：パート）やアルバイト、派遣社員、契約社員などの非正規者を多数雇用、２０１４（平成26）年、同５２４０万人と正規雇用者の約４割に上っており、「60～65歳定年制」まで勤めらないからである（図表１−４）。

しかも、非正規雇用者の平均年収は約１７０万円（２０１６年）、また、公益社団法人介護労働安定センターの「平成27年度　介護労働実態調査」によると、介護労働者の平均月収は22万４８４８円（賞与ありの場合、年平均42万４３９０円）と全産業の平均給与よりも同10万円も低いため、離職率が16・７％、採用率も19・４％で、結婚や出産、子育て、老親の扶養・介護など生活への不安がつのるばかりである。このため、非正規雇用者は厚生年金や健康保険、雇用保険に加入できず、老後や健康、雇用に不安を抱えている、まして60～65歳の高齢者ともなれば再就職が困難なうえ、老齢厚生年金もないため、仮に再就職できても在職老齢年金の併給も難しいのが実態である[4]。

第二は、厚生労働省の外局、中央労働委員会が労働者数１０００人以上の大企業３８０社を対象に行った「平成27年退職金、年金及び定年制事情調査」によると、集計２１６社の半数近くの１１１社が早期優遇退職制度を導入している。また、東京商工リサーチが２０１７（平成29）年、「希望・早期退職者募集の実施調査」をした結果、主な上場企業は25社、総募集人数は３０８７人で、うち、55歳以降、調査日時点で定年を希望した者は男性が39・１％、女性も

図表1-4　非正規雇用の実態

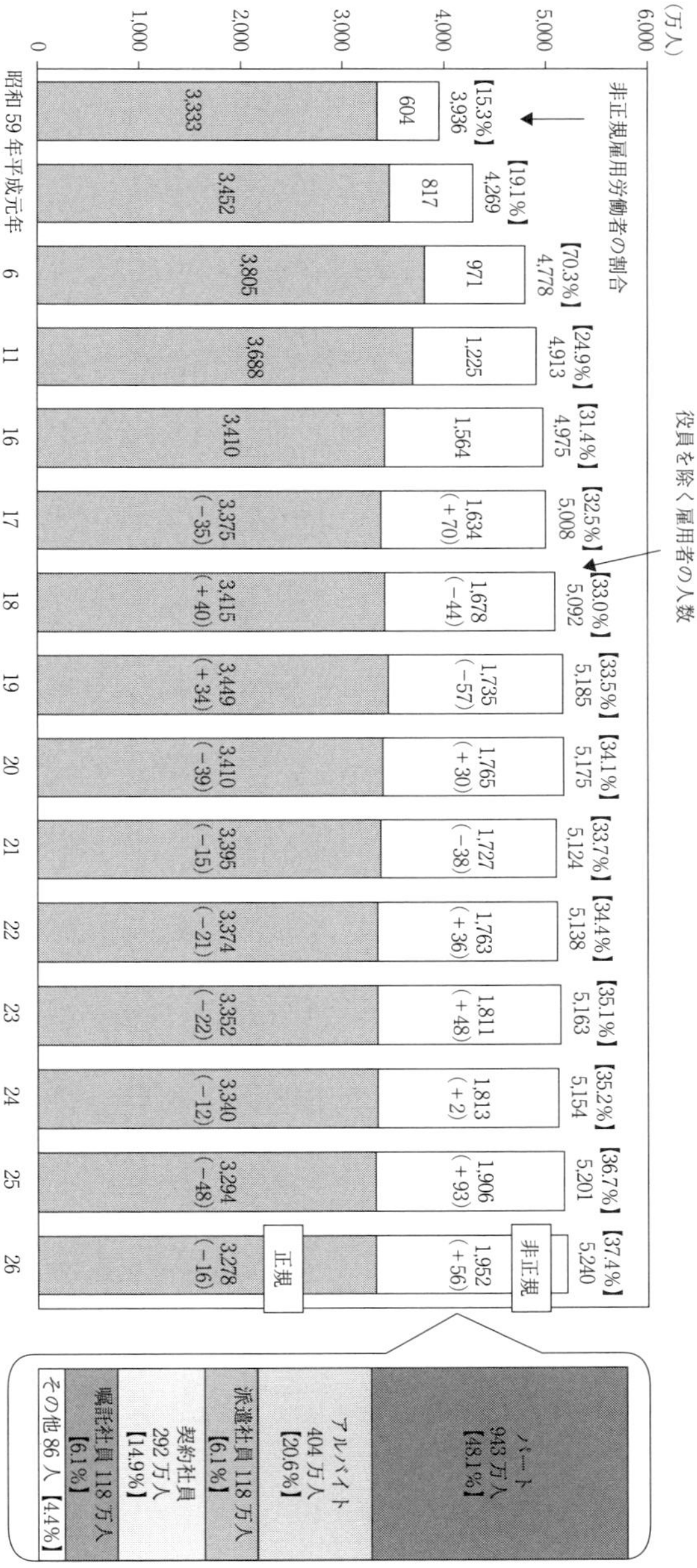

出典：厚生労働省『「非正規雇用」の現状と課題』2015年

23・7％と多いからである。

そして、第三は、同省のここ数年の「労働災害発生状況調査」によると、自殺や自殺未遂により労働災害（労災）に認定される若年および中年世代は年間約100〜150人に及んでおり、「60〜65歳定年制」まで勤め上げられないケースも少なくないからである[5]。その象徴が2015（平成27）年、過労を苦に自殺した大手広告会社の元社員だった故高橋まつりさん（当時、24歳）の自殺だが、同省の「人口統計調査」によると、人口10万人当たりの自殺死亡率は2015（平成27）年、18・9％と相変わらず多い。

これに対し、公務員は2013（平成25）年、45歳以上の職員を対象にした早期退職募集制度の導入に伴い、中央の高級官僚は同年度、1035人、翌2014（平成26）年度、1605人、2015（平成27）年度、1528人、2017（平成28）年度、1455人がこの制度を利用し、外郭団体や大学、研究機関、企業に天下りをしている。

一方、国会議員の場合、たとえば自由民主党（自民党）は2000（平成12）年、衆議院比例区の候補者を対象に「73歳定年制」を設けたものの、終身比例名簿が一位だった中曽根、宮沢元首相は80歳を超えていても例外、さらに、2019年夏の参議院選挙の比例区で「70歳定年制」の対象となる現職議員9人のうち、7人を特例として公認するむね確認しており[6]、「60〜65歳定年制」などどこ吹く風である。

3 「税金は累進課税」はウソ、ホントは所得税率も相続税率も富裕層を優遇しており、相変わらず不公平税制のままである。

そのワケ、第一は、国民の勤労の権利は日本国憲法第27条第1項[7]、納税の義務は同法第30条にそれぞれ定めているため[8]、国民は生活保護の対象でなければだれでも毎年度、所得税を納めなければならないが、課税される年間所得金額（年収）が4000万円超の所得税率は一律45％止まりとなっているからである（図表1―5）。

ちなみに、東洋経済新報社『役員四季報（2019年版）』によると、年間所得が1億円超の一部上場企業の役員は2016（平成28）度、489人で、うち、10億円以上は最高27億1300万円を筆頭に計10人となっている。

第二は、相続税率も法定相続分に応じた所得金額が6億円超の場合、一律55％、また、控除額も同7200万円となっており、富裕層を優遇した不公平税制のままとなっているからである（図表1―6）。

なお、政府は戦後約70年、このような富裕層に対し、預貯金の利子や株の配当、土地譲渡所得の分離課税、キャピタルゲイン（譲渡益）の非課税など、また、大企業に対しては価格変動準備金や特別償却の租税特別措置などの優遇措置、さらに、2018（平成30）年度、29・97％だった国および地方の法人税実効税率を29・74％に引き下げるなど、日本経済団体連合会（経団連）の意向に沿った「アベノミクス」を推進しており、重税に苦しむ庶民にまともに向き合おうとしていないことは周知のとおりである。

図表1−5　年間所得金額と所得税率、控除額

あなたの所得税率・所得控除額はどのくらい？

表B

課税される所得金額	税率	控除額
195万円以下	5％	0円
195万円を超え330万円以下	10%	9万7500円
330万円を超え695万円以下	20%	42万7500円
695万円を超え900万円以下	23%	63万6000円
900万円を超え1800万円以下	33%	153万6000円
1800万円を超え4000万円以下	40%	479万6000円
4000万円超	45%	479万6000円

出典：国税庁HP、2018年

4 「消費税は全額、社会保障の財源」はウソ、ホントは大半は赤字国債の減額などの財源に支出されている。

そのワケ、第一は、政府は1989（平成元）年、少子高齢社会に伴う年金や医療、介護などの社会保障の財源が必要となるなか、竹下政権が消費税を福祉など社会保障の財源を目的として提案したため、国民はやむなく了承し、当時の3％の税率は1997（平成9）年、5％、民主党政権時代の2011（平成23）年、「社会保障と税の一体改革」のもと、10％にまで引き上げるむね自公民三党で合意したのを受け、政権交代した自公政権が2014（平成26）年、8％に引き上げたが、社会保障の財源に使ったのは全体の約1割にとどまり、大半は国債の減額などの財源に支出しているからである。

具体的には、2018（平成30）年3月28日の参議院予算委員会での政府答弁によると、消費税が5％だった2014（平成26）年度、税収入約5兆円のうち、約5000億円と全体の約1割、8％だった2017（平成29）年度、同8・2兆円のうち、1兆3500億円と全体の1・6割しか社会保障に投入されておらず、大半は赤字国債の減額の財源などに充てられている。しかも、年間売り上げ高が1000

図表1－6　相続税率と控除額

【平成27年1月1日以後の場合】相続税の速算表

法定相続分に応ずる取得金額	税率	控除額
1,000万円以下	10%	
3,000万円以下	15%	50万円
5,000万円以下	20%	200万円
1億円以下	30%	700万円
2億円以下	40%	1,700万円
3億円以下	45%	2,700万円
6億円以下	50%	4,200万円
6億円超	55%	7,200万円

この速算表で計算した法定相続人ごとの税額を合計したものが相続税の総額になります。

なお、平成26年12月31日以前に相続が開始した場合の相続税の税率は上記と異なります。

出典：国税庁HP、2018年

資料1－1　消費税収入の使途に関する政府広報

出典：政府広報、2014年

万円以下[9]の個人事業者は顧客から徴収した消費税収入を納めなくてもよい「益税」のままで、２０１７（平成29）年、会計検査院が中小企業など４６９９事業者を対象に検査したところ、全体の約８割の個人事業者が納税せず、自己の所得とし、かつ自民党の集票マシーンとなっているなど大ウソだからである（資料１―１）。

確かに、国および地方の長期債務残高は２０１８（平成30）年度現在、約１１０７兆円に上っており、対ＧＤＰ（国内総生産）比は19・６％と世界最悪だが、政府の保有資産は約７００兆円、また、大企業の内部留保は同４４６兆円に達しており、これらの資産を放出するだけで消費税を引き上げなくても社会保障を拡充することは可能である[10]。にもかかわらず、消費税の引き上げを再三提案しているのは社会保障の充実と安定化を持ち出せば国民も納得するのではないかといいながら、その財源の大半は赤字国債の補填のほか、土建型公共事業や対米従属による防衛費などに充てられているのである。

第二は、安倍政権は２０１９年10月、さらに10％に引き上げる構えだが、この税収入分のうち、公明党を引き続き政権にとどまらせて政権を維持すべく、同党の主張である保育・幼児教育費の無償化の財源にしようと目論《もくろ》んでいる。しかも、２０１８（平成30）年の消費税の使途をみても明らかなように、消費税収入の13兆７０００億円は介護、子ども・子育て支援の社会保障４経費に充てられているようだが、残りの３兆９０００億円は地方交付税交付金に回されることになっているからである（図表１―７）。

そして、第三は、消費税は貧困層から富裕層まで一律に課税されるため、逆進性を伴った不公平税制であるとともに、政権交代を遂げた自公政権は２０１２（平成24）年、「社会保障の安定財源の確保等を図る税別の抜本的改革を行うための消費税法等の一部を改正する法律」の附則第18条第２項に「財政による起動的対応が可能になる」むねの規定を設け、消費税の収入の大半を引き続き赤字国債の減額などの財源に転嫁しているからである。

なお、政府は２０１９年10月、消費税を10％に引き上げる際、現在の８％から２％引き上げるだけだといっている

図表1-7 消費税の使途（平成30年度予算）

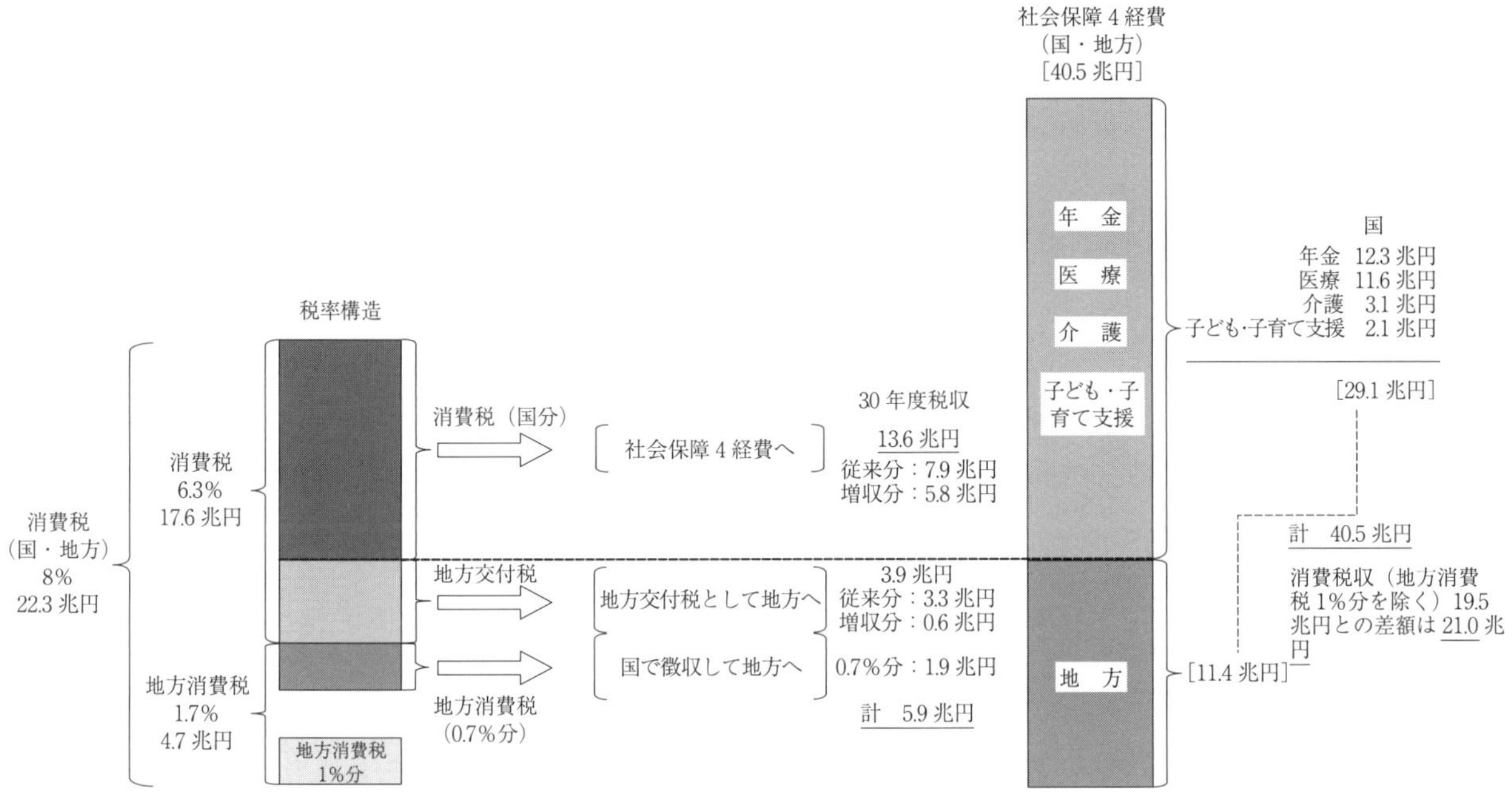

（注１）合計額が一致しない箇所は端数処理の関係による。
（注２）年金の額には年金特例公債に係る償還費等約0.3兆円を含む。
（注３）上図の社会保障４経費のほか、「社会保障４経費に則った範囲」の地方単独事業がある。
（注４）平成30年度予算における社会保障の充実は消費税増収分1.35兆円と社会保障改革プログラム法等に基づく重点化・効率化による財政効果0.51兆円を活用し、合計1.87兆円の財源を確保している。
出典：財務省HP、2018年

が、実態は現在の8%の1・25倍、すなわち、25%の増税である。また、酒類と外食を除く食料品の税率を8%に据え置く「軽減税率」と吹聴する一方、公明党が主張するプレミアム商品券の発行をはじめ、クレジットカードなど現金以外で買い物をすれば期限付きで購入額の2%分を政府が補助するポイントによる還元、また、自動車や住宅の購入者への減税を検討しているが、軽減税率とは従来の税率よりも低く抑えた税率のことをいう。このため、軽減税率は現行の消費税率である8%を据え置くものではなく、8%未満に引き下げるべきである。

ちなみに、2018年現在、世界で最も早く消費税(付加価値税)を導入したフランスは21・2%だが、食料品などは5・5%の軽減税率、日本と同様、8%のスイスの軽減税率は食料品やアルコール以外の飲料水、医薬品、書籍、新聞代などは2・5%、ホテルなどの宿泊費は3・8%と段違いの低さである。

また、ポイントの還元はクレジットカード決済ができない高齢者を無視し、かつ業界寄りの稚拙な政策である。そして、自動車や住宅の購入者への減税を検討しているが、これこそ大企業の利益誘導以外の何物でもない財界政党・自民党の「正体、見たり」である。

5「年金の保険料は2017(平成29)年度以降、固定化する」はウソ、ホントは今後の少子高齢化や人口減少によって引き上げが避けられないからである。

そのワケ、第一は、政府は、国民年金の保険料は2005(平成17年)度から2017(平成29)年度まで毎年280円ずつ引き上げるものの、同年度以降、月1万6900円に固定すると大見得を切っているが(図表1―8)、今後、少子高齢化や人口減少に伴う法改正により、受給者の増大と加入者の減少による保険料の逓減のため、引き上げが避けられない見通しだからである。

図表1−8　保険料水準固定方式による保険料の固定

国民年金の保険料

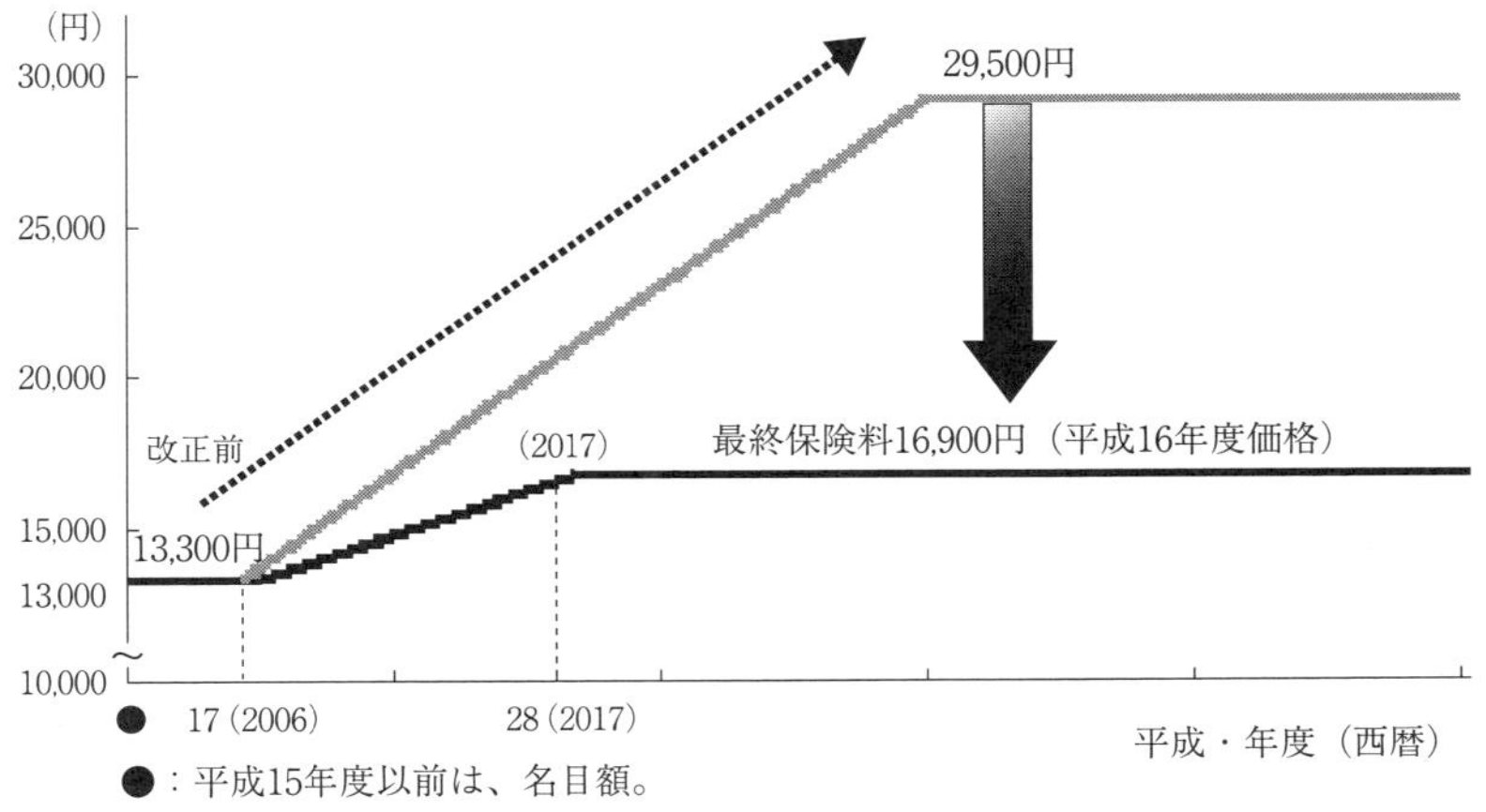

厚生年金の保険料

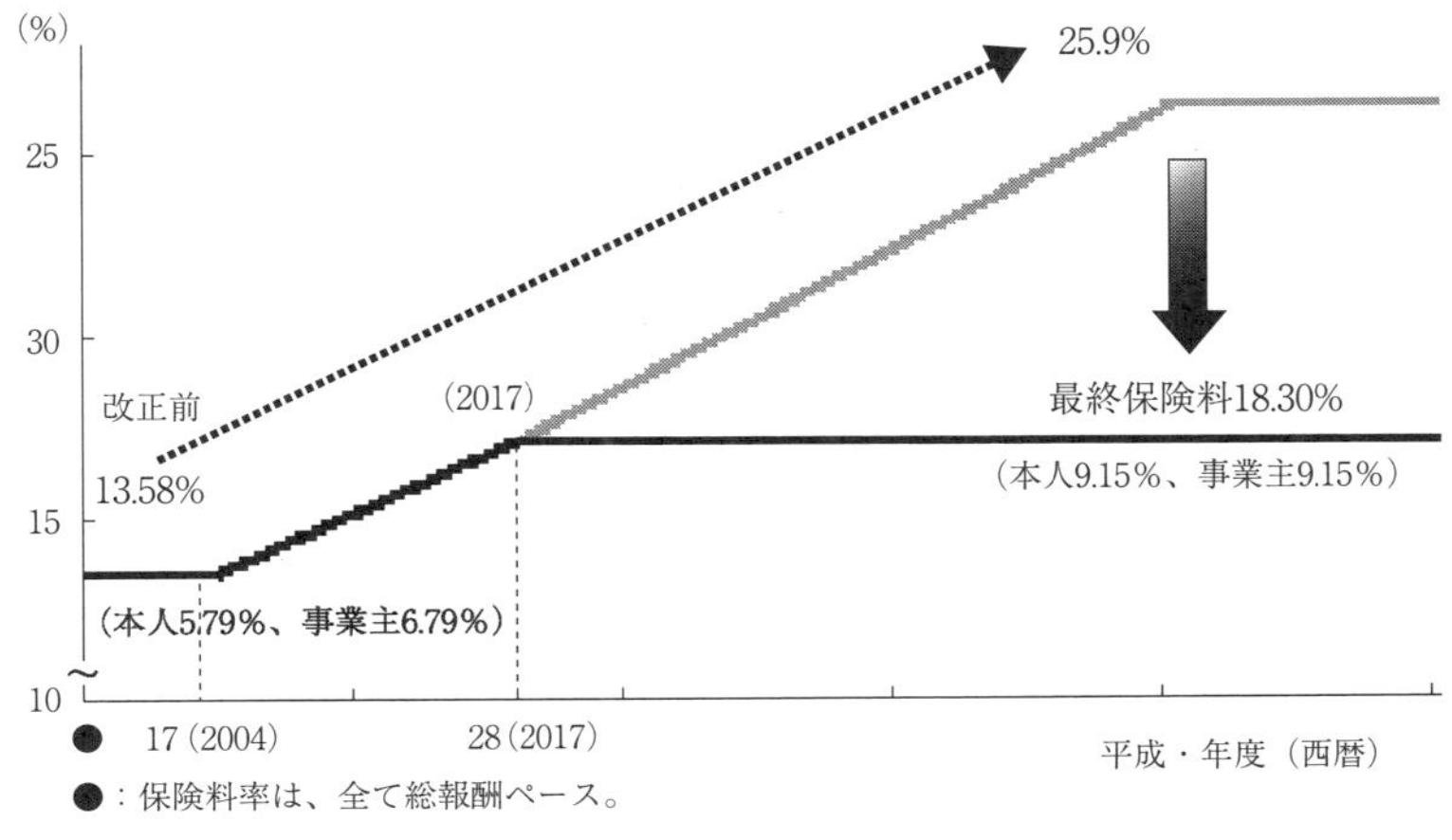

出典：厚生労働省年金局「平成23年度年金制度のポイント」2018年

第二は、会社員は全国民共通の基礎年金である国民年金のほか、厚生年金に二重に加入し、その保険料は毎月、標準報酬月額（ほぼ税込み月収）を1等級（8万8000円）～31等級（62万円）に当てはめ、2005（平成17）年度から毎年0・354％引き上げられ、2017（平成29）年9月以降、18・30％に固定し、労使折半で納めていくことになっているが、こちらも国民年金の保険料と同様、今後の少子高齢化や人口減少に伴う受給者の増大と加入者の減少による保険料の逓減のため、引き上げが避けられない見通しだからである（前出・図表1―8）。

そして、第三は、公務員や私立学校（私学）教職員も基礎年金の国民年金のほか、二重加入する共済年金は2015（平成27）年、厚生年金と一元化、統合され、厚生年金の保険料率と同様、2018（平成30）年度以降、掛金率を18・30％と固定されたものの、国民年金や厚生年金と同様、今後の年金財政の運営次第では引き上げられるおそれもあるからである。

なお、少なくとも5年に一度、保険料の給付と年金の負担を見直し、財政が均等となるよう、将来の保険料を引き上げる財政再計算は2004（平成16）年、給与や物価の伸びが小さく、運用すると年金額が下がってしまう場合、その伸びをゼロに抑えるべく、将来の保険料を引き上げる年金給付水準自動調整方式（マクロ経済スライド率）を導入し、現在に至っているが、マクロ経済スライド率は財政のやりくりをさも合理的、かつ公平感を国民に納得させるべく、とってつけたものにすぎず、失政の結果であるにもかかわらず、御用学者を取り込んでの政治主導による方便のため、信用できない[11]。しかも、これらの年金の運営に当たる特殊法人日本年金機構および外部の委託機関による年金の加入記録のミスや業務のコストの削減のため、年金の受給権者約130万人に対し、本来よりも少ない年金が支払われるなど不祥事が判明、2010（平成22）年、社会保険庁が解体され、同機構が業務を引き継ぐ事態となったが、その後も改善されておらず、国民の公的年金への信頼は薄れるばかりである[12]。

６「社会保険料の労使折半は世界の趨勢《すうせい》」はウソ、ホントは使用者の負担の方が大きい国もある。

そのワケ、第一は、独立行政法人労働政策・研修機構ＨＰ、２０１８年によると、社会保険料の労使の負担は日本が労使とも１０００分の12・０１７、ドイツも１０００分の20・９８５とそれぞれ折半だが、イギリスは労働者が１０００分の11・０であるのに対し、使用者は１０００分の12・８、アメリカは労働者が１０００分の７・65であるのに対し、使用者は１０００分の10・25、フランスは労働者が１０００分の９・７であるのに対し、使用者は１０００分の32・０となっており、日本はドイツやフランスと比べると低い。これは政治や経済が、戦後一貫して対米従属で、かつ政官財の癒《ゆ》着により国民よりも財界の利益誘導に徹しているからである（図表１―９）。

ちなみに、東京証券取引所の一部上場の大企業を中心に約１６００社で構成され、毎年、自民党に数十億円も政治献金をし、政治に大きな影響を与えている日本経済団体連合会（経団連）の会長は自民党への政治献金を通じ、首相までも操って政治に大きな影響を及ぼしているため、「財界総理」と揶揄《やゆ》されているのは周知のとおりである。

第二は、財務省の「平成26年　法人課税関係（参考資料：２０１８年）」によっても対ＧＤＰ（国内総生産）と比べた社会保険料の使用者の負担は２０１０年現在、日本が１０００分の５・１に対し、アメリカは１０００分の３・20、韓国は１０００分の２・５、中国、シンガポールはともに１０００分の２・８よりも多いが、ドイツは１０００分の６・70、スウェーデンは１０００分の８・５、フランスは１０００分の11・３で、国民皆年金・皆保険でない「低福祉・低負担」のアメリカ、また、新興国の韓国、中国はともかく、同じ資本主義体制でありながらドイツやフランス、さらには社会民主主義体制で「高福祉・高負担」といわれるスウェーデンなどよりも大幅に低いからである。

なお、シンガポールは香港、スイスと並び、国際金融都市国家であるだけに、合点がいかないところである。

そして、第三は、日本ではこれらの社会保険料における使用者の負担を少しでも減らそうと、正規雇用者を雇い止めしたり、定年退職者や早期中途退職者の穴埋めをせず、パートやアルバイト、契約社員など非正規雇用者で賄っており、その割合は2015(平成27)年現在、全産業で約4割に及んでおり、社会保険財政の持続可能性に影響を与えている。半面、財務省の法人企業統計によると、2017(平成29)年度末現在、金融・保険業を除く大企業は同年現在、446兆2496億円の利益剰余金(内部留保)を記録しているほか、政府における特別会計の剰余金や積立金などの埋蔵金も利活用しておらず、安倍政権が掲げる「経済の好循環」など掛け声だけで、労働分配が機能していないことにその原因があるからである。

なお、日本の労使折半の社会保険料は基本的に厚生年金、共済年金、健康保険、共済組合に限る。また、

図表1-9　社会保険料率の国際比較(勤労者)(2004年)

	年金	医療	介護	雇用	その他	計
日本	13.934(1)	約7.7(2)	約1.0(2)	1.4	なし	労使とも 12.017
労使	全て労使折半					
イギリス	23.8	税負担のためなし		国民保険制度に統合	なし	
労	11.0(3)					11.0
使	12.8					12.8
アメリカ	12.4	2.9(4)		2.6		
労	労使折半					7.65
使				2.6		10.25
ドイツ	19.5	14.27(5)	1.7	6.5		労使とも 20.985
労使	全て労使折半					
フランス	老齢保険 16.35	13.55		6.4	家族手当 (7)	
労	6.55(6)	0.75		2.4		9.7
使	9.8	12.8		4.0	5.4	32.0

出所：厚生労働省資料をもとにJILPTが作成
出典：独立行政法人労働政策研究・研修機構HP、2018年

雇用保険の保険料は2019（平成31）年度、失業等給付分は労使折半で各1000分の3（建設・農林水産・清酒製造事業の場合、1000分の4）となっているものの、雇用二事業（雇用安定事業と能力開発事業）の保険料は使用者だけに対し、1000分の3（同1000分の4）となっているが、これは失業した労働者の早期の再就職に努めるべく、要請している趣旨によるものである。

ちなみに、労働者災害補償保険（労災保険）は使用者の負担だけとなっているが、これは使用者に労災の発生の防止に努めるべく、プレッシャーをかける趣旨だからである[13]。

7「専業主婦は国民年金の保険料が未納付」はウソ、ホントは夫が加入する厚生年金や共済年金の制度全体で負担している。

そのワケ、ズバリ、夫が会社員や公務員、私学教職員で第2号被保険者として基礎年金の国民年金とは別に厚生年金や共済年金に二重加入し、毎月、給与から保険料（掛金）を納めている専業主婦の妻の国民年金の保険料は夫が加入している厚生年金や共済年金の制度全体で負担しているため、専業主婦の妻が第三号被保険者として国民年金の保険料を納める必要はないからである。にもかかわらず、共働きの女性などの間で「国民皆年金であるのに専業主婦が国民年金の保険料を支払わず、65歳になれば国民年金から老齢基礎年金を受け取るのは不公平だ」との意見が聞かれるが、ややもすれば無償と思われがちな家事労働による「内助の功」、否、共同労働があるからこそ夫は働くことができる、との考え方にもとづく措置である。

したがって、専業主婦の国民年金の保険料納付の義務化により、共働きの女性との年金の不公平を是正するむねの指摘は、あらゆるところから年金の財源の確保を模索している政府、とりわけ、財務省を喜ばせる以外の何物でもな

図表1-10　公的年金の体系

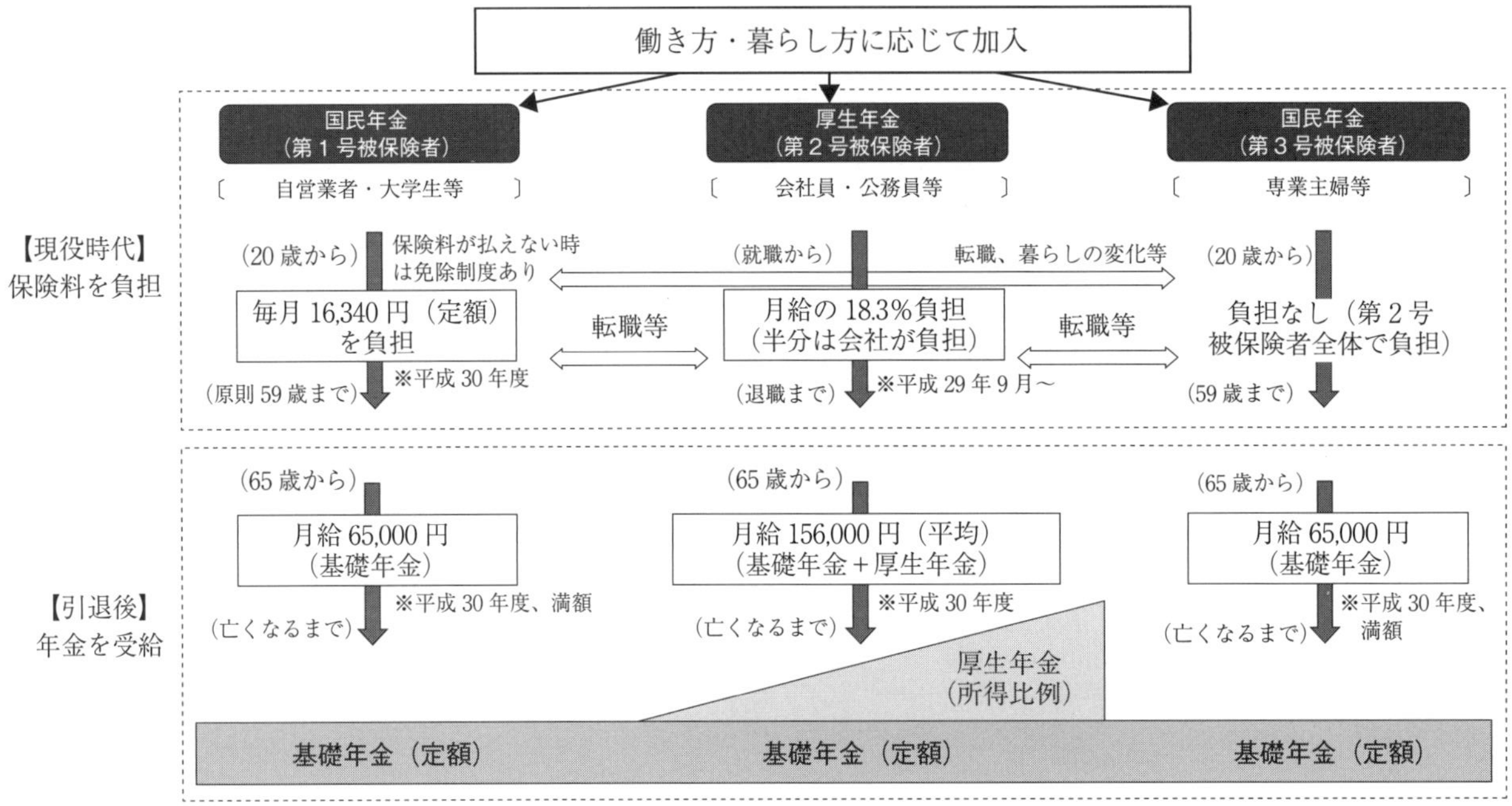

出典：厚生労働省HP、2018年

いことに注意する必要がある（図表1―10）。

なお、パートやアルバイト、契約社員などの非正規雇用者で、年収が130万円以上で、かつ配偶者の年収の2分の1未満の場合、専業主婦とはいえず、国民年金の保険料を納めなければならない。これを「130万円の壁」といい、多くの専業主婦は年収を130万円未満に抑える傾向にある。

しかし、130万円以上であれば厚生年金や共済年金に加入し、保険料（掛金）を納めれば原則として65歳から老齢基礎年金と老齢厚生年金、あるいは退職共済年金の2階建て年金を受け取ることができるため、老活を考えれば厚生年金や共済年金に加入した方がトクである。まして上述したように、女性は男性よりも平均寿命も健康寿命も長いことも肝に銘ずるべきである

ちなみに、国民年金の保険料は2019（平成31）年度現在、月1万6410円で、老齢基礎年金の受給資格は原則として国民年金に10年以上加入し、40年になる場合、年78万0100円（月6万5008円）となる（カラ期間がある場合、その分、減額される）。これに厚生年金や共済年金に二重加入すれば老齢厚生年金や退職共済年金も受け取ることになる。

また、この「130万円の壁」に関連し、「103万円の壁」もある。これは専業主婦がパートやアルバイト、契約社員などの非正規雇用者となり、年収が103万円を超えた場合、所得税を納めなければならない。また、会社員や公務員、私学教職員である夫の給与から配偶者控除として年38万円を差し引くことができるため、パートやアルバイト、契約社員などの非正規雇用者の年収を103万円以下にした方がよいという話だが、同103万円超にすれば配偶者控除は適用されないものの、厚生年金や共済年金に加入し、60～65歳から老齢厚生年金や退職共済年金の受給権も得るため、こちらも老活になる[14]。

8 「日本の国民負担率はまだまだ低い」はウソ、ホントはヨーロッパ諸国並みに高くなりつつある。

そのワケ、ズバリ、財務省が2018（平成30）年に発表した「国民負担率の国際比較」によると、租税負担率と社会保障負担率を合わせた対国民所得比である国民負担率に国の財政赤字を加えた潜在的国民負担率は2015年時点で日本は48・7％（2018年現在も同）で、36・6％のアメリカはともかく、イギリスの52・4％、ドイツの53・2％、スウェーデンの56・9％とヨーロッパ諸国並みに高くなりつつあるからである（図表1―11）。にもかかわらず、政府は国民負担率の42・6％のみをあげ、アメリカはともかく、イギリスやドイツ、スウェーデンなどのヨーロッパ諸国のいずれよりも国民の税金や社会保険料の負担はまだ低いと強調し、消費税などの引き上げは必要などというのは欺瞞《ぎまん》である。

それだけではない。国民負担率、潜在的国民負担率ともに日本よりも高いヨーロッパ諸国は「高福祉・高負担」で社会保障が充実しているのに対し、日本は麻生政権時代、「適正福祉・適正負担」とその実像を直視しなかったのか、あるいは黙認したのか、潜在的国民負担率を国際比較すれば「中福祉・高負担」どころか、「低福祉・高負担」というべきである。

現に、日本はGDP（国内総生産）がアメリカ、中国に次いで世界第3位であるにもかかわらず、世界最大都市・国家比較統計サイト「NUMBEO」によると、「生活の質」の指数が最も高い国はスイス、以下、ドイツ、スウェーデン、アメリカ、フィンランド、デンマークなどと続き、日本は13位に低迷している。また、イギリスのウェブサイト「MoveHub」の「生活の質ランキング」によると、1位はオーストラリア、2位はスウェーデン、3位はノルウェーであるのに対し、日本は20位である。

図表1−11　国民負担率の国際比較

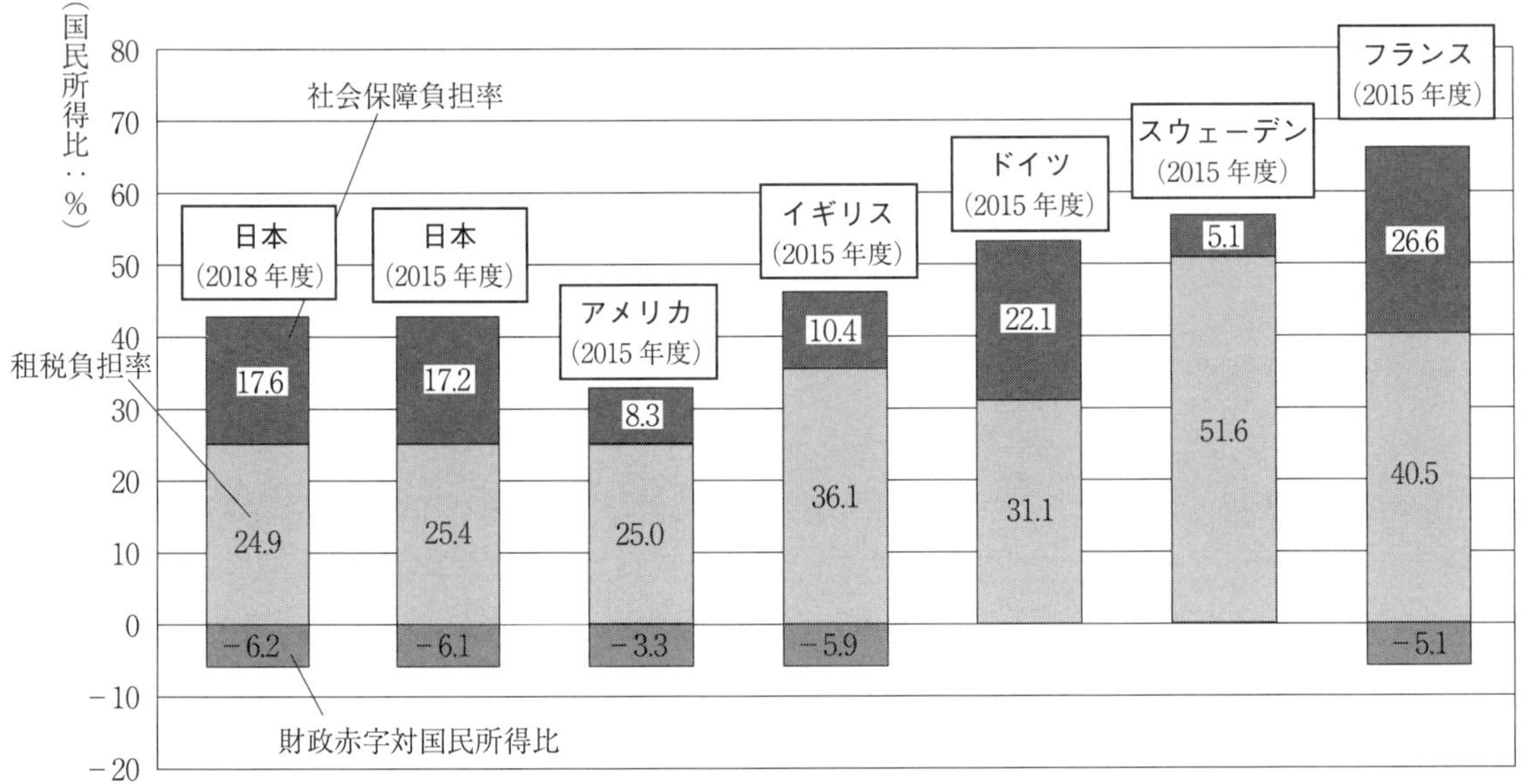

国民負担率	42.5（31.2）	42.6（31.1）	33.3（26.8）	46.5（33.8）	53.2（39.6）	56.5（36.8）	67.1（47.4）
潜在的な国民負担率	48.7（35.7）	48.7（35.6）	36.8（29.5）	52.4（38.0）	53.2（39.6）	56.9（36.8）	72.2（51.0）

（対国民所得比：％（括弧内は対 GDP 比））

出典：財務省HP、2018年

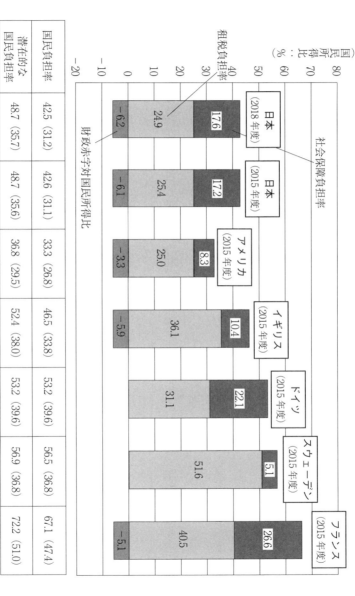

いずれにしても、このように日本は中曽根政権以来、歴代の自民党および自公政権は民活導入や国民の自助努力を推奨、「大きな政府」から「小さな政府」へと転換し、「地方分権化」や「地方創生」などと吹聴しているが、その実は対米従属および政官財の癒着による大企業優先、さらには富裕層優遇の政治に終始しているのが実態である[15]。

9 「社会保障の機能は所得の再分配」はウソ、ホントは社会保障以外の赤字国債の補填《ほてん》のほか、土建型公共事業や防衛費に過大に拠出されており、機能不全を来《きた》している。

そのワケ、第一は、社会保障の機能は所得の再分配を通じ、社会保障を整備・拡充し、高所得層や富裕層から低所得層、貧困層への垂直的再分配、同一所得層および世代間における水平的再分配によってビルトイン・スタビライザー（自動安定化装置）を通じ、国民の福祉の向上と消費需要を呼び起こし、かつ政治・経済の安定を図ることにある。にもかかわらず、２０１８（平成30）年度の一般会計予算案の歳入は所得税や消費税などの収入が59兆７９０億円、税収以外の収入が4兆９４１６億円、新規国債発行（赤字国債）が33兆６９２２億円であるのに対し、歳出は社会保障の32兆９７３２億円、地方交付税交付金が15兆５１５０億円、土建型公共事業が5兆９７８９億円、文教科学が5兆３６４６億円、防衛費が5兆１９１１億円などと計上されており、社会保障の整備・拡充のための所得の再分配はおろか、国債費が23兆３０２０億円も計上する（図表1―12）など財政健全化もまったく図られておらず、旧態依然として〝借金大国〟のまま後世にツケを回して平然としている無責任な体質だからである。

また、世界屈指の災害大国で、近年、大規模災害や「広域災害」が頻発《ひんぱつ》しているうえ、首都直下地震や南海トラフ巨大地震の発生が憂慮されているにもかかわらず、災害対策費は毎年、数十億万円しか計上されておらず、大規模災害や「広域災害」があった際、あわてて数千億円もの補正予算を組むという対処療法で終わっている。２０１８（平成

図表1-12　2018年度の一般会計予算

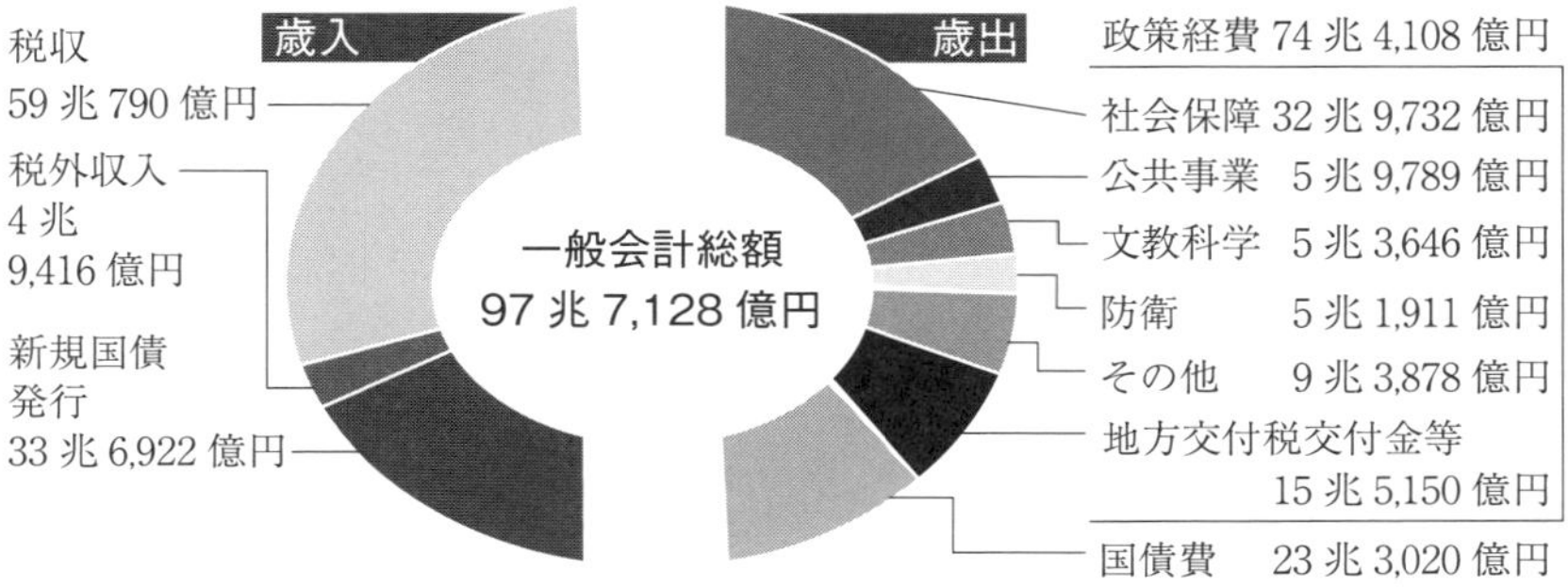

（注）政策経費の総数と内訳の合計は四捨五入の関係で一致しない

出典：財務省HP、2018年

30）年の一般会計の予算案もしかりで、少子高齢社会や人口減少に伴い、年々増加する社会保障は抑制する一方、２０２０年は東京五輪、２０２５年には大阪万博博覧会（万博）の誘致[16]などをメインとした土建型公共事業や防衛費などは急増している半面、災害対策費はわずか71億９０００万円しか計上されておらず、北海道胆振《いぶり》東部地震や台風21号、大阪北部地震など大規模災害や「広域災害」があったため、やむなく総額約７２７５億円を補正予算として組むという体《てい》たらくである[17]。

そればかりか、スマートフォン（スマホ）やＡＴＭ（現金自動出入機）の普及によってキャッシュレス化や個人情報の流失、高齢者の〝決済難民〟、人間疎外が進んでおり、政府と国民、さらには企業との〝社会契約〟としての社会保障のありようなどまったくみられない。

なお、政府の予算にはこのほかに特別会計があり、その額（歳出）は同年度、総額約４０３兆９０００億円で、うち、社会保障給付費は同65兆８０００億円と全体の62・9％を占め、断トツである。

第二は、社会保障の機能は貧困層や低所得層、中間所得層、高所得層、富裕層の間における垂直的再分配、および同一の所得層や世代間における水平的再分配をそれぞれ図ることだが、上述したように、年収４０００万円超の富裕層の所得税率は一律45％止まりで累進課税となっていないため、貧困層から富裕層までの間における垂直的再分配、および同一の所得層や世代間における水平的再分配を図ることになっておらず、「全世代型社会保障」も掛け声だけとしか思えないからである。

そして、第三は、財務省の「法人企業統計」によると、2018（平成30）年9月現在、金融業と保険業を含む資本金1000万円以上の全産業の企業の利益剰余金（内部留保）は約446兆4844億円と過去最高を記録しており、社会保障の機能である所得の再分配に寄与しているとはいえないからである。

いずれにしても、このような税金や社会保険料などの財源の公平な分配をせず、かつ大企業の内部留保の放出にメスが入らないままの所得の再分配などあり得ない。また、社会保障・税番号制度（マイナンバー制度）の普及に伴い、不動産や高級自動車、名画、宝石などの動産などを保有している大地主や富裕層の資産の再分配も議論すべきではないかと思われる[18]。

10「国民皆年金・皆保険」はウソ、ホントは非正規雇用者などは公的年金や医療保険の対象から漏《も》れている。

そのワケ、第一は、基本的には本人の加入手続き漏れもあるが、1990年代のバブル崩壊やその後のリーマンショック、経済のグローバル化、デフレ不況に伴い、使用者がパートやアルバイト、契約社員などの非正規雇用者が全労働者の約4割を占め、給与などの人件費のほか、労使折半となっている厚生年金や共済年金、健康保険などの保険料の納付を減らし、利潤追求へと走っているからである。

第二は、自営業・自由業はサラリーマンと異なり、国民年金や国民健康保険の保険料の自主納付となっているため、納付を忘れたり、滞納したりしようものならこの期間、無年金、あるいは無保険のおそれがあるからである。

図表1−13　国民年金保険料の年齢階級別納付率（現年度分）

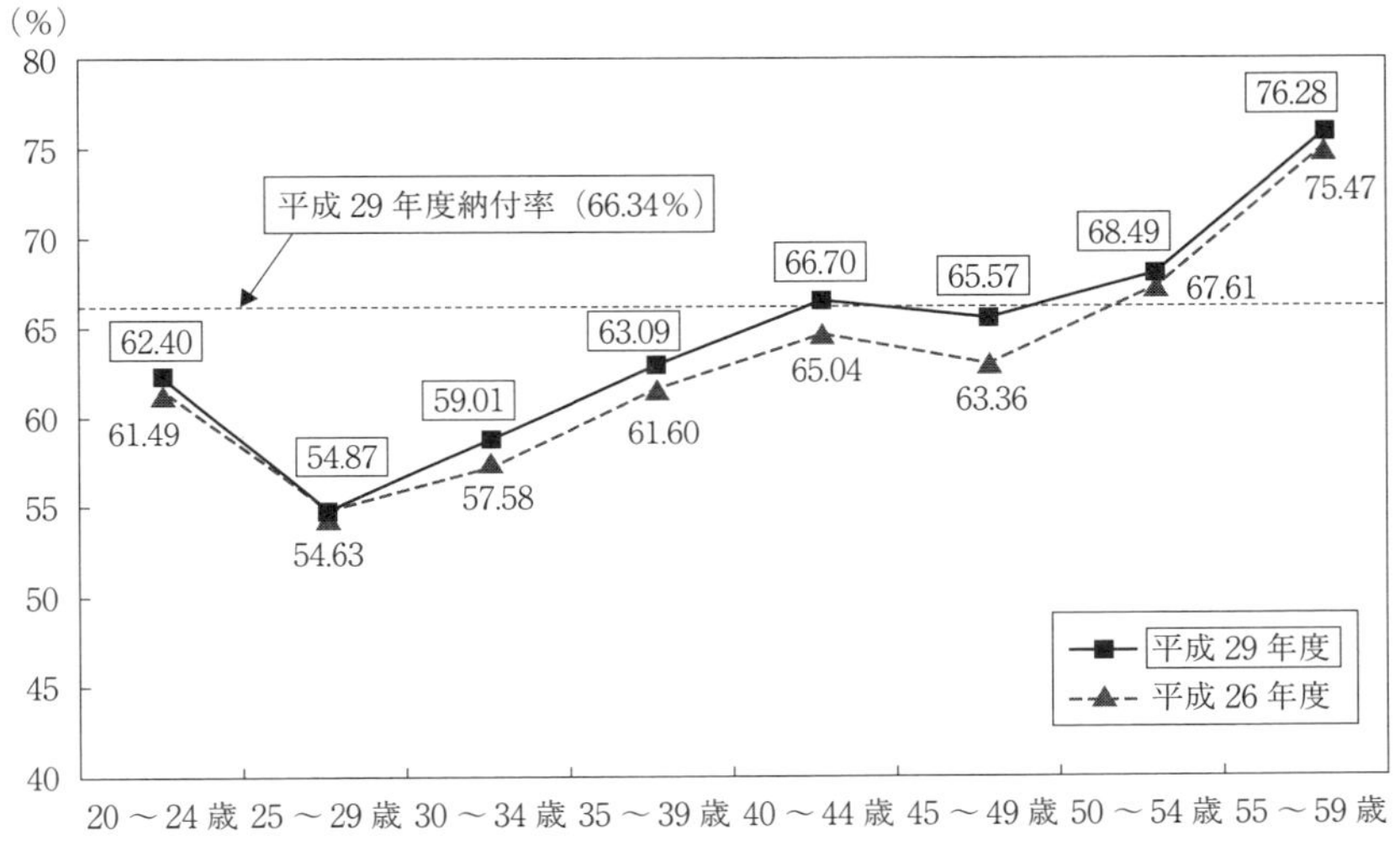

出典：厚生労働省年金局「平成29年度の被保険者の状況」2018年

ちなみに、厚生労働省の「国民年金保険料の年齢階級別納付率」によると、２０１７（平成29）年度末現在、納付率は66・34％、残りの33・66％は25～29歳の若年世代を中心に未納付で、財産の差し押えは約１万４０００件に上っている（図表１—13）。

そして、第三は、同省の「保険者規模別保険料（税）収納率（市町村）」によると、２０１６（平成28）年６月現在、収納率は91・45％と比較的高いものの、残りの10・55％は未納付で、うち約１５７６保険者が財産の差し押えを受けているからである。

なお、低所得層はそのむね年金事務所や市町村に届け出れば国民年金や国民健康保険料の納付を一時免除される。また、貧困層は生活保護法にもとづき、財源の負担もなく、生活扶助や医療扶助などが給付されるが、ホームレス（路上生活者）や無業者など市町村への住民票の未登録者は無年金・無保険となる。それだけに、政府は日本国憲法で定めている国民の勤労の権利と納税の義務を果たすべく、雇用の安定を図り、社会保障の持続可能性を追求すべきである[19]。

11「退職一時金は平均1900万円」はウソ、ホントは学歴や資格、技術、雇用先の規模、勤続年数などにより1000万円にもならない人もいる。

そのワケ、第一は、厚生労働省の「平成30年度　就労条件総合調査」によると、勤続20年以上で、45歳で受け取った平均の退職一時金は高校卒の現業職が1159万円、同管理・事務・技術職が1618万円、大学・大学院卒（管理・事務・技術職）がようやく1983万円だからである。

第二は、同調査によると、会社の都合による場合、順に1118万円、1969万円、2156万円、自己都合による場合、同686万円、1079万円、1519万円、早期優遇退職制度による場合、1459万円、2094万円、2326万円だからである。

そして、第三は、企業によっては退職一時金の一部を前借りし、厚生年金基金や確定給付付企業年金、または確定拠出年金に加入、退職後、これらを年金として支給するところもあるため、退職一時金が1000万円前後に低くなることもあるからである。

なお、経団連の「平成27年度　退職金・年金に関する実態調査」によると、退職一時金は大学卒が2374万2000円、高卒が2047万7000円だが、同団体に加盟する企業は一部上場の大企業などで、東京都産業労働局労働相談センターが同年、公表した都内の中小企業の退職一時金は約1100万円にとどまっている。

一方、総務省などの各種調査によると、2017(平成29)年度、国家公務員は平均2167万8000円、特別職の次官クラスの場合、年収2500万円になるため、退職一時金は数億円となるケースもある。また、都道府県の公務員は同2220万円、市町村の公務員は2246万~2109万円である。

これに対し、国会議員の場合、国政選挙のたびに選出されるので定年制がないため、退職一時金はもとより、議員年金（国会議員互助年金）も２００６（平成18）年４月に廃止されたものの、月約１３０万円の歳費（給与）のほか、議員活動に関わる旅費や上限３人の公設秘書手当、年２回の期末手当（賞与）、立法事務経費、さらには政党交付金、政治献金なども支給される。このため、年収は６７００万円、自民党議員に至っては１億円になるともいわれているため、「退職一時金などアテにしない世界一セレブの特権階級」である（写真１―１）。

12 「退職一時金は功労金」はウソ、ホントは賃金の後払いである。

そのワケ、第一は、退職金は労働者の在職年数や職責の軽重、勤務先の貢献度に応じ、恩恵的な給付として支給される功労報償説、労働者の退職後の生活を保障する生活保障説、本来、労働の対価として支払われるべき賃金の一部が留保され、退職時に追加払いされる賃金後払い説の三つの学説があるが、賃金後払い説が有力だからである。

写真1－1　官僚や議員は特権階級

（東京・永田町の国会議事堂前にて）

第二は、行政解釈において、「退職金、結婚手当金等であって労働契約、就業規則1、労働契約等によって予め支給条件の明確なものについては賃金に該当する」としているからである（昭和22年9月13日基発17号）。

そして、第三は、退職一時金の支払いとその債権の譲渡性が争点となった住友化学事件で、最高裁第三小法廷は1969（昭和43）年5月、「退職金を賃金と認める」など多数の判例があるからである。

したがって、労働契約や就業規則、労働契約で退職一時金を支給するとともにその支給基準が定められており、使用者にその支給の義務があると認められる場合、賃金に該当するため、やはり賃金後払い説が有力である。逆にいえば、労働契約や就業規則、労働契約で退職金の支給について明記していない場合、退職一時金が支給されるかどうかは使用者の裁量に任されているため、労働者はその支給を請求することはできないともいえる。

そこで、退職一時金をはじめ、賃金や職場の異動、待遇などについては労働者の要求に関わるわけだが、厚生労働省の「平成29年　労働組合基礎調査」によると、2017（平成29）年現在、単一労働組合数は2万4465で前年に比べて217（0・9％）減少、労働組合員は998万1000人と同4万1000人（0・4％）の増加になった。もっとも、推定組織率は17・1％で同0・2％低下し、過去最低となった（図表1―14、図表1―15）。業種別では製造業が260万8000人と全体の26・3％と最も高く、以下、卸売・小売業が141万3000人、同14・3％、運輸・郵便業が85万9000人、同8・7％、公務が84万5000人、同8・5％、建設業が82万7000人、同8・3％の順となっている。

また、主要団体別では日本労働組合総連合会（連合）が679万9000人（対前年比4万6000人増）、全国労働組合総連合（全労連）が54万2000人（同8000人減）、全国労働組合連絡協議会（全労協）が9万9000人（同3000人減）、などと依然として分裂しており、かつ労働運動自体も低迷の状態が続いているため、日本国憲法第27条に定めている勤労の権利と義務[20]が脆弱《ぜいじゃく》したままである。

図表1-14　労働組合員数の推移（1947～2017年各年6月30日現在）

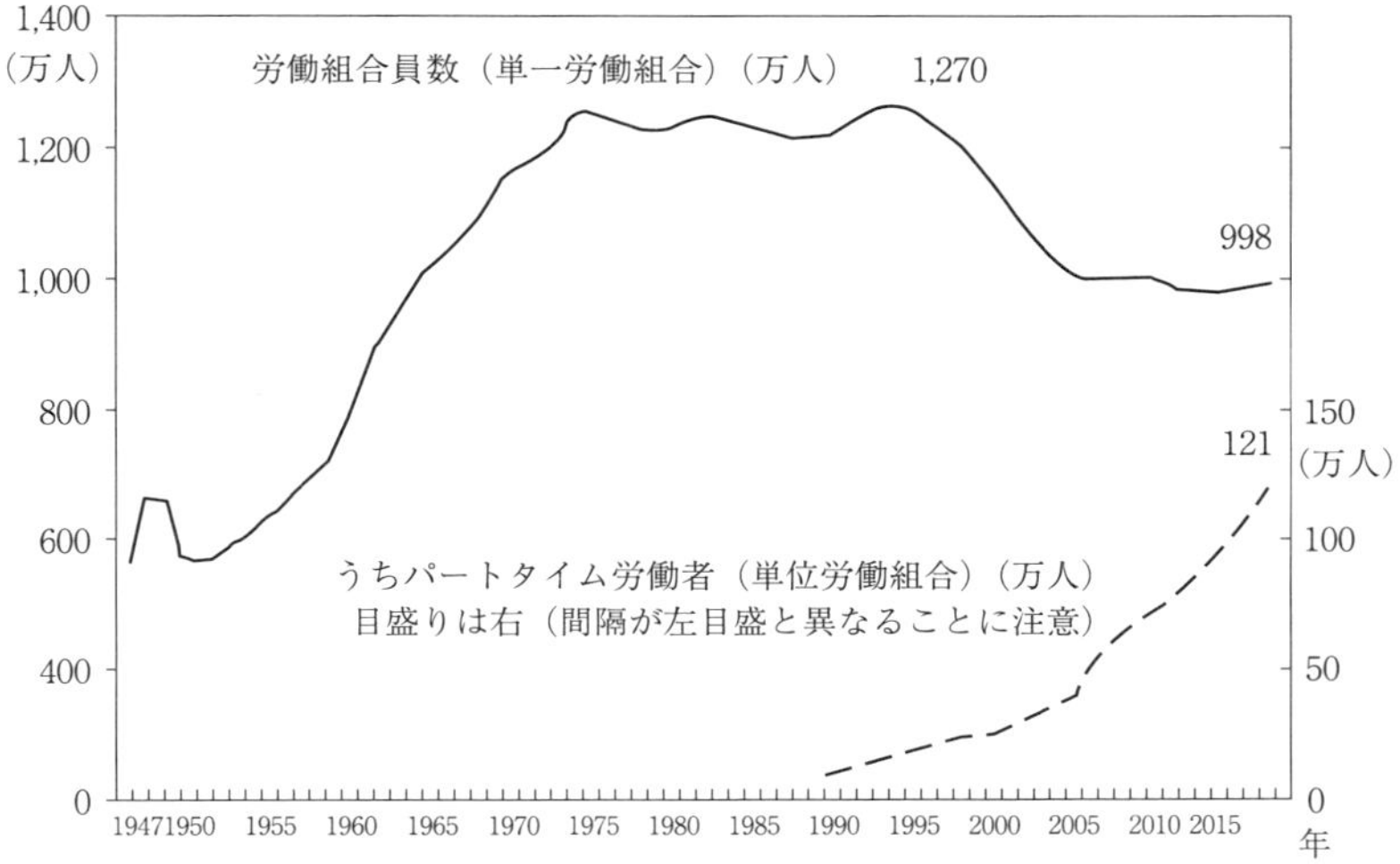

厚生労働者「労働組合基礎調査」
注）1951年以前は単位労働組合員数
出典：独立行政法人労働政策・研修機構HP、2018年

図表1-15　推定組織率の推移（1947～2017年6月30日現在）

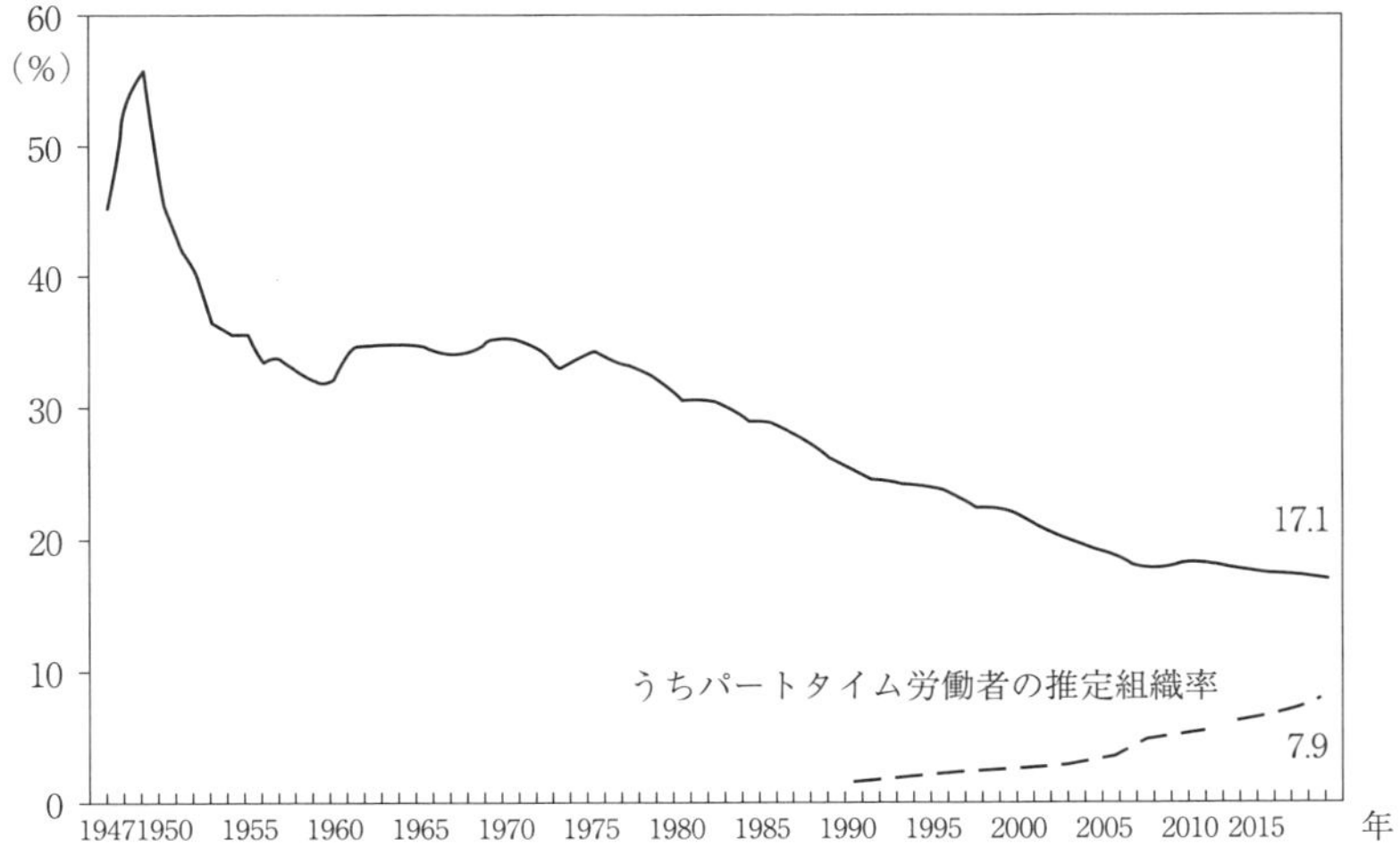

厚生労働者「労働組合基礎調査」
注1）1951年以前は単位労働組合員数を用いて計算されている。
注2）パートタイム労働者の推計組織率は2012年分までは旧定義、2013年分から新定義によるもの。2011年は作成されていない。
出典：独立行政法人労働政策・研修機構HP、2018年

図表1−16　退職一時金に課税される税金

◎所得税及び復興特別所得税の源泉徴収税額の計算方法（平成30年分）

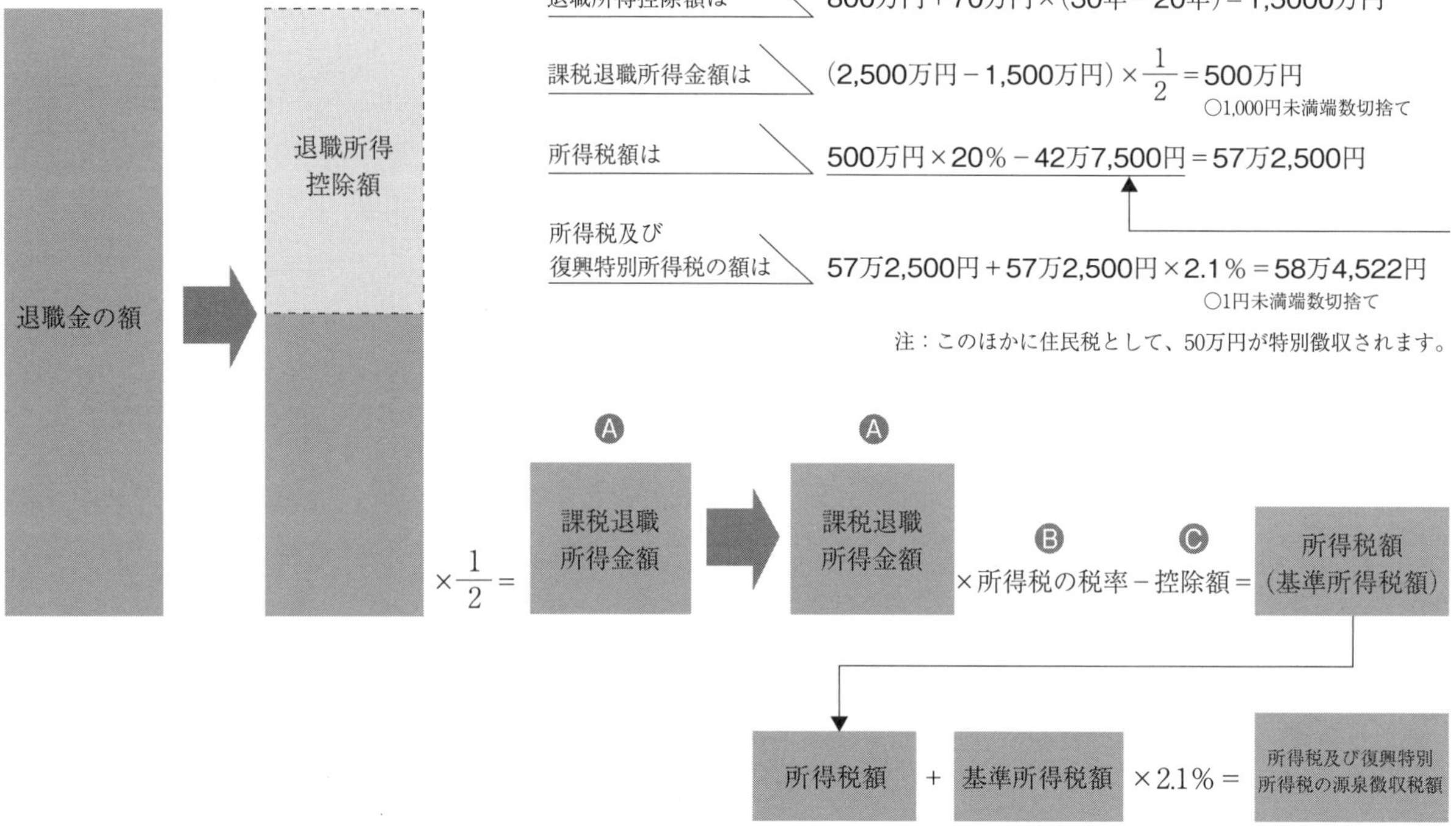

［計算例］30年勤務した方が退職金を2,500万円受け取った場合

退職所得控除額は　800万円＋70万円×（30年−20年）＝1,5000万円

課税退職所得金額は　（2,500万円−1,500万円）$\times\frac{1}{2}$＝500万円
○1,000円未満端数切捨て

所得税額は　500万円×20％−42万7,500円＝57万2,500円

所得税及び復興特別所得税の額は　57万2,500円＋57万2,500円×2.1％＝58万4,522円
○1円未満端数切捨て

注：このほかに住民税として、50万円が特別徴収されます。

出典：国税庁HP、2018年

なお、退職一時金にも所得税と住民税が課税されるが、勤続が20年以下の場合、４００万円×20年、20年超の場合、８００万円＋70万円×（勤続年数―20年）でそれぞれ計算した退職所得控除額を差し引いた額に2分の1を乗じて課税退職所得金額を算出し、かつこれに所得税の税率を乗じたうえ、控除額を差し引いた残りの金額である所得税額（基準所得税額）に２・１％を乗じ、計算したものが所得税および復興特別所得税の源泉徴収税額となる。

いずれにしても、退職一時金の支払いを受けるときまでに「退職所得の受給に関する申告書」を勤務先に提出していれば原則として確定申告をする必要はない（図表1―16）。

13「生涯賃金は約3億円」はウソ、ホントはせいぜい2億～1億円である。

そのワケ、第一は、国税庁の「平成29年分　民間給与実態統計調査」によると、２０１７（平成29）年12月現在、給与所得者数は同５８１１万人で前年よりも同67万人（１・２％）増加したものの、年間平均給与は同４３２万円と前年よりも２・５％増加しているほか、男女別では男性は約５３２万円（前年比２・０％増）、女性は約２８７万円（２・６％増）となっているため、40年勤続の場合、４３２万円×40年＝１億７２８０万円、男性の場合、５３２万円×40年＝２億１２８０万円、女性の場合、２８７万円×40年＝１億１４８０万円となり、いずれも約3億円には及ばないからである（図表1―17）。

第二は、正規、非正規雇用者別では正規雇用者は同４９３万７０００円、うち、男性は５４７万５０００円、女性は３７６万６０００円であるのに対し、非正規雇用者は同１７５万１０００円、うち、男性は同２２９万４０００円であるのに対し、女性は１５０万８０００円であるため、正規雇用者は40年勤続しても上述したように生涯賃金が約3億円には遠く及ばない。まして非正規雇用の場合、40年勤続も危うく、生涯賃金が約3億円となるなど夢のまた夢

図表1-17　給与所得者1人当たりの年間平均給与

区分		給与総額	伸び率	内　正規	伸び率	内　非正規	伸び率	平均年齢	平均勤続年数
		千円	%	千円	%	千円	%	歳	年
平成19年分		4,372	0.5					44.1	11.6
20		4,296	▲1.7					44.4	11.5
21		4,059	▲5.5					44.4	11.4
22		4,120	1.5					44.7	11.6
23		4,090	▲0.7					44.7	11.6
24		4,080	▲0.2	4,676	−	1,680	−	44.9	11.9
25		4,136	1.4	4,730	1.2	1,678	▲0.1	45.2	11.8
26		4,150	0.3	4,777	1.0	1,697	1.1	45.5	12.0
27	男	5,205	1.2	5,385	1.2	2,258	1.7	45.4	13.3
	女	2,760	1.4	3,672	2.2	1,472	▲0.2	45.8	9.8
	計	4,204	1.3	4,849	1.5	1,705	0.5	45.6	11.9
28	男	5,211	0.1	5,397	0.2	2,278	0.9	45.9	13.5
	女	2,797	1.3	3,733	1.7	1,481	0.6	46.1	9.9
	計	4,216	0.3	4,869	0.4	1,721	0.9	46.0	12.0
29	男	5,315	2.0	5,475	1.4	2,294	0.7	45.9	13.5
	女	2,870	2.6	3,766	0.9	1,508	1.8	46.2	10.1
	計	4,322	2.5	4,937	1.4	1,751	1.7	46.0	12.1

出典：国税庁「平成29年分　民間給与実態統計調査」2018年

だからである。

そして、第三は、労働政策研究・研修機構の「ユースフル労働統計　２０１５」によると、定年を60歳として試算した結果、企業で生涯賃金が最も高いのは大卒の男性（42年勤続）で約２億６０００万円、最も低いのは中卒の女性（41年勤続）で同１億３０００万円とはじき出しているからである。

ちなみに、公務員の場合、大卒の男性は２億８０００万円と企業の男性とほぼ同額だが、早期に転職した場合、この生涯賃金は当然下がるが、中央の高級官僚は独立行政法人や企業などに天下りし、定年まで給与を得たり、この間、厚生年金の保険料を納め、本来の国民年金や共済年金のほか、厚生年金、さらには退職一時金も受け取るため、総額3億円前後に達することもある。

これに対し、自営業・自由業は約４３２万人で、平均年収は約５４６万円である。もっとも、これには開業医や弁護士、作家など高所得層も含まれているほか、定年がないため、生涯収入は試算しづらいが、仮に22歳から65歳まで43年在職しても約５４６万円×43年在職＝同2億３４７８万円にとどまる。

一方、総務省の「平成28年度　国家議員所得報告書」によると、国会議員の平均年収は２４１２万円で、自民党が２５８５万円、民進党（現立憲民主党、国民民主党、無所属の会）が２１３６万円、公明党が２０６７万円、日本共産党が１９５６万円、日本維新の会が２４５４万円、自由党が２８６７万円、社民党が１９４５万円、日本のこころを大切にする会が２２８３万円だが、上述したように、これに旅費や秘書雇用手当、期末手当（賞与）、立法事務経費なども支給され、年収６７００万円、自民党などによっては同1億円にもなる者もいるため、１億円という高所得層や富裕層がいるが、実態は不明である。

なお、地方議員の議員年金（地方議会議員年金）は２０１１(平成23)年、３期12年間の議員年数があれば受給権が得られたため、特権的との批判を受けて廃止されたが、ここへきて地方議員に厚生年金への加入を認める議員立法の国会への提出の動きもあった。もっとも、２０１９年夏の参議院選挙への影響を見据え、見送られたが、今も昔も「役人天国」であることに変わりはない。

14「福利厚生」はウソ、ホントは人事労務管理である。

そのワケ、第一は、企業年金や財形貯蓄、交通費、住宅手当、家族手当、治療・入院費用の補助、社員食堂、社員寮、社宅、保養所、レクリエーション施設の整備などの「福利厚生」は本来、労働者福祉であるが、その核心は一旦採用した従業員とその家族に対し、会社への忠誠を尽くすよう、「大家族主義」や「運命共同体」、労使協調を押しつけ、利潤の追求に邁進させる企業（内）福祉、すなわち、人事労務管理だからである。

第二は、社員の老後の公的年金だけでは不足する老後の生活費として導入されていた厚生年金基金は2018年（平成30）年10月現在、18基金があり、約19万人が加入しているが、年々、解散するところが続出しており、確定給付付企業年金や確定拠出年金に移行、前者は1万3160年金、約901万人、後者は5948年金、686万1000人と逆に急増、その運用も従来の厚生年金基金から従業員に転嫁されており、公的年金の補完としての役割を終えつつあるからである。これに対し、中小企業の場合、これらの企業年金を運用するところはきわめて少なく、代わりに社外積立金の中小企業退職金制度に加入する傾向にあるが、知名度が低いこともあって制度の存在すら知らないところもあり、今や「福利厚生」は死語と化しつつある。

そして、第三は、2018（平成30）年6月、「働き方改革関連法」が成立し、大企業は2020年4月、中小企業は2021年4月からそれぞれ施行されることになったため、「同一労働同一賃金」による均等待遇を講じなければならなくなったため、従業員を対象に導入していた財形年金貯蓄や財形住宅貯蓄の中断、あるいは社員寮や社宅、社員食堂、病院、保養所、研修施設などを相次いで閉鎖、帳尻合わせに躍起なため、「福利厚生」は減量経営の矢面に立たされているからである。

なお、公務員の場合、日本国憲法第28条で勤労者に保障した団体行動権（ストライキ権）[21]は、「全体の奉仕者」との美名のもと、戦後73年経った今も剥奪《はくだつ》されたままで、かつ非正規雇用者が会社並みに年々増えているほか、職員住宅の民間への払い下げもあり、会社員と同様、「福利厚生」という名の人事労務管理の手が伸びていることに変わりはない[22]（写真1―2）。

15「老後の生活費は最低月25万円」はウソ、ホントは同15～20万円程度である。

そのワケ、第一は、日本銀行（日銀）の金融広報中央委員会の「家計の金融行動に関する世論調査（平成29年）」によると、老後の1か月当たりの最低予想生活費は月25万円とはじき出しているが、高齢者は現役世代と比べ、医療や介護などの費用は増えるものの、食費や住居、家具、家事、被服費、交通通信、教育、教養娯楽、社会保険料はほとんど不要なほか、本人のライフスタイルや居住地の物価、さらに都下に居住している筆者夫婦の毎月の家計簿上、同15～20万円程度という現状からみても同25万円も必要とは思われないからである[23]（図表1―18）。

第二は、同委員会はこの調査に関連し、政府と日銀が経済政策の一環として、当面、物価を毎年2％ずつ上げる目標を立て、

写真1－2　「福利厚生」という名の人事労務管理で泣かされるサラリーマン

（東京・新宿にて）

取り組んでいる「アベノミクス」に触れ、「これが実現すれば老後の最低生活費は30年後、約45万円に増額するため、家計の見直しや改善、金融商品の上手な活用による財産づくりや人生全体を見渡し、賢いマネーバランスをとっていくことが必要」、さらに、「65歳の年金支給時に最低準備しておくべき貯蓄残高は2080万円」とし、生命保険会社などの民間金融機関の個人年金や終身保険、養老保険、民間医療保険への加入を推奨しているが、民間金融機関は毎年、自民党に多額の政治献金をしたり、厚生労働省などの官僚の天下りを受け入れ、かつその利益誘導の片棒を担いでいるため、信用できないからである。

そして、第三は、公益財団法人生命保険文化センターの「平成28年度 生活保障に関する調査」によると、老後の最低生活費は月平均22万円、ゆとりのある生活費は約35万円とはじき出しているが（図表1―19、図表1―20）、これはあくまでも現役世帯や高齢世帯の年齢別でなく、総体的に出した概算にすぎず、総務省の「家計調査報告」によると、2017（平成29）年現在、2人以上の世帯のうち、世帯主が60歳以上の高齢の無職世帯の可処分所得は60～64歳は13万3752円，65～69歳は18万9422円，70～74歳は17万7360円，75歳以上は17万62

図表1-18　1か月当たりの最低予想生活費

●支出総額　250,270円	
〈内訳〉	
・食費	66,305円
・住居	15,006円
・水道光熱	19,488円
・家具、家事	11,941円
・被服費等	7,487円
・保健医療	16,045円
・交通通信	31,824円
・教育	1,307円
・教養娯楽	24,043円
・その他	45,661円
（主な内訳：理美容、おこづかい、交際費、嗜好品、諸雑費など）	
・税金　社会保険料	11,164円

出典：金融広報中央委員会HP、2018年

図表1-19　老後の最低生活費

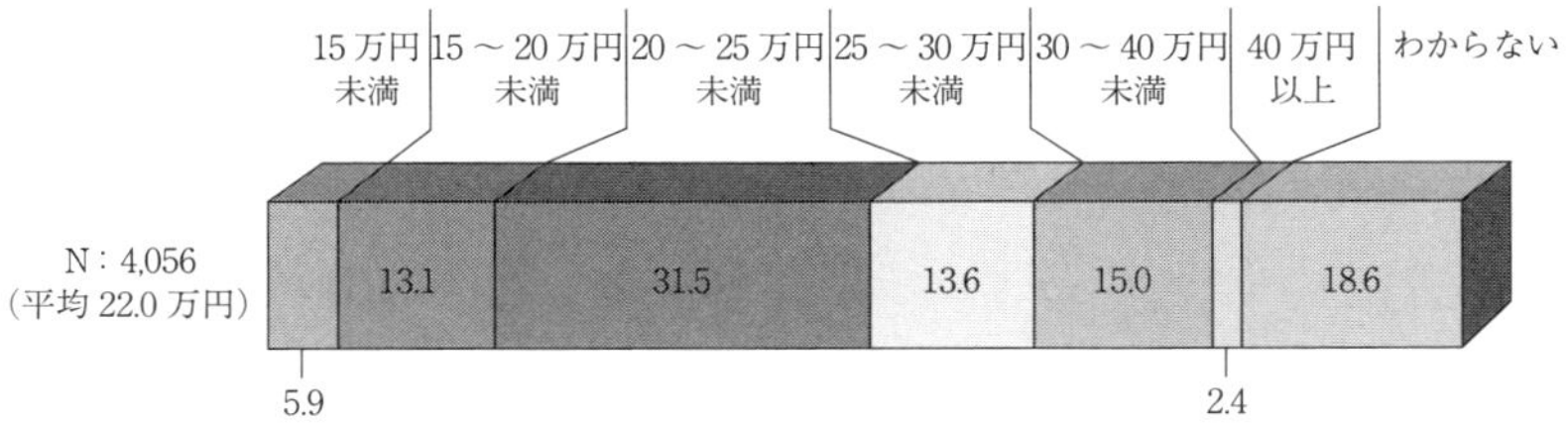

出典：生命保険文化センターHP、2018年

図表1-20　ゆとりある老後生活費

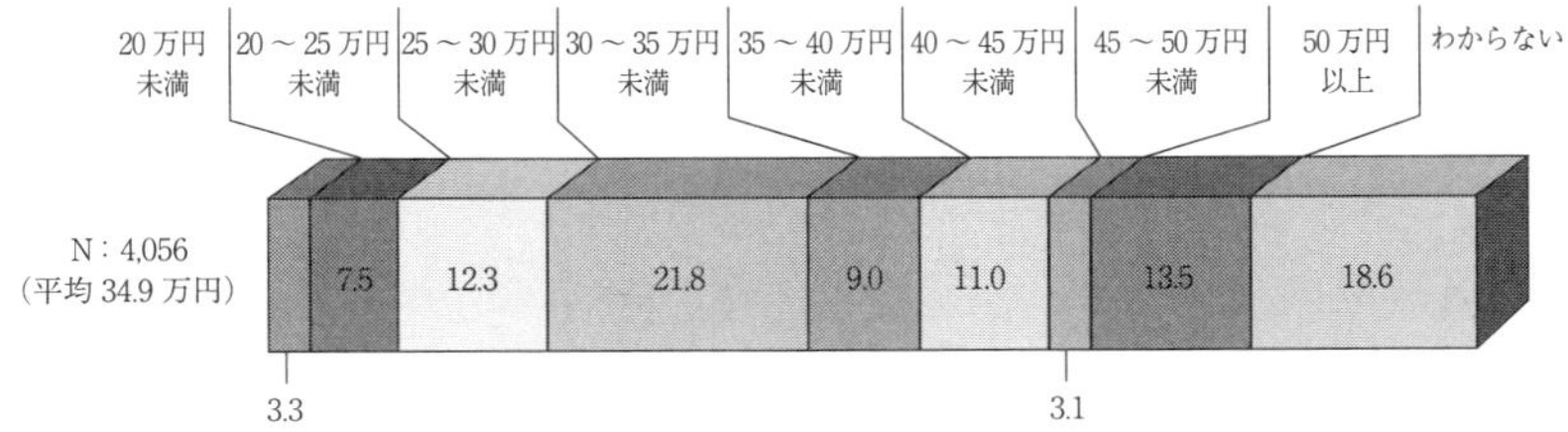

出典：生命保険文化センターHP、2018年

７７円に対し、消費支出は順に29万００３４円、26万４６６１円、24万３４１６円、21万５１５１円と年齢の階級が上がるにつれて低くなっている。まして一人暮らし世帯であれば14万円前後とさらに低くなっており、都下に暮らす筆者夫婦の生活ぶりを考えても老後の最低生活費は月平均22万円、ゆとりのある生活費は約35万円必要とは思えないからである[24]。

ちなみに、日本国憲法第25条第１項に定めた国民の生存権[25]を保障すべく、その基本である生活扶助と住宅扶助を合わせても、２０１８（平成30）年度現在、東京都在住で年金が月約９万円の60歳代夫婦の生活保護世帯の場合、17万６０００円－９万円＝８万６０００円しか支給されない。にもかかわらず、老後の医療費や住宅のリフォームなどの費用も加え、総額３０００万円も必要などと提示し、個人年金などに加入しなければ老後は危《あや》うい、といわんばかりの試算が民間金融機関から発信されている。このため、さすがの政府も事態を憂慮したのか、このようなミスリードをしないよう、業界に注意したほどである。

16「公的年金はもらえる・くれる」はウソ、ホントは受け取る権利である。

そのワケ、第一は、第二世代（現役世代）が加入する国民年金（基礎年金）、厚生年金（保険）、共済年金の二～三階建てからなる公的年金は現役時代、サラリーマンは勤務先と労使折半、自営業・自由業は全額を自主納付する積立方式、および現役世代が納める保険料を第一世代（高齢者）に年金として支給する賦課《ふか》方式を加味した修正積立方式の仕組みのため、政府からもらうものでも、政府がくれるものではないからである（図表1―21、図表1―22）[26]。

第二は、現役世代が納める保険料は将来、確実に年金として支給されるよう、年金積立金管理運用独立行政法人（ＧＤＩＦ）がその保険料を国内外の債券や株式投資などに運用して得た収入や元本を年金の財源として活用すべく、おおむね１００年にわたる財政計画を立て、保険料を納めたすべての加入者に対し、年金権を保障しているからである。

そして、第三は、年金積立金管理運用独立行政法人の２０１６（平成28）年度第３四半期（平成28年10～12月）の運用状況によると、運用資産額は１４４兆８０３８億円で、期間収益額は10兆４９７３億円、累積収益額は53兆６１７億円となっており、修正積立方式であることが明確だからである（図表1―23）。

ただし、これらの運用は国内債券や株式のほか、外国債券などで資産運用しており、内外の政治・経済情勢、とくに金融情勢によって変動するおそれがあるため、その状況は逐次、国会に報告し、これを国民がチェックすべきで、素人の官僚の天下りによる運用は見直す必要がある。

なお、政府は近年、この修正積立方式を賦課方式と吹聴しているが、これは今後、２０６０年に向け、本格的な少

図表1-21　公的年金の仕組み

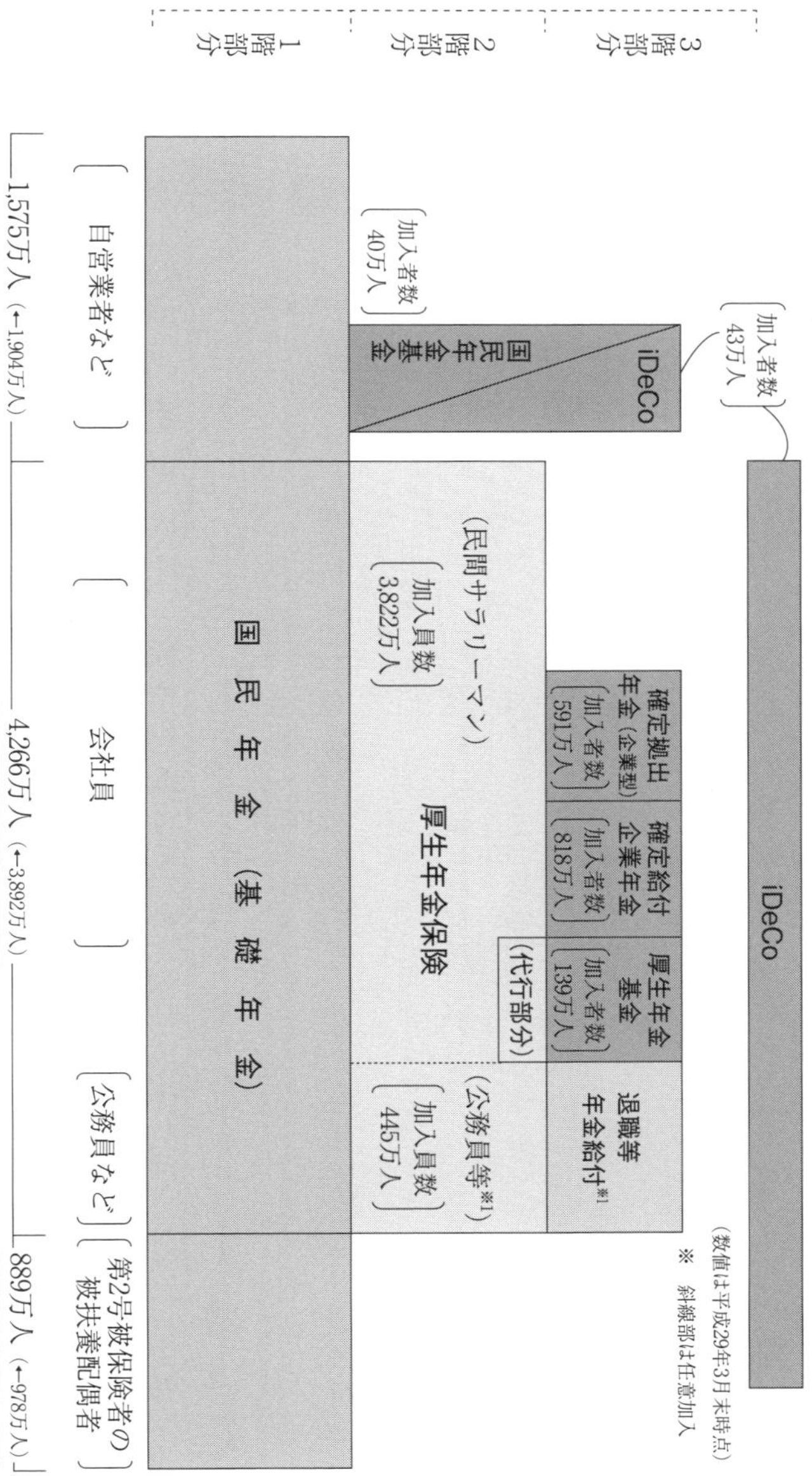

〈厚生労働省ホームページ内全国厚生労働関係部局長会議資料より抜粋〉
出典：地方職員共済組合HP、2018年

図表1−22　年金保険料の修正積立方式

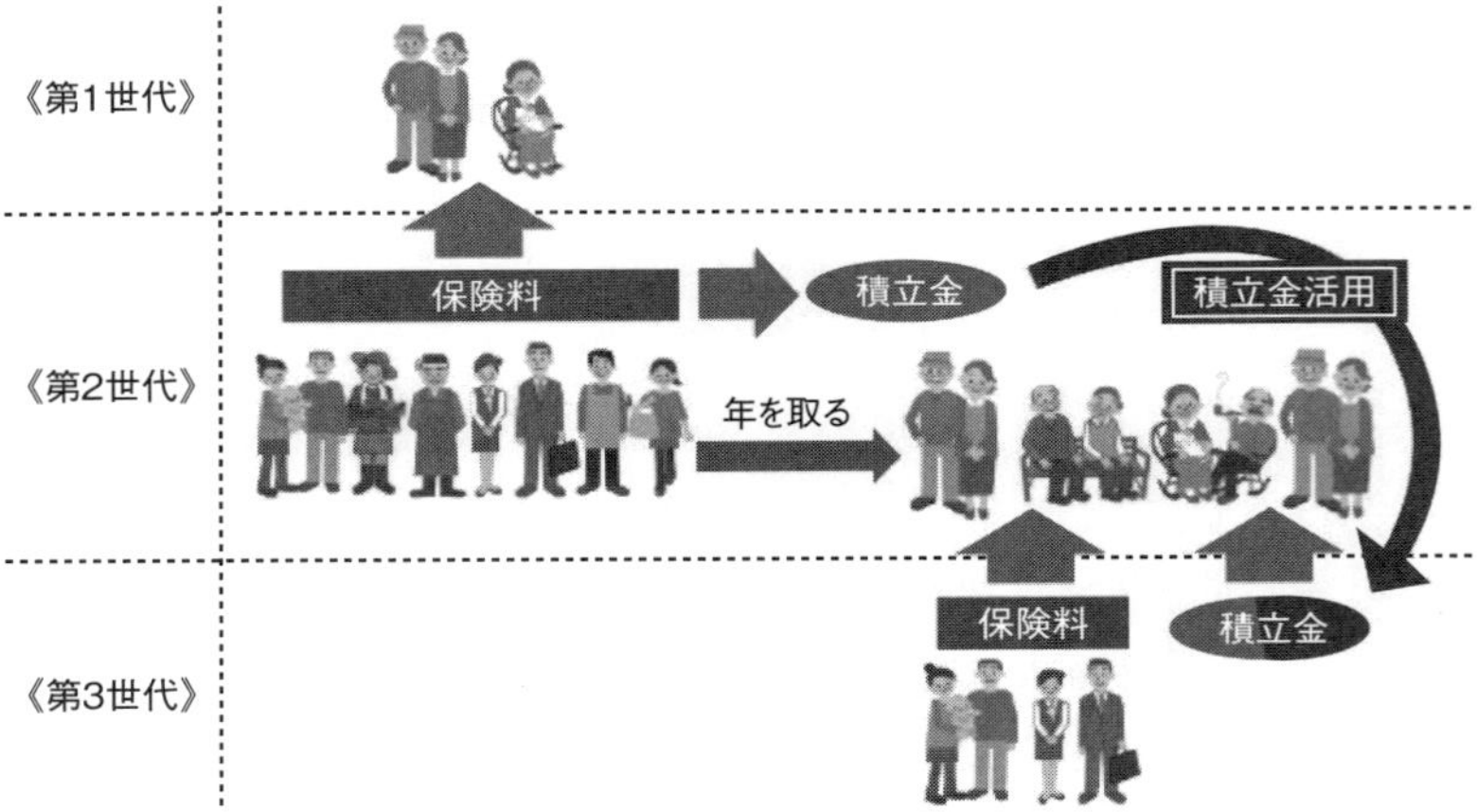

出典：厚生労働省HP、2018年

子高齢社会および人口減少となることを見据え、保険料の増額と年金額の抑制を国民に理解させるよう誘導しているため、警戒すべきである。

もう一つ、国民年金、厚生年金、共済年金とも請求権を取得できるようになってもその請求のための手続きを市町村や年金事務所、各種共済組合にとらなければ5年で時効（消滅時効）となる。税金や社会保険料は自営業・自由業を除けば強制であるのに対し、年金の受給権は本人の請求が前提であることには合点がいかず、要注意である。

いずれにしても、このような老後の生活資金をもとに「人生１００時代」などと吹聴し、老後の生活費を総額数千万円などと試算した官民一体となった〝脅し〟に左右されず、庶民は居住地の物価の動向や分相応の生活設計を立て、悔いのない老後を送ればよいのではないか[27]。

図表1−23　市場運用開始後の累積収益額（平成13〜28年度第３四半期）

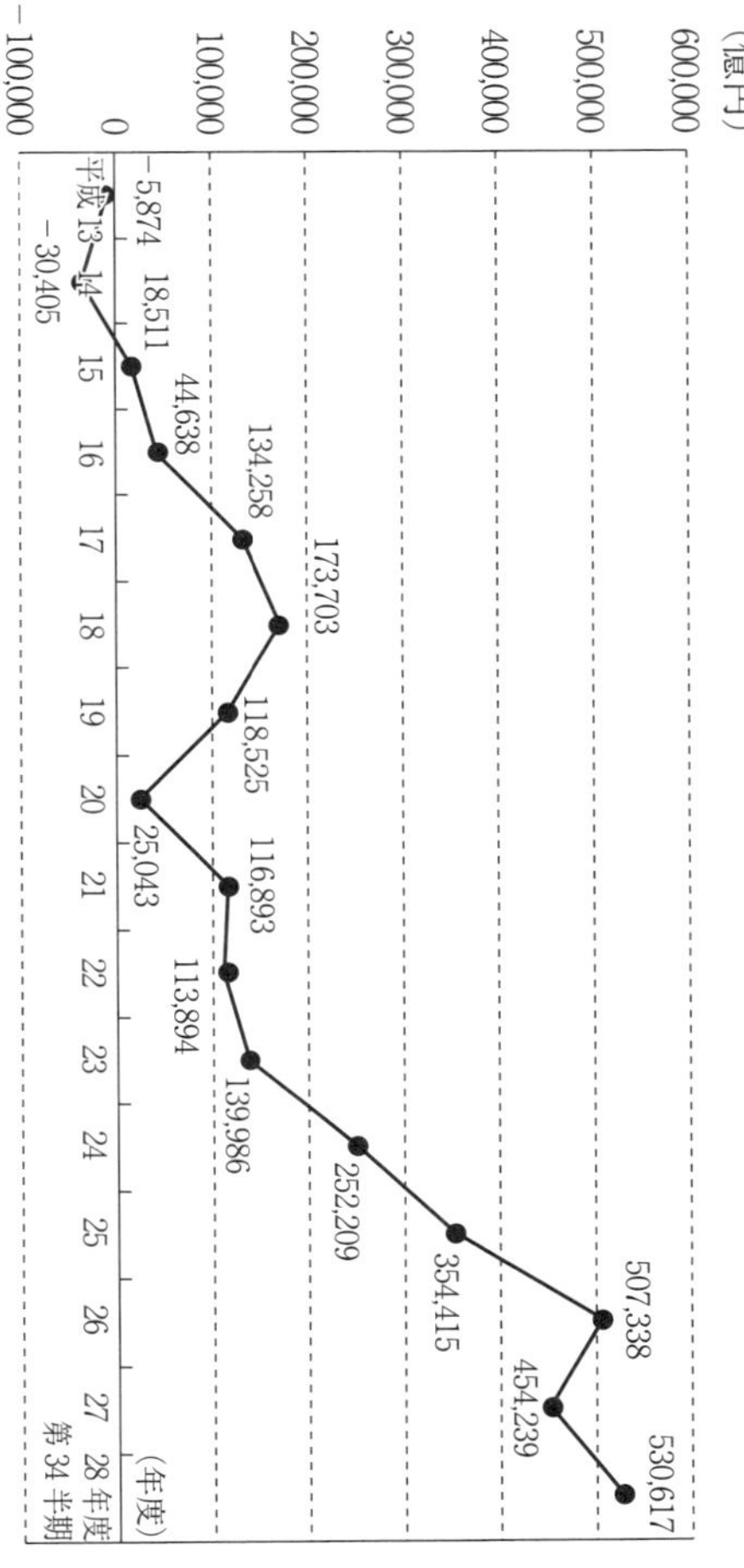

出典：一般財団法人年金住宅福祉協会HP、2018年

17「サラリーマンの公的年金は現役時代の給与の6割」はウソ、ホントは5〜4割である。

そのワケ、第一は、厚生労働省の「2014（平成26）年　財政検証のケースG（人口中位）における厚生年金の標準的な年金の給付水準の見通し」によると、2038〜2058年度、所得代替率、すなわち、現役時代の給与の50〜42％にダウンするからである（図表1―24）。

第二は、同省によると、モデル年金は夫が40年加入で、片働き（妻が専業主婦）の場合、月23万8000円で、夫の平均手取り年収の59・4％、共働きで夫婦とも40年加入の場合、月29万9000円で同74・6％になるものの、夫婦の手取り年収をベースにすると46・6％、共働きで妻の厚生年金の加入期間が23年9か月の場合、27万4000円だと夫婦の手取りの年収は50・4％、また、生涯独身の場合、男性17万1000円で平均手取り年収の42・6％、女性12万8000円で同53・3％にダウンし、悲惨な老後の生活を強いられるおそれがあるからである（図表1―25）。

なお、60歳を超えても64歳まで給与と老齢厚生年金の合計額を月28万円以下、また、65歳以上で給与と老齢厚生年金の合計額を同47万円以下に抑えて在職を続ければ在職老齢年金と給与の両方を受け取ることができるため、もっと増額される。

いずれにしても、これまで夫の給与と賞与を含み、月42万8000円で、かつ40年勤続し、妻が専業主婦と仮定した会社員世帯を想定し、2015（平成27）年度に受け取る老齢厚生年金を22万1507円とするモデル年金自体、企業全体の1割弱の大企業、また同3割にすぎない会社員を前提としたもので、同9割強の中小・零細企業、同約7割という会社員の実態に合わない想定である。

現に、厚生年金の受給額は月17万円の元会社員が最も多い。また、専業主婦の老齢基礎年金は1985（昭和60）年

図表1-24　ケースG（人口中位）

○　マクロ経済スライドによる調整で平成50年度に所得代替率50％に到達する。仮に、その後も機械的にマクロ経済スライドの適用を続けて財政を均衡させた場合、マクロ経済スライドによる調整は『基礎年金で平成70年度』、『厚生年金で平成43年度』で終了し、『所得代替率42.0％』になる。

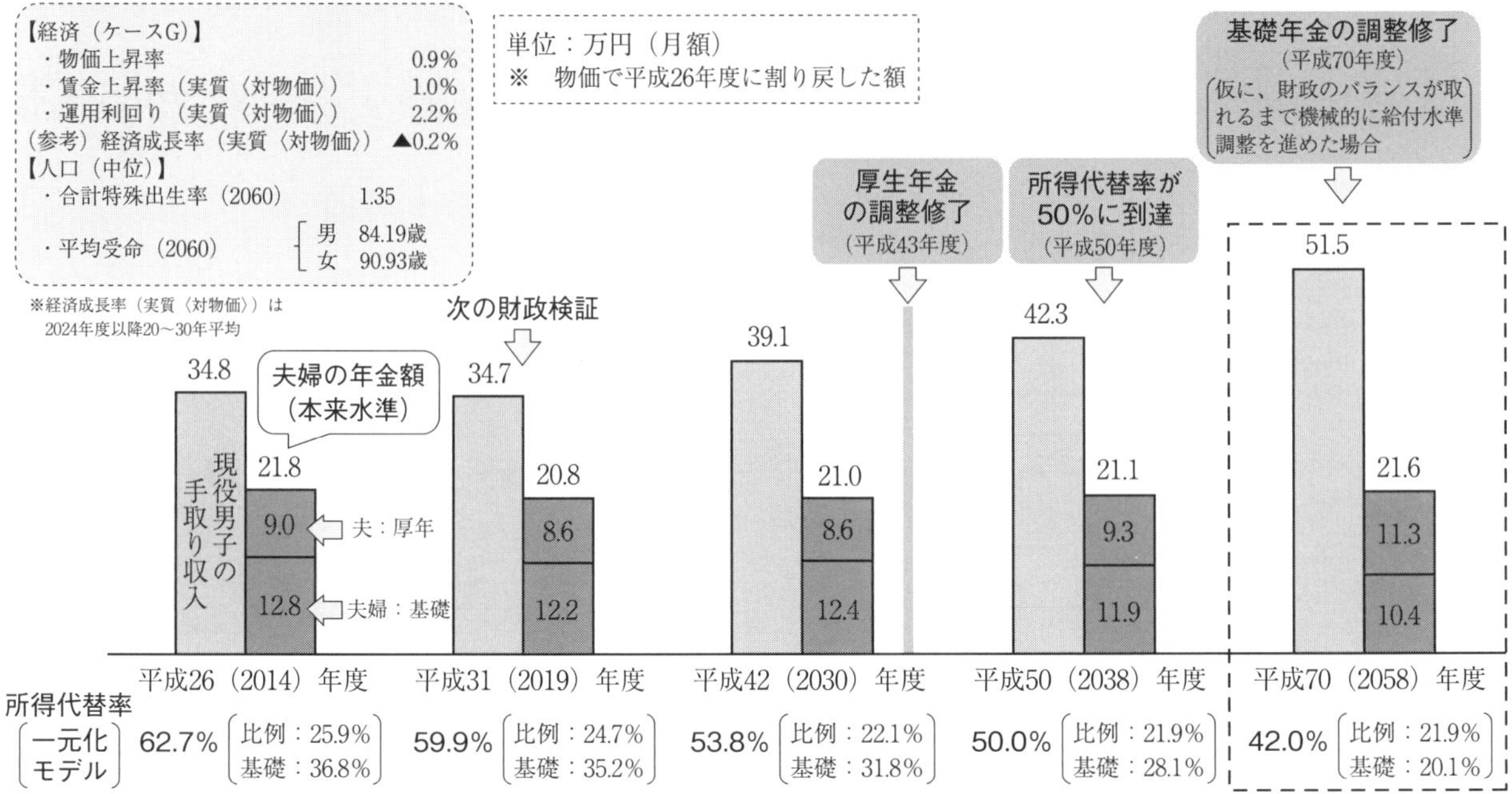

※既裁定者の年金額は物価で改定されるが、通常は物価上昇率＜賃金上昇率となるため、そのときどきの現役世代の所得に対する比率は下がっていく。

出典：厚生労働省HP、2018年

図表1−25　今後のモデル年金像

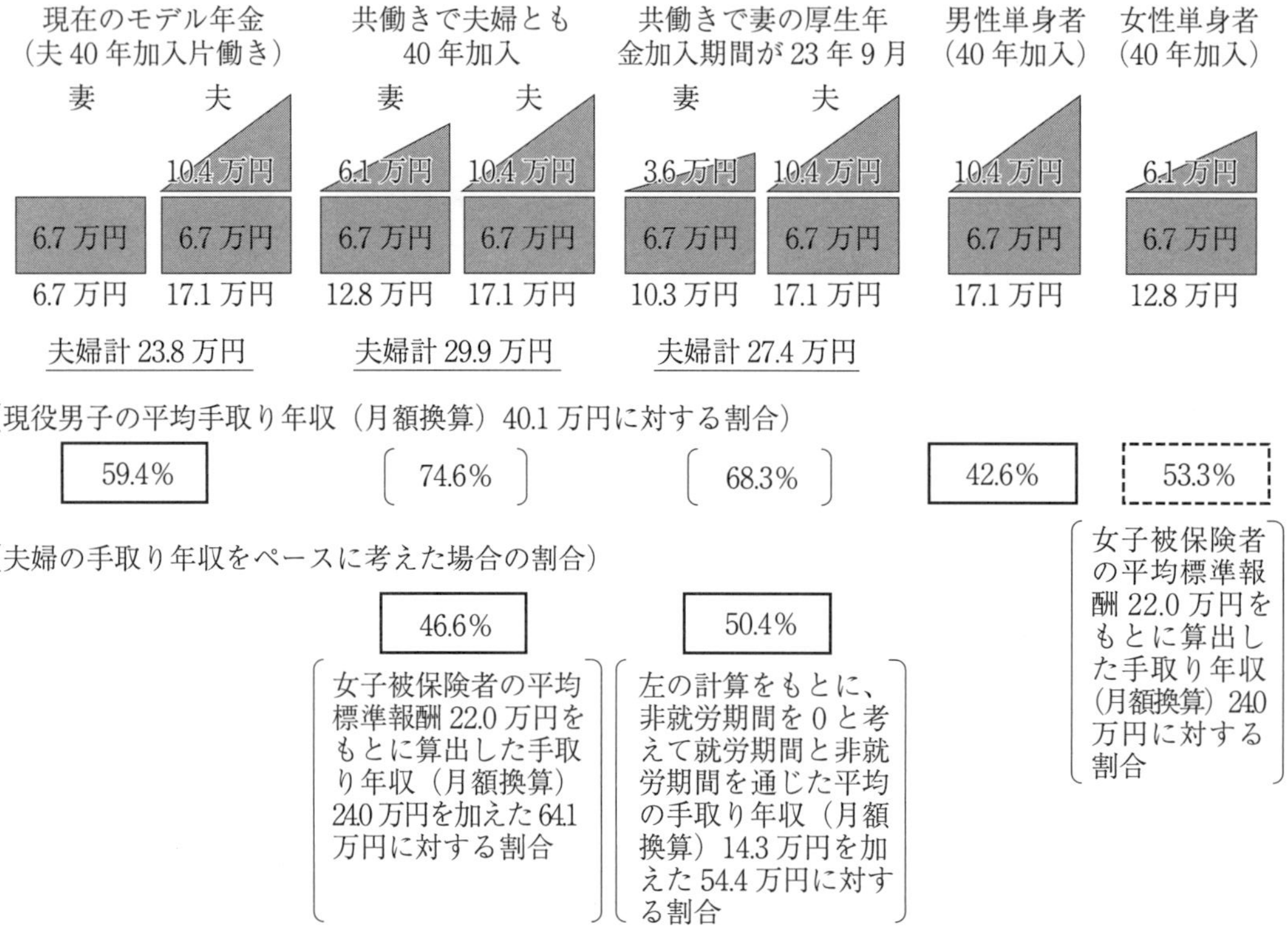

※共働きの表の年金額は平成11年度女子被保険者の平均標準報酬22.0万円を用いて計算

出典：厚生労働省「様々な世帯類型でみた場合の現行制度の年金水準」2018年

度までは国民年金の加入は任意加入だったため、40年加入すれば同６万５００８円（２０１９年度）のところ、４万７０００円にとどまっている。

さらに、中小企業庁の『中小企業白書（２０１７年版）』によると、資本金10億円以上の大企業は２０００社、従業員は約１４３３万人に対し、同１０００万〜10億円未満に中小企業は９万社、３３６１万人、残りは同１０００万円以下の零細企業、すなわち、自営業であるため、自営業・自由業世帯の場合、会社員世帯の比ではない。

そして、第三は、その自営業・自由業世帯は夫婦とも基本的には国民年金しか加入できないため[28]、老齢基礎年金だけで満額でも月６万５００８円、夫婦でも同13万００１６円（同）にすぎないからでもある。

いずれにしても、近年の男女の非婚化、晩婚化などライフスタイルの多様化、また、２０６０年がピークとなる本格的な少子高齢社会および人口減少が予想されるなか、公的年金は長年、夫は会社員、妻は専業主婦とし、現役時代の給与の約６割としてきたモデル年金の年金の給付水準の設定にあたり、共働き世帯や片働き世帯、生涯独身など単身世帯のバランスや世帯間における公平性、60〜65歳への定年制の段階的な延長、公的年金の一元化などを考慮した老後の生活設計そのものの見直しが必要である。

とりわけ、無年金者や低年金者の対策として、民主党（現立憲民主党、国民民主党、無所属の会など）がスウェーデンを参考に政権公約した、消費税を財源にすべての人に対し、一律最低月７万円、夫婦で同14万円を保障する最低保障年金を実現すべく、年金改革を断行すべきである[29]。20〜30歳代の若年世代の政治離れや保守化が進んでおり、かつ新聞や本をろくに読まず、スマホに明け暮れ、コミュニケーションに欠けるといわれているが、ホントにこのままでよいのだろうか。

18「基礎年金は全国民共通の最低年金」はウソ、ホントは自営業・自由業、専業主婦などは老後の最低生活費が不足する。

そのワケ、第一は、基礎年金は国民年金法にもとづき、すべての国民は20～60歳未満まで国民年金に加入し、基礎的な年金を受け取る公的年金で、老齢基礎年金、障害基礎年金、遺族基礎年金の三つがあるが、老後の最低生活費を賄うべき老齢基礎年金は新旧の国民年金に40年加入し、満額となっても２０１９(平成31)年度現在、年78万０１００円、すなわち、月６万５００８円にすぎないため、自営業・自由業世帯は夫婦で計13万００１６円しか受け取れず、一般にいわれる老後の最低生活費の月22万円（前出・図表1－19）に追いつかないからである。

第二は、自営業・自由業は長年の事業に取り組むなか、景気の動向や事業の浮き沈みに伴う滞納の時期もあり、かつ実際の受給額は２０１９(平成31)年現在、月10万円前後であるため、より厳しい環境に置かれているからである（図表1－26）。

そして、第三は、女性一人が自営業・自由業、あるいは夫が会社員や公務員などの専業主婦にフォーカスすると、老齢基礎年金の最多層は月６万円台で全体の29・9％にすぎず、同５万～６万円台は23・5％、同４万～５万円台は18・5％、同３万～４万円台は14・2％、同２万～３万円台も４・６％となっており、60～69歳の生活

図表1－26　平成31年度の新規裁定者（67歳以下の方）の年金額の例

	平成30年度（月額）	平成31年度（月額）
国民年金老齢基礎金（満額）１人分	64,941円	65,008円（＋67円）
厚生年金（夫婦２人分の老齢基礎年金を含む標準的な年金額）	221,277円	221,504円（＋227円）

出典：厚生労働省HP、2019年を一部抜粋。

保護の生活扶助基準額である同3万5480～3万7320円よりも低い女性もみられるからである。ところが、政府はこれを逆手にとり、2018（平成30）年10月、生活保護の生活扶助や住宅扶助などを減額する構えだが、これは本末転倒で、老後の最低生活費に満たない老齢基礎年金の額を底上げすることが筋である（図表1―27）。

なお、自営業・自由業は国民年金の保険料とは別に毎月400円の付加保険料を支払えば同200円×付加保険料納付期間で算出した付加年金、さらに地域型、または職域型の国民年金基金に二重加入すれば、国民年金基金を毎月受け取ることができるが、農林水産業や個人商店主などが多い自営業と異なり、開業医や弁護士、作家など高所得層や富裕層の自由業に限られるのが一般的である[30]。

図表1－27　自営業および専業主婦の平均受給額

年金月額	合計	男子		女子	
合計人数	31,656,772	13,836,191		17,820,581	
万円以上　万円未満	人	人	%	人	%
～1	88,440	12,903	0.1	75,537	0.4
1～2	320,098	61,904	0.4	258,194	1.4
2～3	1,038,662	222,700	1.6	815,962	4.6
3～4	3,283,070	744,568	5.4	2,538,502	14.2
4～5	4,601,417	1,304,383	9.4	3,297,034	18.5
5～6	7,034,486	2,853,852	20.6	4,180,634	23.5
6～7	13,606,925	8,279,963	59.8	5,326,962	29.9
7～	1,683,674	355,918	2.6	1,327,756	7.5
平均年金月額（円）	55,373	58,806		52,708	

出典：厚生労働省HP、2019年

19「サラリーマンの妻（専業主婦）は離婚したら夫と公的年金を折半」はウソ、ホントは夫の老齢厚生（退職共済）年金の半額だけである。

そのワケ、ズバリ、上述したように、公的年金は全国民共通の基礎年金が支給される国民年金と会社員や公務員、私学教職員は厚生年金、あるいは共済年金に二重に加入する二～三建て年金になっているため、サラリーマンの妻（専業主婦）が夫と離婚しても双方の合意、または家庭裁判所（家裁）の調停や審判による決定がなくても、扶養されていた第三号被保険者の期間について、夫の老齢厚生（退職共済）年金を2分の1に分割できるからである。また、共働きの期間がある場合、その部分については夫婦の厚生年金、または共済年金の合計額を分け合うことになるが、いずれにせよ、その支給は妻が１９６６（昭和41）年4月1日以前生まれなら60歳、同年4月2日以後生まれなら65歳になってからである。

また、共働きの場合、分割の対象は厚生年金や共済年金の部分だけ分割できるが、国民年金は基礎年金であるため、分割の対象とはならないからである。

ちなみに、年金分割には合意分割と3号分割の二つがある。このうち、前者は夫婦間の合意、または家裁の決定による厚生年金や共済年金の分割で、婚姻期間に夫婦双方が支払った厚生年金や共済年金の保険料の納付記録を合算し、分割の割合は夫婦、または家裁の決定により確定するもので最大となる。これに対し、後者は第3号被保険者であるサラリーマンの専業主婦が利用できるもので、夫との合意や家裁の決定など必要なく、２００８（平成20）年4月以降の第三号被保険者期間中の配偶者の厚生年金、または共済年金となる。

いずれにしても、それ以前の加入期間に関しては双方の合意、あるいは裁判所の決定にもとづき、2分の1を上限

図表1−28　離婚時の年金分割（例示）

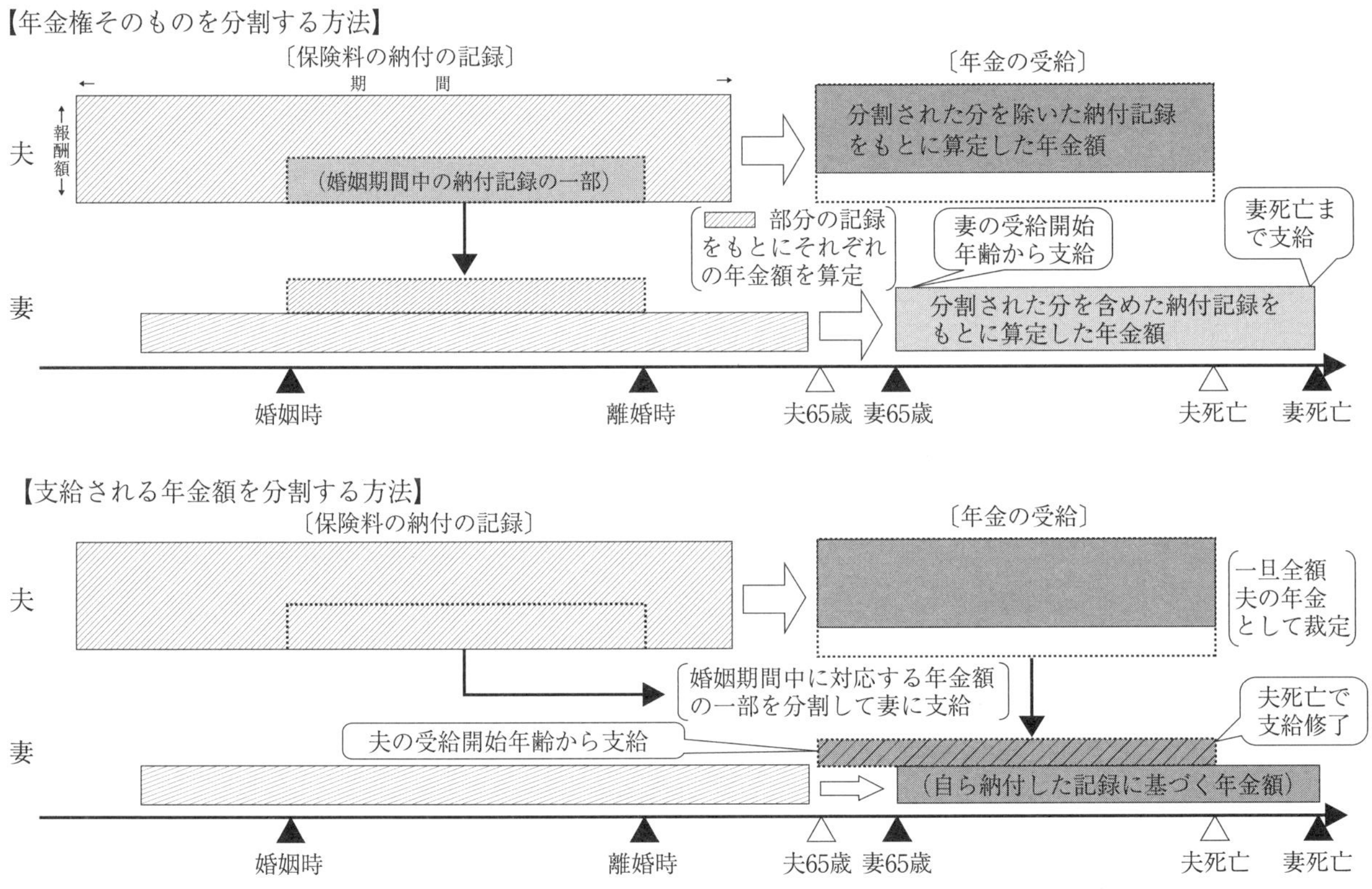

出典：厚生労働省HP、2018年

に分割できる（図表1―28）。

なお、年金分割は原則として離婚後、2年以内しか請求できない。また、両制度が利用できる場合、一方の制度の利用を申請することにより、自動的にもう一方の制度も申請したとみなされる。さらに、離婚時の年金分割の手続きはまず年金情報通知書を手に入れて話し合う、あるいは家裁の決定で分割の割合を決めるが、話し合いで分割の割合がまとまらない場合、家裁の調停や審判で決定することになる[33]。

もう一つ、これとは別に離婚の際、夫婦の婚姻期間中の財産分与や慰謝料、子どもがいれば養育料についての協議も必要である。

20「〝消えた年金〟〝宙に浮いた年金〟はすべて処理済み」はウソ、ホントは職務怠慢のため、進んでいない。

そのワケ、ズバリ、第一次安倍内閣の２００７（平成19年）年以降、国会で社会保険庁改革関連法案の審議中、社会保険庁がオンライン化した年金記録に誤りや不備が多いことなどが判明、同庁の杜撰《ずさん》な管理が指摘され、２００６（平成18）年6月の時点でコンピュータに記録（基礎年金番号）があるものの、この基礎年金番号に統合・整理されていない記録が約５０００万件あることがわかり、〝消えた年金〟、あるいは〝宙に浮いた年金〟として問題となった。このため、同庁は２００９（平成21）年12月に解体され、翌２０１０（平成22）年1月から日本年金機構に業務が引き継がれ、民主党政権への交代の原因の一つになった。そこには事業主が従業員と折半で負担する厚生年金の保険料の負担を回避すべく、従業員の標準報酬月額（ほぼ税込み月収））を実際の額よりも引き下げたり、厚生年金から偽装脱退したりしたという現状もあった。

写真1-3　年金の照会先は最寄りの年金事務所

（福井市にて）

以来、同機構は毎年、年金受給者の誕生月、「ねんきん定期便」を送付、直近1年間の記録が記載されるようになり、2012（平成26）年、一件落着とされているが、2018（平成30）年までに記録が解明したのは3、012万件、うち、年金の受給に結びついたのは171万件にすぎない。あとは本人がもうすでに死亡していたり、過去に脱退一時金として受給、年金の受給権がなかったりしたものが1241万件など計約2000万件が未処理となっているからである。

ちなみに、同機構のHPによると、2018（平成30）年現在、国民年金特殊台帳3096万件中、コンピュータとの突合による不一致は約30万件に上っている。このうち、年金の記録の回復は受給者257万人、加入者743万人の延べ計約1000万人、また、この結果、年金が増額したのは少なくとも同381万人、生涯受給額は2兆7000億円となっている。

現在、35歳、45歳、59歳になると、それまでのすべての記録が記載されたものが毎年、同機構より受給権者に対し、「ねんきん定期便」が送られ、直近1年間の記録が記載されているが、受給権者は同機構任せにせず、自分の基礎年金番号や年金手帳などをしっかりと管理することが重要である。そして、自分の記録がほしい場合、市町村や年金事務所、各種共済組合を通じ、被保険者記録を受けることもできるが、長年にわたる職業歴や勤務先、公的年金の加入期間、納付証を保管するとともに「ねんきん定期便」のチェックをし、同機構などへの照会に備えたい。

なお、この場合の年金の受給権には5年で時効（消滅時効）だが、当局の記録漏れによる年金額の訂正はこの消滅時効は適用されないため、受給権が発生した時点にまで遡って年金が支払われることになっている。

いずれにしても、当時の安倍首相は「最後のお一人まで記録を精査し、実態に合わせた対応をしたい」などと国会で答弁し、国民に約束をしたが、その後の追跡調査なり、処理の報告なりは定かではない（写真1―3）。

21「私的年金も物価にスライドされて増額されるほか、遺族年金もある」はウソ、ホントはいずれもない。

そのワケ、第一は、厚生年金基金や確定給付付企業年金、確定拠出年金などの企業年金、および生命保険会社など民間金融機関が商品化している個人年金はいずれも国民年金や厚生年金、共済年金のように前年度の消費者物価指数が上がっても年金額がそれに応じ、物価スライドやマクロ経済スライド率によって増額されることはないからである。このため、これらの個人年金に加入する場合、将来受け取る年金が終身で、かつ定額型でなく、逓増型のものを選んで契約したい。

第二は、私的年金はいずれも加入者、すなわち、契約者が年金の受給期間中に死亡した場合、その時点で支給が停止されるからである。このため、10～15年の保証期間を付けて加入し、加入者が死亡しても保証期間内であれば本人に代わって受給できるよう、遺族年金の代わりにしたい。

そして、第三は、筆者夫婦のように同じ個人年金でも保険料が割高になるものの、30代に夫婦連生年金の郵便年金に加入し、長期にわたって保険料を積み立て、60歳になったら個人年金を受け取り、その後、どちらか先立っても、残された配偶者が先立った本人と同額の個人年金を生涯にわたって受け取り、遺族年金の代わりにしたい。あれから早40年経ったが、若いときに加入した夫婦連生年金の郵便年金は公的年金で不足する老後の生活資金を補完する重要な〝金づる〟となっている（図表1―29）。

なお、個人年金には保険料を長期にわたり積み立てる分割払い型と退職一時金などまとまったお金を一括して払う一括払い型の二つがあるが、定年退職前後の高齢者の場合、退職一時金などを活用する一括払い型の個人年金に加入し、かつ終身年金となり、給与以外の個人年金などは雑所得となり、年20万円までなら非課税となる保険型に加入したい。これに対し、30～50代の現役世代は筆者ら夫婦が加入した夫婦連生年金の郵便年金などのように、保険料を長期にわたり積み立てる分割払い型の個人年金の方に加入したい。

もう一つ、上述したように、個人年金は雑所得になるため、所得税はもとより、住民税の課税の対象となる。また、受給の開始後、保証期間内に法定相続人である遺族が本人に代わり、残った保証期間の受給額を継続受け取り人として支払われる場合、相続税や所得税が課せられる。

いずれにしても、個人年金は生命保険会社だけでなく、日本郵政（郵便局）や全国共済農業協同組合連合会（全共連：JA共済）、全国労働者共済生活協同組合連合会（全労済）なども扱っている。このため、老後の生活費はいつでも自由に使える緊急予備資金として

図表1－29　個人年金の種類

受け取り別	確定年金		終身年金		夫婦連生年金
受　給　別	定額型		変額型		逓増型
保　証　期　間	あり			なし	
扱い金融機関	郵便局　生命保険会社　全労済（生協）　全共連（農協）　損害保険会社など				

（注）会社員には別途、財形年金貯蓄もある。
出典：厚生労働省HP、2018年

の現金、子どもの教育資金や結婚資金、自宅のリフォーム、葬儀などに備える中期資金、老活や終活に備える長期資金などというように目的別にバランスシートを作成したうえ、公的年金だけでは不足する老後の生活資金の確保だけにとどめ、過重な保険料の負担で日々の生活に支障を来さないよう、注意したい[32]。

22 「公的年金は一元化によって官民格差を是正」はウソ、ホントは公務員、私学教職員の3階建て部分は温存されている。

そのワケ、ズバリ、公務員や私学教職員は厚生年金だけに加入していた会社員と同様、1986（昭和61）年、国民年金に加入し、全国民共通の基礎年金に加入するとともに引き続き共済年金に二重加入することになったが、会社員が勤め先によって企業年金に加入できるか、不明であるのに対し、公務員や私学教職員は共済年金の中に三階建て部分としての職域年金があった。このため、公的年金の官民格差を是正すべく、2015（平成27）年、厚生年金と一元化され、公務員は2018（平成30）年、私学教職員は2027年、それぞれ厚生年金と同じ18・3％の保険料（掛金）となったものの、賦課《ふか》方式だった職域年金は2015（平成27）年、積立方式の10年、または20年の有期年金、もしくは終身年金の退職等年金給付と改称、モデル年金が前者の場合、約2万円（想定）、後者の場合、いずれも同1万8000円（同）と一部是正されただけで、その後も支給されて実質的に3階建て年金で、かつ支給額も同2000円減額するだけのままで、会社員の企業年金は大企業が導入している厚生年金基金の解散に伴う企業型確定給付年金や確定拠出年金などへの切り替え、中小企業は適格退職年金の廃止や中小企業退職共済、あるいは企業年金など皆無となっており、公的年金の官民格差の是正はまだまだ不十分だからである（図表1—30）。

実は、私学教職員の一人だった筆者もその一人で、企業年金が様変わりした退職および現役の会社員、さらには国

図表1−30　退職等年金給付の概要

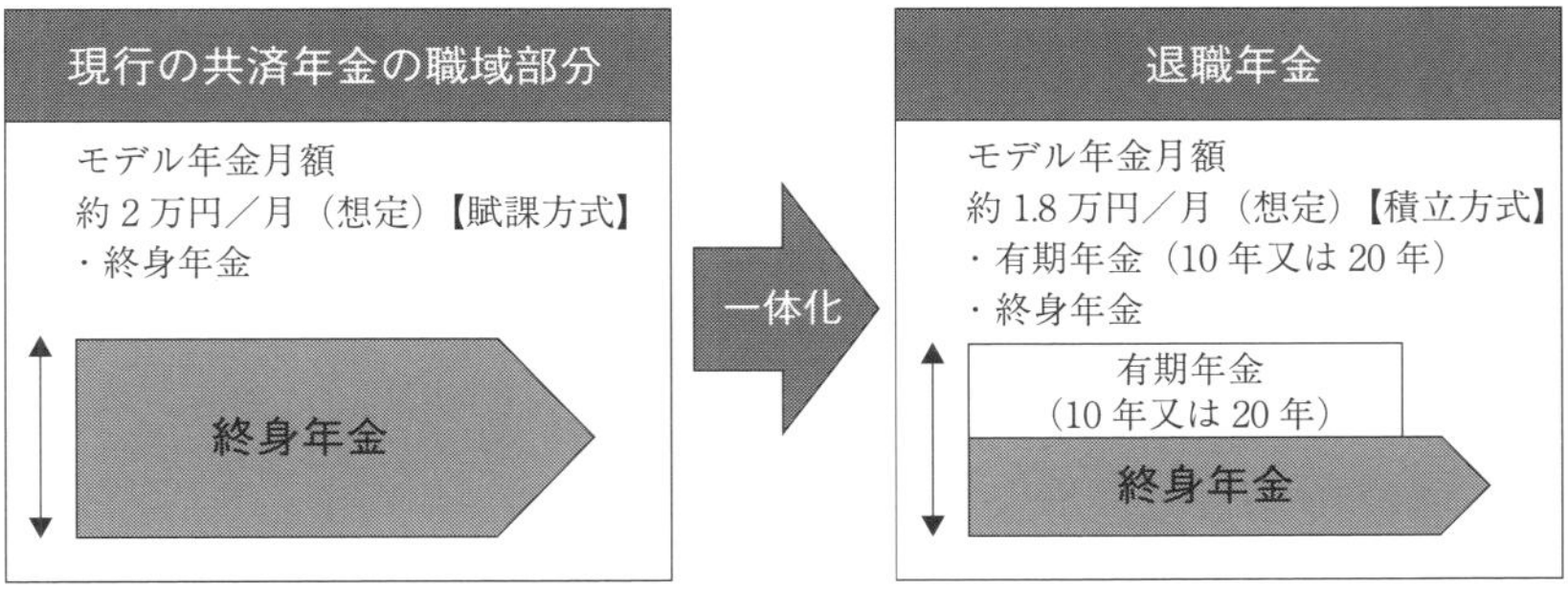

出典：地方職員共済組合HP、2018年

民年金基金に任意加入の自営業・自由業の人たちに申し訳ない気持ちでいっぱいである。

一方、中央の高級官僚や地方の公務員の役職者のなかには退職勧奨《かんしょう》で早期に退職後、多めの退職一時金、または定年退職後、正規の退職一時金を受け取るほか、関連機関や関連企業に天下りをして給与を受け取り、かつ厚生年金に加入し直し、60〜65歳から3階建ての退職共済年金と老齢厚生年金、さらに65歳から国民年金の老齢基礎年金を受給、その額は平均月30万円と「わが世の春」を謳歌《おうか》している。まさに「役人天国」そのもので、「公的年金の一元化により官民格差の是正を行った」とはよくいうものである。

なお、上述したように、国会議員の議員年金は２００６(平成11)年、地方議員の議員年金は２０１１(平成23)年にそれぞれ廃止されたが、毎年一人当たり最低１５００万円のほか、旅費や公設秘書手当、年2回の期末手当、立法事務経費、さらには政党交付金、政治献金などもあるため、自民党議員の場合、年収１億円というのはザラであるのに対し、同平均４５０万円の会社員、財政力指数が脆弱《ぜいじゃく》なため、同２００万円にもならず、かつ議員のなり手がいない過疎地域では地方自治の危機にある。にもかかわらず、安倍政権は「地方創生」、あるいは「一億総活躍社会」「働き方改革」などと掛け声だけで、結果、ウソの固まり以外の何物でもない。

23 「パッケージ旅行は割安」はウソ、ホントはそれなりの内容にとどまっている。

そのワケ、第一は、旅行の日数が短いため、現地の滞在期間が少なく、〝駆け足旅行〟だからである。たとえば、パッケージ旅行は毎日の新聞やテレビ、ウェブサイト、チラシなどでPRの花盛りだが、よく見ると国内旅行の場合、4～5日、海外の場合、1週間前後がほとんどと短く、修学旅行の再現といったものが大半である。とくにヨーロッパの場合、航空機に乗っている時間が片道11～15時間、往復22～30時間かかり、前日、出発する空港周辺のホテルに宿泊したり、途中、航空機の乗り換えや待ち時間なども考えればそれだけで2～4日費やし、現地での滞在期間が短く、駆け足となっているからである。

第二は、肝心の旅行先ではフリータイムが結構含まれており、この時間に好みの場所への交通費や食事代、資料館などの入場料は別途負担を強いられ、ガイドもないなどの場合が多いため、出費が重なるからである。

そして、第三は、楽しみにしていたホテルは「三ツ星」

写真1–4　パッケージ旅行は気楽だが……

（ペルーにて）

以下で相部屋だったり、景観がよくない山側だったり、食事はバイキングだったりして帳尻を合わせられ、安上がりに組まれているからである。

ちなみに、筆者はこれまで各国を旅行しているが、まさに「安物買いの銭失い」、また、「うまい話はない」のであって、同じ国を旅行する場合、最初はパッケージ旅行で出かけて下見をしたのち、次回からは個人で好きな日程と希望するホテルや食事を選び、見学をしたい市街地や美術館、音楽会、資料館、公園、教会、学校、市場、アミューズメントパーク、海、山、高原、湖などを旅行し、現地の文化や歴史、人々とのふれあいを満喫しているが、パッケージ旅行がいかに割安にできているか、痛感している次第である（写真1―4）。

24「公共の宿は宿泊料金を据え置いたままのため、ホテルや旅館よりも高い」はウソ、ホントはロケーションや付帯設備がホテルや旅館よりもすぐれており、実質的には割安である。

そのワケ、ズバリ、公共の宿は休暇村をはじめ、かんぽの宿、厚生年金会館、国民宿舎、共済宿泊施設、ハイツ＆いこいの村など、民間のホテルや旅館、ペンションなどと対比した公的な宿泊施設の総称で、それぞれの約款上、景気の動向に即応し、ただちに宿泊料金を値引きすることはできないため、割高感があるが、そのロケーションや付帯設備を考えれば民間施設よりも実質的に割安だからである。

このうち、休暇村は厚生省（現厚生労働省）が各地の国立公園や国定公園に割安で、かつ健全な宿泊施設および野外レクリエーション施設として整備した一般財団法人休暇村協会（現所管は環境庁）が運営する宿泊施設である。また、かんぽの宿は日本郵政（旧簡易保険福祉事業団）が所管する宿泊施設である。これに対し、厚生年金会館は厚生団が厚生年金の加入者を優先して運営するシティホテル、また、国民宿舎は自治体や一般社団法人国民宿舎協会が自然公園や国民保養温泉地などに整備した宿泊・休憩施設である。

一方、共済宿泊施設は政府や自治体、公立、私立学校などの共済組合が組合員の健康増進や福祉施設などとして整備されたものである。また、国民宿舎は自治体、あるいは一般社団法人国民宿舎協会が一般旅館や宿坊、山小屋などを指定した公営と民営がある。このほか、ハイツ＆いこいの村はハイツ・いこいの村協議会（旧労働省：現厚生労働省）が雇用保険の保険料の預かり金を財源に整備した総合福祉施設（一部を除く）である。

ところが、これらの公共の宿は民間のホテルや旅館の営業を圧迫したり、「縦割り行政」や「お役所仕事」などといった批判を受け、利用者の減少や建物の老朽化が進んだ。これに対し、民間のホテルや旅館はバブル崩壊後、宿泊客が急減したため、相次いでリニューアルするとともに食事や接客、都市部からの無料送迎バスを発着させるほか、一部で各地の同業者とチェーン化、ウェブサイトで予約を受け付けたり、テレビの旅やグルメの番組のスポンサーとなるなどコストダウンや割安感を前面に押し出して大々的にＰＲ、その結果、老人クラブや各種グループ、団体など公共の宿をしのぐ割安感で顧客の獲得に成功している。

しかし、一般社団法人日本ホテル協会や全国旅館ホテル組合生活衛生同業組合（全旅連）などに加盟している高級ホテルや老舗《しにせ》の旅館など一部を除けば敷地面積や宿泊施設の狭小、食事、付帯施設、スタッフなどはコストダウンによって公共の宿よりもグッと落ちる傾向にあり、アメニティやホスピタリティーでは公共の宿の方がすぐれており、むしろ割安感がある。

なかでも休暇村は北海道・支笏《しこつ》湖や鹿児島県・指宿《いぶすき》温泉など各地の国立公園や国定公園の一角に立地し、1泊2食付きで9000〜1万5000円と民間のホテルや旅館に比べ、高めの宿泊料金だが、従来の和室に洋室を加えたり、エレベーターやスロープの階段、段差をなくしたバリアフリー化に努めているほか、郷土料理のバイキングや周辺の観光めぐりや星空教室を無料で行ったり、最寄りの駅からの無料送迎バス、さらには入会金や年会費は無料の会員制を導入、宿泊のたびに１００円につき1点のポイントを与え、国内37か所のいずれの休暇村でも宿泊料金や土産品の購入代に還元するなど、民間のホテルや旅館顔負けのサービスに転じている。その結果、従来、ややもすれば〝お堅い〟と揶揄されたイメージも刷新され、高齢者やシニア世代、学生、親子連れなど各層の間で人気沸騰、一部では週末や連休、夏・正月休みはもとより、平日でも予約がとれず、数か月前から予約の申し込みを受け付け、抽選というところもあるほどである。

実は、筆者はこの30年間、各地の公共の宿を利用しており、リゾート地は休暇村と決めているが、宿泊客と朝食などで同席した際、情報交換すると「週末や連休、夏・正月休みを避けて予約、宿泊しているが、敷地や客室が民間のホテルや旅館よりも広く、割安感が大」などと異口同音に話してくれる。

なお、かんぽの宿や国民宿舎の一部も休暇村並みの設備や接客、料理などを誇るところがあるため、インターネットで検索し、早めの予約をとれば老後の生きがいの旅として楽しむこともできる（写真１—５）。

写真1–5　食事や設備、環境がよい公共の宿

（栃木県那須町の休暇村那須にて）

25「ワンルームのリゾートマンションは破格」はウソ、ホントは管理費や維持費が別途負担となるため、投資の対象にならない。

そのワケ、ズバリ、リゾートマンションの多くは１９９０年代のリゾートブームやバブル期、各地のスキー場などのある高原や温泉地、海浜などのリゾート地に林立した1件数百万円から１０００万円のワンルームのリゾートマンションを数件購入したものの、その後、リゾートブームに陰りが生じたり、バブルが崩壊したりしたため、一部でトップシーズンでも閑古鳥が鳴く始末で、常時、満室によるサイドビジネスなど夢のまた夢で、家具付きで総額３００万円前後に値崩れし、ローンの返済や併設された温水プールやレストラン、駐車場などの維持費、スタッフの人件費とは別に、毎月3万～5万円の管理費や修繕費、さらには毎年12万～15万円の固定資産税を請求されて支払いができず、お荷物となって鬱病《うつびょう》になったり、離婚騒ぎとなったり、果ては自殺したりするなどの悲劇を招いているからである。

現に、筆者は40代のころ、リゾートマンションへの投資に興味を持ち、国内はおろか、オーストラリアのゴールドコーストやハワイなどに何度も出かけ、円高ドル安なうえ、現地の物価の安さやコンドミニアム（超高層リゾートマンション）が気に入り、不動産業者や購入者を訪ねて検討したが、サラリーマンは自営業・自由業と異なり、購入できても年に数回も利用できない。また、利用しないときは貸し別荘として活用しようかとも考えたが、収入が不安定なうえ、管理費や維持費、スタッフの人件費、税金の負担、何よりも目が行き届かないことがわかり、断念した。そのことは国内のリゾートマンションも同様とわかり、こちらもあきらめた経験がある（写真1―6）。

なお、これと似たような話は店舗付きの〝居抜き物件〟で、商売が安定しているというにもかかわらず、なぜ居抜きで売りに出されているのか、その気になってよく調べると抵当権が設定されていたり、老朽な店舗だったり、近隣騒音のため、迷惑物件だったり、その筋の取り立ての物件だったり、刑事事件沙汰となっていたりなど〝ワケあり（事故）物件〟という話はよく聞くことである。

いずれにしても、素人であれば手を出してはいけない話は万とあるため、慎重なうえにも慎重に対処したい。業者の口車に乗って投資に失敗して破産、離婚騒動や一家無理心中などを招いた話はメディアの報道だけでなく、筆者の周りにもいる。ましてバブル期に脚光を浴びた原野商法など論外である。

26「民間資格を取って起業できる」はウソ、ホントはほとんどが〝名ばかり資格〟で起業など困難である。

そのワケ、第一は、民間資格は弁護士や公認会計士、税理士、司法書士、行政書士、社会保険労務士、行政

写真1-6　投資にならないリゾートマンション

（静岡県にて）

書士、社会福祉士、精神保健福祉士、介護福祉士、ホームヘルパー（訪問介護員：介護職員初任者研修修了者）、保育士、ケアマネジャー（介護支援専門員）などのように政府やその関連団体が実施する国家試験や公的試験に合格、上部団体に登録し、業務独占や名称独占できるものではないため、資格の有効性がないからである[35]。

第二は、民間資格は民間団体や企業など事業所が独自の審査基準を設け、任意で認定する資格で、定年退職、または早期退職後、定期収入が得られるかのように国家資格や公的資格に類似したものが多く、かつ法律にもとづかないため、虚偽表示[34]や詐欺罪[35]に当たるおそれもあるからである。

そして、第三は、民間資格は「起業できる」「再就職に有利」、または「資格を必要とする仕事を提供する」、もしくは「短期間で、かつ割安で所得できる」などと勤務先や自宅に電話やダイレクトメール、チラシ、ウェブサイトなどを通じて勧誘しており、業務提供誘引販売取引のおそれもあるからである。

具体的には、「特定商取引に関する法律」（特定商取引法）第51条[36]にもとづき、業者が販売する広義の商品、または提供する役務を利用する業務により、顧客に対し、さも利益が得られるかのように誘引・勧誘するものである。もっとも、そのためには業者が自ら提供する業務、または斡旋《あっせん》した業務に限られるが、いずれにせよ、認定団体名や〝名ばかり資格〟をさも国家資格や公的資格であるかのように名乗り、短期で研修講座を受講したり、通信教育を受けたりして得られるという典型的な資格商法である。

そこで、消費者庁や独立行政法人国民生活センターは勤務先や自宅にこのような民間資格の取得を勧める電話やダイレクトメール、チラシ、ウェブサイトによる紹介などがあっても信用せず、契約などして代金を支払ったり、振り込んだりしない。また、万一、契約して代金を負担しても契約した日から一定期間（通常、8～20日間）以内であれば、その理由を問わず、無条件で一方的に申し込みを撤回したり、契約を解除したりできるクーリングオフ制度を利用する一方、近くの自治体の消費生活センターに連絡するよう、注意を呼びかけている（資料1―2）。

資料1-2　クーリングオフの際の通知書（例示）

通知書

次の契約を解除します。

契約年月日　平成○○年○月○日
商品名　○○○○○
契約金額　○○○○○○○円
販売会社　株式会社××××　□□営業所
担当者　△△△△△△
支払った代金○○○○○○○円を返金し、商品を引き取ってください。

平成○○年○月○日
○○県○○市○○町○丁目○番○号
氏名　○○○○○○

出典：金融広報中央委員会HP、2018年

ちなみに、このような民間資格は取得しても開業資金が少なくとも２０００万円、また、成功率は全体の10％といわれていることも承知しておきたい。

なお、筆者は30年ほど社会保障の研究実践の経験があるほか、行政書士の資格も生かし、定年退職しても関係団体に登録せず、駅近のマンションの自室の一室を地域サロンなどとして開放、公的年金や医療保険、介護保険、地域福祉、成年後見などのミニ講座を主宰し、〝第三の人生〟を楽しんでいる[37]。

27「住宅のリフォーム費用は総額２００万～３００万円」はウソ、ホントは相場がなく、業者次第である。

そのワケ、ズバリ、木造住宅の耐久年数はせいぜい30年といわれているなか、65歳ともなれば子どもは大学や短期大学、専門学校などを出て就職後、家庭を持って独立する年代になるため、夫婦だけで老後の生活を送る、または親

子同居のため、二世帯住宅にする、もしくは老親と子ども、あるいは孫と同居する三世帯のいずれかになる。

そこで、地域の工務店や大手の住宅建設会社などが新聞の広告記事や折り込みチラシ、ダイレクトメール、ウェブサイト、電話、訪問販売、なかには展示場や公共施設を会場に無料相談会やアトラクションなどを交えて客寄せしたり、工事現場の見学や参加者にギフト券の進呈、1年間、無料で段差の解消や手すり、スロープの取り付けなどのバリアフリー化や耐震化、水回りの改修、和式から洋式トイレの改装、外壁や屋根の葺き替えなどのリフォーム費用は総額200万~300万円などと売り込みに懸命だが、これらの費用はあくまでも標準にすぎず、いざ、契約でもしようものなら建物の築年数や広さ、家族構成、リフォームのデザインの設計費用、資材の搬入、足場の設置、残材および足場の撤去、消費税はもとより、地域の物価の高低などもからんでピンキリのため、相場はあってなきがごとしで、素人でリッチな高齢者とみるや何だかんだと工事を追加し、当初、示された費用の2~3倍も釣り上げて請求されることがザラだからである。

ちなみに、国民生活センターの調査によると、PIO—NET（全国消費生活情報ネットワークシステム）に寄せられた訪問販売によるリフォーム工事の相談件数と点検件数はここ3年間だけでもいずれも6000件前後に上っており、2018（平成30）年9月現在も同様の傾向がみられる。このうち、訪問販売によるリフォーム工事では「契約をせかされて不要なリフォーム工事をした」、また、点検商法では「点検に来た」といって来訪し、「工事をしないと危険」などといい、商品やサービスを契約させる相談が寄せられている（図表1—31）。

また、監督官庁の国土交通省でもこのような住宅のリフォーム費用に関し、全国、および地域別の平均的な相場や業者に対する契約の際のマニュアル、苦情などの相談機関の説明などの行政指導をしているが、消費者の認識不足もあって苦情もまだまだ「氷山の一角」だからでもある。

現に、筆者は現在所有している都下の一戸建て住宅や別荘、賃貸マンションのリフォームを何度も経験しているが、全面改装の場合、工事費は300万～5500万円、デザイン・設計費用は30万～100万円、工事管理費は60万～100万円、また、一部改装の場合、壁紙や床の張り替え、収納スペースやベランダ、バルコニーの新設が100万～200万円、部屋の一部の間取りの変更やキッチンなどの設備・改修が200万～300万円、耐震補強や配管の交換、水回りの移設が500万～600万円、住宅の増築や増床、改装建材が600万～800万円、外壁の改装や断熱・気密工事800万～1000万円などとかかり、平均的な相場はいくらなのかわからず、困ったものだった。しかも、これに改修中の仮住まいの費用や引っ越し代、家財道具の預け費用などもかかるため、これらの間接的な費用も計算に入れておきたい。

そこで、念のため、その都度、複数の業者から相見積もりをとり、各業者の改装工事の現場を見学したり、工事を終えた契約者に工事前と工事後の写真を見て感想を聞かせてもらったうえ、契約業者を決定し、かつ工事の期間中、契約にもとづいた工事をきちんと行っているか、手抜き工事はないか、定期的に現場に顔を出してチェックした。それでも、所詮はこちらは素人のため、費用を全額支払う前、契約どおりに改装工事をしたか、現場で一つひとつ説明してもらい、納得してはじめて費用を支払ったものの、数か月経って不具合が見つかった場合、クレームをいい、追加工事を依頼したが、結局、正価は不明である。

また、大手の業者でも個々の工事は地元の工務店へ下請けに出すのが一般的

図表1－31　PIO-NET[40]に寄せられた相談件数の推移

訪問販売によるリフォーム工事※				
年　度	2015	2016	2017	2018
相談件数	6,769	6,593	6,379	2,864（前年同期　2,858）
点検商法				
年　度	2015	2016	2017	2018
相談件数	5,822	5,727	5,408	2,431（前年同期　2,393）

相談件数は2018年９月30日現在（消費生活センター等からの経由相談は含まれていません）
※ここでは、「屋根工事」「壁工事」「増改築工事」「塗装工事」「内装工事」の合計を「リフォーム工事」としています。
出典：厚生労働省HP、2018年

なため、ブランドを売り物にしていても全幅の信頼は寄せられないことが教訓ではある。生涯独身、あるいは離婚、もしくは配偶者に先立たれ、子どももいない世帯の場合、なおさらエコや在宅介護などに備え、近所付き合いをして情報交換し、自宅のリフォームの要否を考えたい。

ともあれ、住宅をリフォームしようとしたら複数の業者から相見積もりをとり、比較検討する一方、既存の建材や建具の再利用、古民家の再生支援など自治体の補助金制度などをチェックする。その結果、予算をオーバーしたら優先順位を決め、依頼する工事を絞ったり、建坪を減らしたりして業者に再度、見積もりを精査してもらい、より安く、しかし、手抜きをせず、発注者の身になって請け負う地元の業者と契約をしたい。併せて、隣近所で住宅をリフォームした友人や知人を見つけ、いずれの業者が良心的で評判がよいか、さらに、施工箇所に被害が発生した場合、損害賠償金が出る保険付きかも確認する。

しかし、それでも元請、下請け業者とも工事契約にもとづき、少しでも利益を多くはじき出すべく手を抜き、工事のために必要な足場づくりや資材の搬入、撤去の費用も見積もりに加え、平然としているなど、素人の発注者では所詮、チェックし切れないのが現実である[39]。

なお、65歳以上で介護保険を利用して住宅改修をする場合、市町村、あるいは地域包括支援センターを通じて要介護認定を申請し、「要支援1～2」、または「要介護1～5」と判定された場合、一つの住宅について20万円を上限とする住宅改修費用、また、車椅子《いす》や特殊寝台、歩行補助杖、歩行器などの福祉用具を購入したり、借りたりする場合、1年につき10万円（用具別に貸与価格に上限あり）の購入費がそれぞれ支給されるが、自己負担は所得に応じ、その1～3割となる。これらを超える費用は介護保険外の「上乗せ・横出しサービス」となるが、市町村によっては補助もある[40]。

また、三世代同居のため、自宅をリフォームした際、ローンを組み、2019年6月30日までで、キッチンや浴室、トイレ、または玄関のうち、少なくとも一つを増設、その工事費用の合計額が50万円を超え、かつリフォーム後、いずれか二つ以上が複数だった場合、ローンの残高の一定の割合を所得税から控除される（期間は5年）。

いずれにしても、リフォームは家族構成の変化や使い勝手だけでなく、地域活動に参加したり、筆者のように自宅の一室を地域に開放して友人や知人をつくり、互いに見守りや安否確認に努める一方、災害時、在宅避難も可能なよう、ミクロ、メゾ、マクロの視点で考えたい[43]。

28「破格の物件」はウソ、ホントは未開発地や〝ワケあり(事故)物件〟のため、要注意である。

そのワケ、第一は、都心部のワンルームマンション、店舗、アパート、自動車などの電車の中吊り広告や新聞の折り込みのチラシ、ダイレクトメール、勧誘の電話、現地の案内看板のほとんどは未開発地や売れ残り、〝シャッター通り〟、入居者の自殺や殺傷事件、走行距離の偽装などの〝ワケあり（事故）物件〟だからである。

第二は、ホントに破格の物件なら、なぜ、担当者がまず購入しないか、また、それをせず、素人の消費者に購入を勧めるわけがないからである。

そして、第三は、ホントに格安物件なら電車の中吊り広告や新聞の折り込みのチラシ、ダイレクトメール、勧誘電話、現地の案内看板が明示される前、業界通、あるいは筆者のように素人なりにも市場調査した者が未公開のうちに購入しており、折り込みチラシやダイレクトメール、勧誘電話、現地の案内看板が明示される前に売り切れているからである。

事実、筆者は過去、特殊法人日本住宅公団（現独立行政法人都市再生機構：ＵＲ）の賃貸マンションや自治体住宅供給公社の分譲マンション、大手私鉄系の不動産会社の一戸建ての分譲住宅、注文の別荘建築、大手不動産会社への老朽マンションから郊外の築浅の一戸建ての分譲住宅、さらには駅近の賃貸マンション用地および契約駐車場の経営後、賃貸マンションを建築、現在、計3件の不動産を所有している。また、公的年金や個人年金、不動産賃貸料、印税、各種委員会の謝金、講演料などの所得を得ている経験からいわせてもらえれば今も昔も「うまい話はない」。そればかりか、専門的な知識も経験もなく、わずかの資金で担当者を信用して購入した結果、リフォーム費用や管理費、設備維持費、固定資産税、都市計画税などの負担のうえ、タダ同然のため、転売もままならず、離婚沙汰に発展した関係者を何人も見ている。

そこでの教訓は、不動産業者の店頭や新聞の折り込みチラシ、ウェブサイト上の分譲の物件は売れ残りの物件といわざるを得ず、セミプロの購入者は地域で実績があり、かつ信頼がおける不動産業者の係員と常時、コンタクトをとり、希望する地域と物件を伝え、良好な物件が未公開のうちに即、購入を検討することである。それというのも、都下の筆者の所有する賃貸マンションの用地はバス通りに面していながらも背後は住宅地とあって建蔽率《けんぺい》は80％であるものの、容積率は200％で、通常、物件が公開される前に不動産業者やセミプロに即、購入されてしまう掘り出し物だったが、ズブの素人の筆者が未公開物件として購入できたのは不動産業者のスタッフとの日ごろのコンタクト、さらには人間関係を築いてきたたまものだと、17年経った今でも実感している。

「うまい話はない」——。長年にわたる宮仕えで得た退職一時金や預貯金、年金を台無しにせず、老後の生活費として死守し、不安のない老後、確かな老後としたい。先人たちが残してくれた格言は今も生きているのである。

29 「住み替えにも課税される」はウソ、ホントは3000万円以下なら無税である。

そのワケ、ズバリ、高齢者はだれでもいずれ要介護状態になることが一般的なため、元気なうちに別居している子ども夫婦と同居したり、都心のマンションや有料老人ホームなどに住み替えるため、長年住み慣れた自宅を処分する計画を立てている傾向にある。まして長年連れ添った配偶者に先立たれると、家族が大勢いた当時、狭かったと感じた自宅は意外と広く、毎日の掃除や庭の手入れが一苦労となる。そればかりか、買い物やお使い、病院通いもあれば部屋の掃除や庭の手入れも億劫《おっくう》になるため、いっそ処分し、カギ一つあればその維持も楽なマンションや有料老人ホームなどに住み替えたいと思うのが人情である。そのような高齢の夫婦や夫に先立たれたり、生涯独身を貫いた女性も多数いる。

そこで、どこで聞き、また、調べたのか、高齢者世帯の自宅などに新聞の折り込みチラシのほか、ダイレクトメールや電話などで自宅の住み替えを勧める照会があるが、このような自宅からマンションや有料老人ホームなどへの住み替えの場合、投資など利益のために行うのではないため、処分した自宅が購入時よりも高く売れても３０００万円以下なら譲渡所得税は課税されないからである。これを「３０００万円特別控除」という。

具体的には、自宅を売却して譲渡益（キャピタルゲイン）が出ても３０００万円までは税金が課税されない、というものである。しかも、この場合の譲渡所得は不動産業者に支払う仲介手数料などの経費を引いた後の金額で、かつ自宅の所有や10年以上の居住期間などの要件は不要なため、マイホームの売却であれば例外なく適用される。

したがって、たとえば自宅が７０００万円で売れた場合、７０００万円－３０００万円＝４０００万円の14・21％、すなわち、５６８万４０００円の譲渡所得税が課せられることになるだけである。このため、最近、郊外に住む高齢者が自宅を売却し、買い物や病院、保険調剤薬局などが多くて便利な都心のタワーマンション（タワマン）に住み替えるケースが増えているのも、タワマンの場合、自分の持ち分の土地が小さくなる分、相続税の評価額も下がることに注目しているからでもある。

ただし、この場合、処分した自宅が現在住んでいる住宅であり、かつ住まなくなった日から3年目の年の12月31日

写真1－7　自宅の買い替えの際の税務相談は税務署にも

（都下の税務署にて）

までに売却し、他の特例を適用していないことが問われる。もっとも、この譲渡所得税率は９０００万円に上ると20・3１５％に跳ね上がる。

なお、祖父母の代から自宅を所有しており、６０００万円以上の譲渡益が出た場合、「軽減税率の特例」といい、住宅の所有期間が10年を超えている必要がある。

このほか、「特定居住用財産の買換え特例」もあるが、この場合、上述した「３０００万円特別控除」や「軽減税率の特例」とは併用できない。すなわち、この買い替え特例は「３０００万円特別控除」や「軽減税率の特例」のような非課税の制度ではなく、将来、新しく購入した住宅を売却するときまで課税されない制度であるため、現在住んでいる住宅を処分して譲渡益を得た場合、普通、課税されるところ、この課税が繰り延べられることになる。

なお、いまだに現役で給与を得ており、処分した自宅の所有期間が譲渡した年の1月1日時点で5年超で、買い換えた住宅の床面積が50平方メートル以上で、かつ10年以上の返済期間のある住宅ローンが残っている自宅を処分した結果、損失が生じた場合、翌年、そのむね確定申告すれば損失分を給与所得から控除し、税金が還付される。また、控除し切れなければ翌年以後、3年以内に控除することができる。これを「特定居住用財産の譲渡損失の損益通算及び繰越控除の特例」という。

ただし、これらの場合、いくつかの条件がさらに必要なケースもありうるため、くわしくは自宅を処分する相手方の不動産業者や最寄りの税務署に問い合わせたい（写真1―7）。

30「実家や空き家を処分したら課税される」はウソ、ホントは状況によっては費用への一部補助や減免などの措置がある。

そのワケ、第一は、「老朽化した実家を売却しないか」などと不動産業者が高齢者宅へチラシをポスティングしたり、電話などで尋ねてくる。なかには「住所や建物の築年数、造り、床面積などを教えてくれれば即、回答します」など と、現物を見ずに査定するというあり得ない応対を平気で申し出る向きもあるが、実家や空き家を処分する場合、転居から3年以内に売却した場合、譲渡所得税が３０００万円まで控除され、それ以上の場合、課税されるものの、売却せず、空き家、あるいは空き建築物を活用、再生して環境を改善すればその費用の一部が国土交通省から費用が一部補助されるからである。

第二は、所有者が不明の空き家の場合、行政が勝手に空き家に立ち入り、リフォームや解体、あるいは廉価で近隣の住民や古民家として再生、活用したいという有志に払い下げることはできず、不動産ならぬ「負動産」として社会問題となっているが、個人が相続（遺贈も含む）して土地の所有権を取得し、その一次相続によって土地の所有権の移転の登記を受ける前に死亡し、二次相続となった場合，２０１８（平成30）年4月1日から２０２１年3月31日までの間に当該個人を土地の所有権の登記名義人とするため、受ける登記については、本来，土地の価額に対して０・４％（１０００分の4）の登録免許税がかかるところ，免税となるからである（図表1―32）。

そして、第三は、市町村のなかには空き家を購入してリフォームし、若い世代へ転売したり、借用して子育て世代

図表1−32　登録免許税が免税となる例

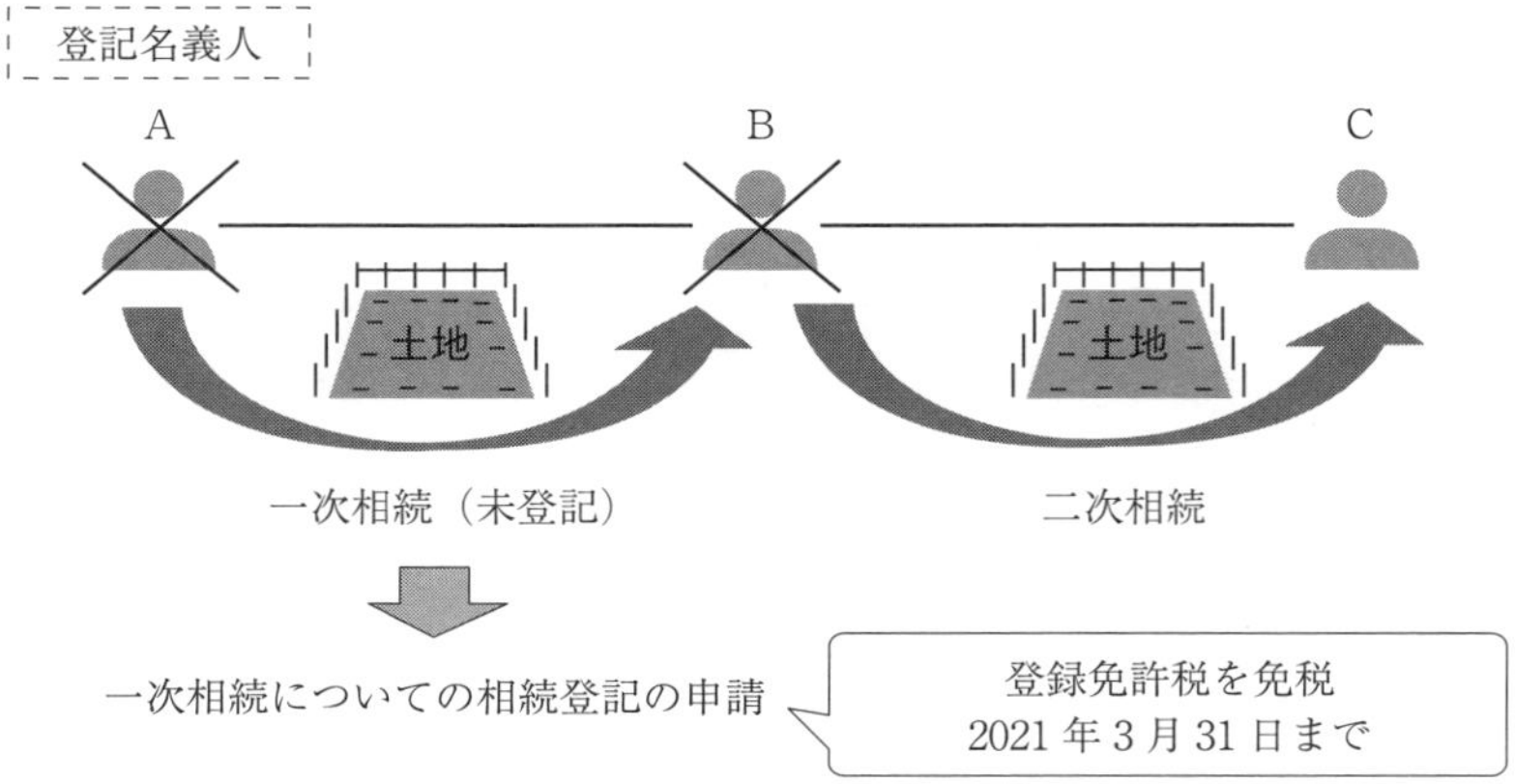

（注）上記のような場合に，必ずしもＣさんがその土地を相続している必要はなく，例えばＢさんが生前にその土地を第三者に売却していたとしても、一次相続についての相続登記の登録免許税は免税となります。
出典：法務局HP、2018年を一部改変

に転貸したり、コミュニティカフェなどとして再生、地域活性化に生かしたりすれば市町村によっては補助金が支給されるところもあるからである。

たとえば、岐阜県土岐《とき》市は売買契約で購入し、同市内の事業主により土地や空き家の建物の主要構造部分や水回りなどのリフォームを行い、かつその費用が10万円を超えた場合、一定額の補助金を交付している。また、東京都武蔵野市は空き家を借り上げでリフォームし、子育て世代に割安で転貸するとともに、空き家の所有者に家賃を支払っている。同様の補助事業は愛知県豊川市や山梨県都留《つる》市、大分県宇佐市などでも実施している。

ちなみに、海の向こうの南米・コルシカ島のように、増え続ける所有者不明の空き家を政府や自治体が強制的に整理し、解消させているが、日本では世界屈指の少子高齢社会や人口減少に伴い、所有者不明の空き家が増える傾向にあり、今後、ますます深刻化するものの、その対応は大幅に遅れているにもかかわらず、２０２０年、東京五輪の再度の開催に期待を寄せる首都圏では各地で建売住宅やタワーマンション（タワマン）などの集合住宅が建設されている。

また、国民も国民で、家族が大勢いた当時、狭かったと感じた自宅も家族との別居に伴い、実は意外と広く、毎日の掃除や庭の手入れが一苦労となるほか、高齢となると部屋の掃除や庭の手入れが苦痛となるため、処分し、カギ一つあれば部屋の掃除も買い物も便利な都心部のマンションや有料老人ホームなどに住み替える向きもある。このほか、賃貸物件としてリフォームして資産運用、あるいは自宅を担保に自治体や地域の施設、事業所の福祉サービスを受け、将来、死亡した際、処分し、生前に利用した福祉サービスの利用料を清算するリバースモーゲージ（不動産担保融資制度）の活用などを検討する向きもある。

この制度は武蔵野市福祉公社が１９８１(昭和56)年、自治体の委託として全国で初めて導入したものだが、一定額以上の不動産などを要件とするほか、その後、介護保険の導入や民間金融機関の商品化もあってその意義を失い、廃止される運命にある。半面、民間金融機関は土地持ちの高齢者を対象にリバースモーゲージの商品の売り込みに躍起だが、先人たちが残したように「うまい話はない」ので十分注意したい。

なお、筆者は２００６(平成18)年、同公社など市内の福祉団体の再編のあり方を議論する福祉関係三団体再編有識者会議の委員の一人として参画し、リバースモーゲージを先進的に取り込む同公社の再編に反対したように、よほどの事情があればともかく、できればこのようなシステムは残すとともに、不動産、とりわけ、自宅は基本的には手放さず、自治体や社会福祉協議会（社協）、介護保険施設、病院、デイサービスセンター、地域包括支援センターなどと連携し、訪問看護・診療、あるいはコミュニティカフェなどに再生し、在宅ホスピスなどとして活用した方が賢明と思われる。もっとも、地盤や地形、造り、構造、設備によって災害に弱い場合は論外ではある[42]。

また、自宅を処分して更地にしたら固定資産税が割高になるため、筆者のように更地は駐車場用地に整地し、契約駐車場として利活用したり、プレハブの離れを新築したりして固定資産税の負担を少しでも軽くなるようにしたい。

31「家賃収入は保証」はウソ、ホントは空室が出れば家賃などを引き下げられて減収となり、経営不安に陥る。

そのワケ、ズバリ、ローンを組んで賃貸マンションやアパートを建て、ローンは家賃収入の一部で返済すべくサブリース契約（一括借り上げ・転貸）、あるいは自宅の自分の部屋とは別に、共有スペースを持った賃貸住宅、いわゆるシェアハウスとしてリフォームし、家賃収入を得て副収入を夢見るサラリーマンも少なくないが、常に満室にならなければ業者から家賃や権利金、敷金、更新料の引き下げを要求され、ローンの返済はおろか、毎年、固定資産税、市街化区域内の場合、都市計画税が課税され、経営不安に陥るからである。

しかし、アパートや賃貸マンションが好立地にあり、かつサブリース契約を利用せず、仲介業者に賃借人の集客の仲介を依頼すれば空室になる心配はない。まして、今後、人口減少が顕著になるため、不動産賃貸業は困難となるなか、会社や大学などが集中する東京や大阪、名古屋の三大都市圏で、かつ最寄りの駅から徒歩5分以内であればまず安定経営が見込まれるが、それでも用地や建築費を民間金融機関などから借り、家賃収入で返済するサブリースやシェアハウスによる節税のための不動産投資は危険である。

現に、消費者庁によると、ここ3年間、全国の消費生活センターに寄せられたサブリースに関わる相談は全国で900件を超えている。

実は、筆者は元大手の新聞社の記者で名古屋市に在住していたが、27歳のとき、静岡県にあった実家を処分して通勤に便利な愛知県境の土地を購入、親子同居の一戸建て住宅を建てたのち、結婚して市内の公団住宅に転居し、別居後、32歳のとき、同市郊外のマンションを購入して転居した。その後、子どもを授かったため、マンションでの転落事故を懸念し、郊外の分譲住宅を購入した。37歳のときだった。

ところが、そのころ、年金の本を処女出版したところ、大ヒットとなったため、当時、志望していた弁護士から社会保障の研究者に転身すべく、40歳でこの一戸建て住宅を売却して得た譲渡益で軽井沢に別荘を建てた。これとほぼ同時に、家内の実家の東京に転居後、都下のマンションを売却して得た譲渡益で隣の市の築浅の一戸建て住宅に住み替えた。さらに、51歳でＪＲ中央線の駅から徒歩約５分の宅地を購入後、５年間、契約駐車場にしたのち、鉄筋コンクリート３階建ての賃貸マンションを建築、居室の一部を地域に開放し、隣の市の一戸建て住宅の本宅から週末、徒歩や自転車で移動し、年金や医療、介護、ボランティア、終活に関わる地域サロンや福祉の研究所を主宰し、現在に至っているが、これらの代金は一銭もローンを組まず、現金で決済した。また、これらに課せられる不動産取得税や不動産譲渡税、不動産登記などの手続きも税理士や司法書士に依頼せず、行政書士の資格や国税モニターの経験などを生かし、すべて自分で処理した。

おかげで２年前、大学教授の第一線を退いた現在でも退職一時金のほか、公的年金や個人年金、某大学大学院および専門学校の非常勤講師手当、印税、講演料、自治体の委員の謝金のほか、家賃収入もあるため、都下の本宅と賃貸マンション、軽井沢の三重生活をエンジョイしたり、毎年、スイスへ福祉や防災、外交などの調査を兼ねて赴き、トレッキングを楽しんだりしている。肝心の家賃収入も駅近のため、空室になってもすぐに埋まり、常時、満室状態で安定経営をしている[43]。

そこで得た教訓は、不動産賃貸業を営む絶対的な条件は、今後、人口減少となっても空室にならない駅近で買い物に便利、また、周辺に会社や学校がある好立地でなければならない、ということである。また、将来、周辺に新手のアパートや賃貸マンションができても勝ち抜くことができるよう、個々の居室の床面積を広めにし、かつオートロックやシャワートイレ、インターネットを完備したほか、設計・施工を依頼した大手ゼネコン（総合建設会社）の系列の仲介

写真1-8　駅近のため、常に満室の賃貸マンション

（都下にて）

業者に入居者の募集やメンテナンスを依頼し、同社のブランド力を売りにしている。

そこへ、どこから聞きつけたのか、民間金融機関やサブリースなどの業者が電話やインターネット、チラシなどで賃貸マンションの仲介業者の変更や都心の新築や中古のマンションの購入の意向を持ちかけてくるが、今も昔も「うまい話はない」。仲介後、一時、満室となっても、やがて、空室が生じて満室にならなければ家賃や権利金、敷金、更新料の引き下げを要求され、ローンの返済計画が狂い、にっちもさっちもいかなくなることは、2018（平成30）年、シェアハウスへの投資で過剰融資をして世間を騒がせたスルガ銀行（本店・静岡県沼津市）の不正融資の問題などが教えている。

いずれにしても、老活のため、老後の「トラの子」を資金に、ズブの素人がローンを組み、業者の言いなりになり、サブリース契約によって家賃収入で不動産賃貸業を安定経営するなど、よほどの好立地の用地を有し、即金で異業種に参入できるほどの不動産賃貸業など、筆者にいわせればあり得ないのである[44]（写真1―8）。

32　「シルバー人材センターは老後の生きがい事業」はウソ、ホントは高齢者の老後の収入（賃金）のために変容しつつある。

そのワケ、ズバリ、シルバー人材センターは1974（昭和49）年、東京都が定年退職した高齢者が現役時代の経験

や知識・能力を生かし、地域でさまざまな働きをし、かつ老後の生きがいを見いだしてもらうため、創設した高齢者事業団が前身である。これを労働省（現厚生労働省）が1980（昭和55）年、経費補助事業として定年退職して老後を迎えても健康な高齢者の生きがいのため、その希望に応じた臨時的、かつ短期的な就労の機会を与えるべく制度化した公益法人高齢者事業団による事業で、その後、同様の事業組織が全国の市町村に普及していった。

これを受け、シルバー人材センターの全国組織、全国高齢者事業団・シルバー人材センター等連絡協議会（全高シ連）を発足、1982（昭和57）年、全国シルバー人材センター協議会（全シ協）へと発展した。そして、1986（昭和61）年、高年齢者雇用安定法の制定にもとづき、全国シルバー人材センター協会に改正・改称、さらに、1996（平成8）年、に全国シルバー人材事業協会と改め、現在に至っている公益財団法人である。

具体的には、60歳以上の高齢者を対象に各市町村ごとに1団体が設置され、庭木の手入れや郵便物の宛名書き、事業所の各種事務、公園の清掃、駐車・駐輪場の管理、家事援助、ふすま貼り、さらには一般労働者の派遣事業など地域における日常生活に密着した補助的、短期的な仕事要を住民や企業、事業所、官公庁などから有償で引き受け、これを無料で会員に提供、仕事の内容と就業の実績に応じ、報酬を支払うほか、就労に必要な知識や技能の講習も行っている。その報酬は月8～10日就業した場合、平均同3万～5万円支給されているが、近年、当初の老後の生きがいというよりも老後の生活費の確保のため、会員になる高齢者が急増しているからである。

現に、内閣府が2012（平成24）年にまとめた調査によると、2011（平成23）年現在、60～64歳の高齢者が会員に登録した動機は「収入（賃金）」が全体の25・7％とトップで、2006（平成18）年の14・4％に比べ、10％以上も増えている半面、「経験が生かせること」と答えた人は同24・3％で、同29・3％と5％減っており、老後の就労支援センターに変容しつつあるからである（図表1―33）。

なお、老後の生活費の確保のため、再就職したり、定年退職後、即、再就職できなければ退職した元勤務先から離職票を交付してもらい、最寄りの公共職業安定所（ハローワーク）に求職を申し込み、雇用保険の失業等給付（失業保険）の受給資格の認定を受け、再就職できるまで失業保険を受け取りたい。また、再就職した場合でも年齢によって一定額以下なら在職老齢年金の併給を受けることもできる[45]。

33 「NPO（特定非営利活動法人）の活動には市民権が付与される」はウソ、ホントは行政の下請けで活動に行き詰まっているところもある。

そのワケ、第一は、保健・医療または福祉、社会教育、まちづくりなどの推進など計17の分野の活動に取り組んでいる市民団体に市民権を与え、広く一般にその意義を啓発、行政サービスの足りないところを補ってもらおうと、特定非営利活動促進法（NPO法）が議員立法で制

図表1-33　仕事を選ぶ際に最も重視すること

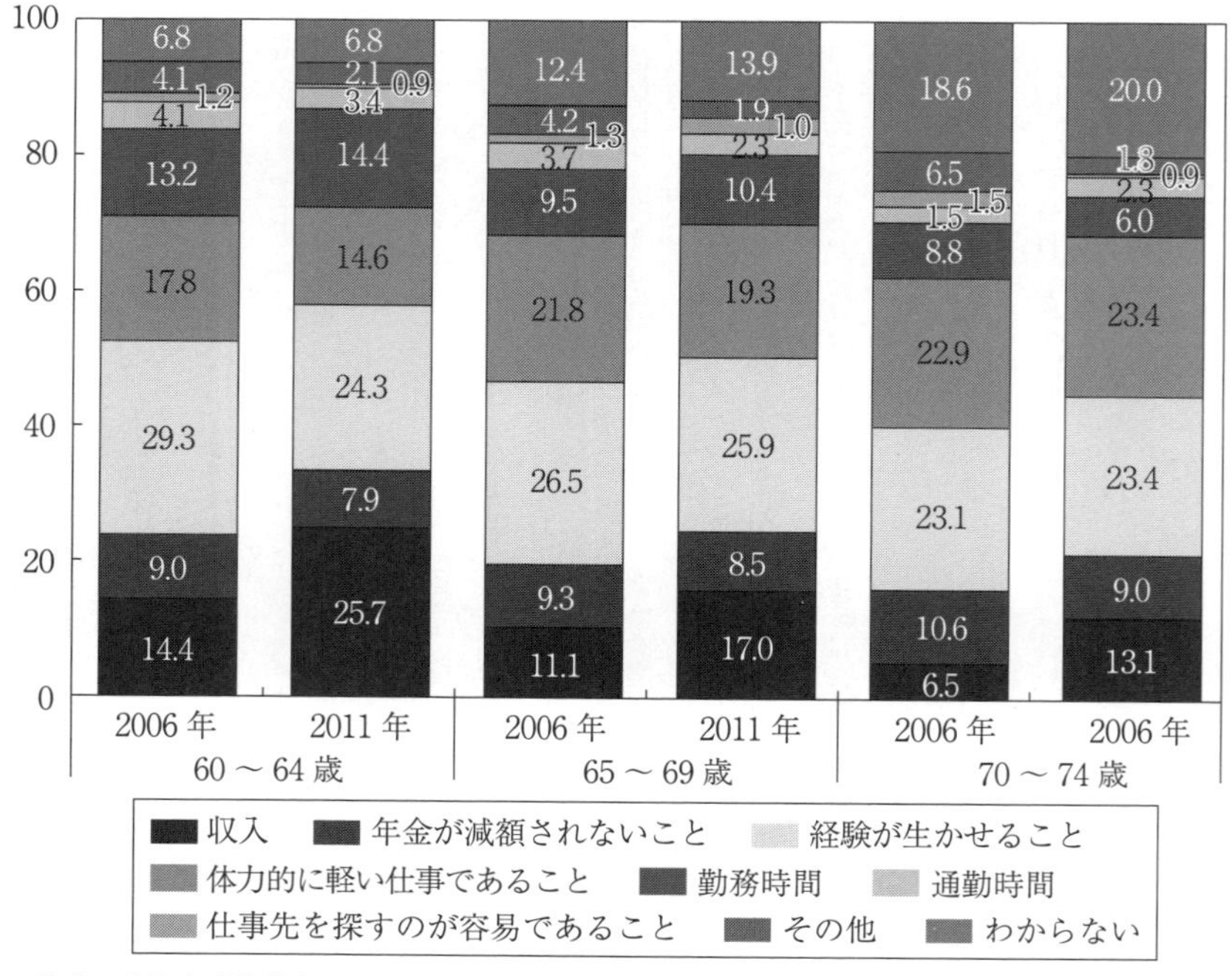

出典：内閣府「高齢者の経済生活に関する意識調査（平成23年）」2018年

定されて２０１８（平成30）年で23年。同年９月現在、５万１７４５団体がＮＰＯに認証され、うち、１０８３が認定ＮＰＯで、保健や医療活動、福祉の促進、社会教育の増進、環境保全、災害救助、国際協力などさまざまな取り組みがみられるが、その実態は２００１～２００６（平成13～18）年の小泉政権以降、急速に行財政改革や規制緩和の波に洗われ、本来、行政が提供すべきサービスの下請けとなっているからである。

第二は、このようなＮＰＯに対し、福祉施設や医療機関、学校、企業、事業所、各種団体、富裕層などから寄附があり、寄附行為をした者は寄附金控除を受けられるよう、その控除額が拡充されるべきだが、それもほとんどなく、かつ活動のための交通費も出ないため、多くのＮＰＯは活動を縮小したり、取りやめて解散したりしており、市民権が付与されたとはいえないからである。

そして、第三は、ＮＰＯのなかには堅気《かたぎ》でない団体も紛れて認証を受け、風俗営業や闇金融《やみ》などで刑事事件を引き起こすなど、国民のＮＰＯへの信頼が崩れつつあるほか、利用者も活動そのものに対し、疑心暗鬼に陥っているため、市民権を得た市民活動とは裏腹の実態が明らかになりつつあるからである。そこにはボランティア活動は本来、無償であるべきとの考え方が根強く、同法の制定当初の思惑どおりに広がらないどころか、行き詰まりさえ見え始めている。

筆者もその一人で、12年前、都下に建てた賃貸マンションの自室の一角を地域に開放、住民の居場所や地域福祉の活動の場所として地域サロンを開設、公的年金や医療保険、介護保険、成年後見、会員同士の互助グループの設立のため、定期的にミニ講座などを開いたり、仲間と地域福祉を研究実践する研究所を設置、独立行政法人や公益財団法人から研究助成を受け、「限界集落」の再生や高齢者の社会活動などを調査研究、関係学会でその結果を報告したり、著作物を出版したりしている。

しかし、助成金が公金の場合、当然のこととはいえ、民間の創意工夫による活動の妨げになっている。このため、地元市議などから行政への補助を申請してはどうかと薦められているが、ＮＰＯの認証申請にまで気持ちが動かず、今なお地域サロンも研究所も非営利任意団体に固執しているのが実情である。

その点、同じＮＰＯでも日本労働者協同組合（ワーカーズコープ：本部・東京都）は１９８２（昭和57）年、中高年雇用・福祉事業団全国協議会の直轄事業として設立されたのち、２００１（平成13）年、現在のＮＰＯに再編、そのスケールメリットを生かし、有志が組合費を出資し、従来の建物や公園の管理、物流などの委託事業に加え、労働者、利用者、一般市民が連帯して協同組合運動に取り組み、介護保険施設やコミュニティセンター、保育所（園）、学童クラブ、児童館、障害者施設など公の施設の指定管理を受託、２０１５（平成27）年現在、約１１２億円の実績を上げており、従来の運営の実績を飛躍的に向上させているほか、近年、防災・減災やまち起こし、仕事起こし、反核・平和の市民活動に拡大しており、その評価は絶大である（写真１―９）。

34 「医療費の自己負担は一律１～２割」はウソ、ホントは現役並み所得者は３割負担である。

そのワケ、ズバリ、医療保険はすべての国民が加入し、病気や

写真1−9　市民活動として高い評価のワーカーズコープ

（都内にて）

けがで保険適用の診療所や病院などの保険医療機関に治療・入院した際、医療費の自己負担は低所得層者および一般（中所得層）は１～２割だが、高額所得層や富裕層は３割負担だからである。

具体的には、75歳以上の高齢者（65歳以上の寝たきり高齢者も含む）で、一般、または低所得者（同一世帯の世帯主および国民健康保険被保険者が住民税非課税、または同一世帯の世帯主および国民健康保険被保険者が住民税非課税で、かつその世帯の各所得が必要経費や各種控除を差し引いた際、０円）は１割だが、現役並み所得者は３割、70～75歳未満の高齢者で一般および低所得者（同）は２割、現役並み所得者（同）は３割、６（義務教育就学前）～70歳未満は３割、６歳未満は２割それぞれ負担することになっている（図表１－34）。

ちなみに、後期高齢者の場合、一般（同じ

図表1－34　医療費の自己負担の割合

医療費の一部負担（自己負担）割合について

○現役世代よりも軽い１割の窓口負担で医療を受けられます。
それぞれの年齢層における一部負担（自己負担）割合は、以下のとおりです。

・75歳以上の者は、１割（現役並み所得者は３割）。
・70歳から74歳までの者は、２割*（現役並み所得者は３割）。
・70歳未満の者は３割。６歳（義務教育就学前）未満の者は２割。

＊平成26年４月以降70歳となる者が対象。これまで、予算措置により１割に凍結してきたが、世代間の公平を図る観点から止めるべき等との指摘を踏まえ、平成26年度から、高齢者の生活に過大な影響が生じることのないよう配慮を行った上で、段階的に２割とした。

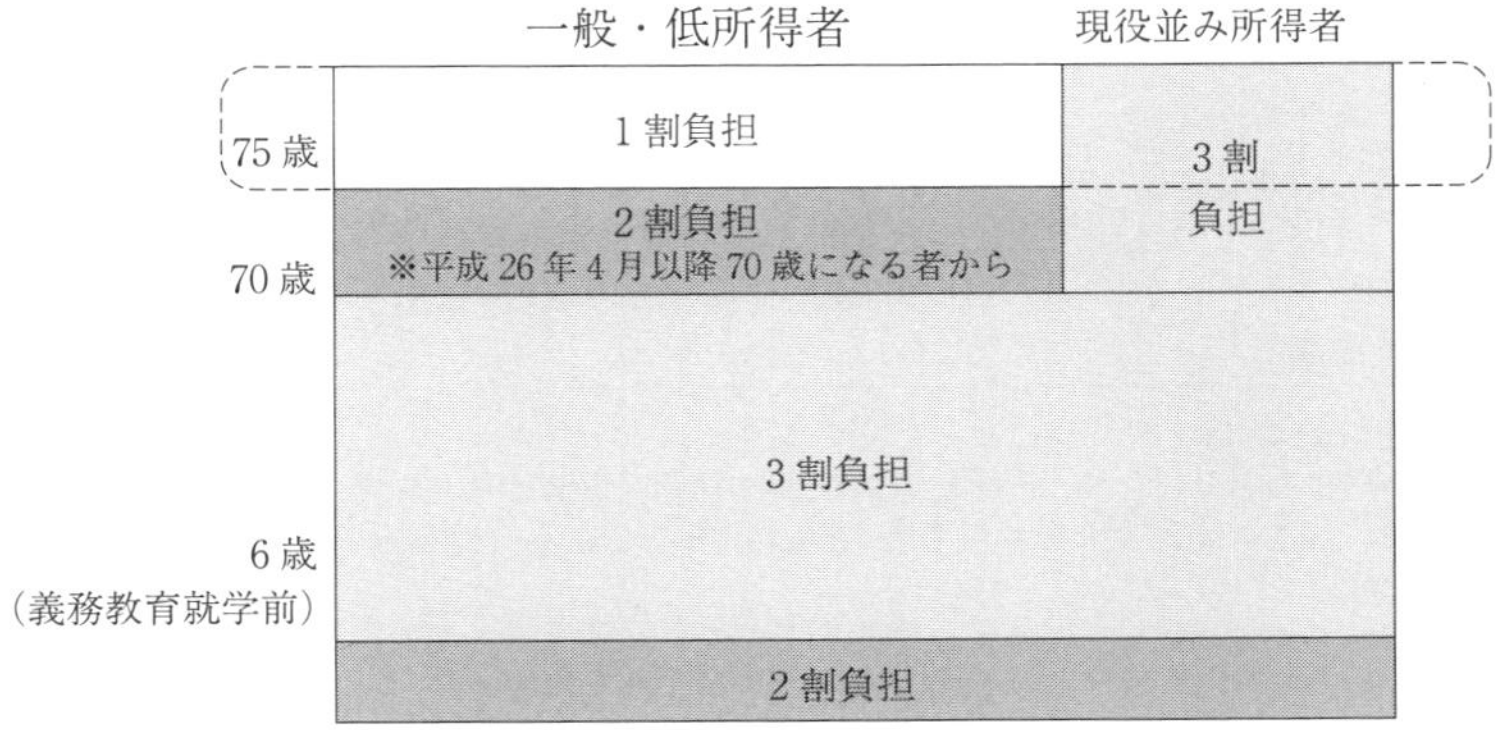

出典：厚生労働省HP、2018年

世帯の後期高齢者医療制度の被保険者全員がいずれも145万円未満）の場合、1割、同じ世帯の後期高齢者医療制度の被保険者のなかに145万円以上の人がいる現役並み所得の場合、3割とされている（図表1―35）。

なお、高度先進医療などは医療保険の適用外のため、これらの医療費は全額、自己負担となる。このため、これらの医療費は民間医療保険で対応することになるが、市町村によっては一部補助などがあるため、くわしくは地元の市町村に照会したい。

もう一つ、貧困層は生活保護の医療扶助が適用されるため、医療費の自己負担はない。なぜなら、貧困者に対しては日本国憲法第25条第1項に定める国民の生存権を保障するナショナルミニマム（国家最低生活水準）の保障、すなわち、「第三のセーフティーネット」として生活保護が制度化されているからである[46]。

具体的には、この医療扶助をはじめ、生活扶助、教育扶助、住宅扶助、介護扶助、出産扶助、生業扶助、葬祭扶助の計八つの扶助がある。もっとも、生活保護を受けるには最寄りの福祉事務所にそのむね申請し、資産（資力）調査（ミーンズテスト）を受け、認可されなくてはならない。その際、わずかでも資産がある場合、贅沢《ぜいたく》品や嗜好《しこう》品などは売却、また、パートやアルバイトなど非正

図表1−35　後期高齢者の自己負担の割合と判断基準

平成30年8月1日から平成31年7月31日までの自己負担の割合
〈判定規準〉

自己負担の割合	所得区分	平成30年度住民税課税所得（平成29年1月から12月までの所得から算出）
1割	一般	同じ世帯の後期高齢者医療被保険者全員がいずれも145万円未満の場合
3割	現役並み所得	同じ世帯の後期高齢者医療被保険者の中に145万円以上の方がいる場合

・住民税課税所得額とは何ですか？
※障害認定を受けた昭和20年1月2日以降生まれの後期高齢者医療制度の被保険者の場合、本人と同じ世帯にいる後期高齢者医療制度の被保険者との賦課のもととなる所得金額の合計額が210万円以下であれば、1割負担となります。
上記で3割に該当になった方でも、収入が以下のいずれかの基準を満たす方は、お住まいの区市町村担当窓口に基準収入額適用申請をし、認定されると申請のあった翌月から、自己負担の割合が1割に変更となります。
出典：東京都後期高齢者医療広域連合HP、2018年

規雇用者として収入があればその分が差し引かれることになっている。いわゆる保護の補足性の原理、また、基準および程度の原則である。

35「患者にやさしい開業医は信用できる」はウソ、ホントは儲《もう》け主義の開業医もいる。

そのワケ、第一は、高齢者になると加齢とともに心身の機能が減退せざるを得ないため、定期的に健康状態を診断し、いざというとき、すぐに入院・治療にあたってくれたり、近所の開業医や病院などの保険医療機関を紹介してくれる開業医を主治医（かかりつけ医）として決めておきたいが、医療保険は注射や検査などのたびに1点当たり10円という診療報酬点数制となっているため、開業医のなかにはこれに乗じ、少しでも多くの患者を取り込んで診療報酬を増やそうと、診察時の対応でできるだけやさしく接し、利益誘導を図る輩《やから》が後を絶たないからである（図表1―36）。

第二は、とりわけ、日本の場合、毎年、日本医師会や日本歯科医師会、日本薬剤師会、製薬会社が自民党に多額の政治献金をしているほか、欧米のように第一次は主治医、第二次は地域の基幹病院、第三次は大学の附属病院というような医療圏の整備が遅れている、あるいは意図的に遅らせていたり、黙認したりしているため、ややもすると患者は診療科目の多い基幹病院や大学の附属病院への治療・入院に集中しており、これらの保険医療機関の儲け主義がまかり通っているからである。

ちなみに、都内の某私立大学の附属病院の外来患者は一日約３０００人、某国立大学の附属病院は同５０００人などというが、多くの基幹病院や大学の附属病院はもとより、開業医の診療所（クリニック）でもわずか3分の診療のために3時間も待たされるといわれている。このため、厚生労働省はこれらの保険医療機関にかかるには主治医の紹

図表1-36　診療報酬審査制度の仕組み

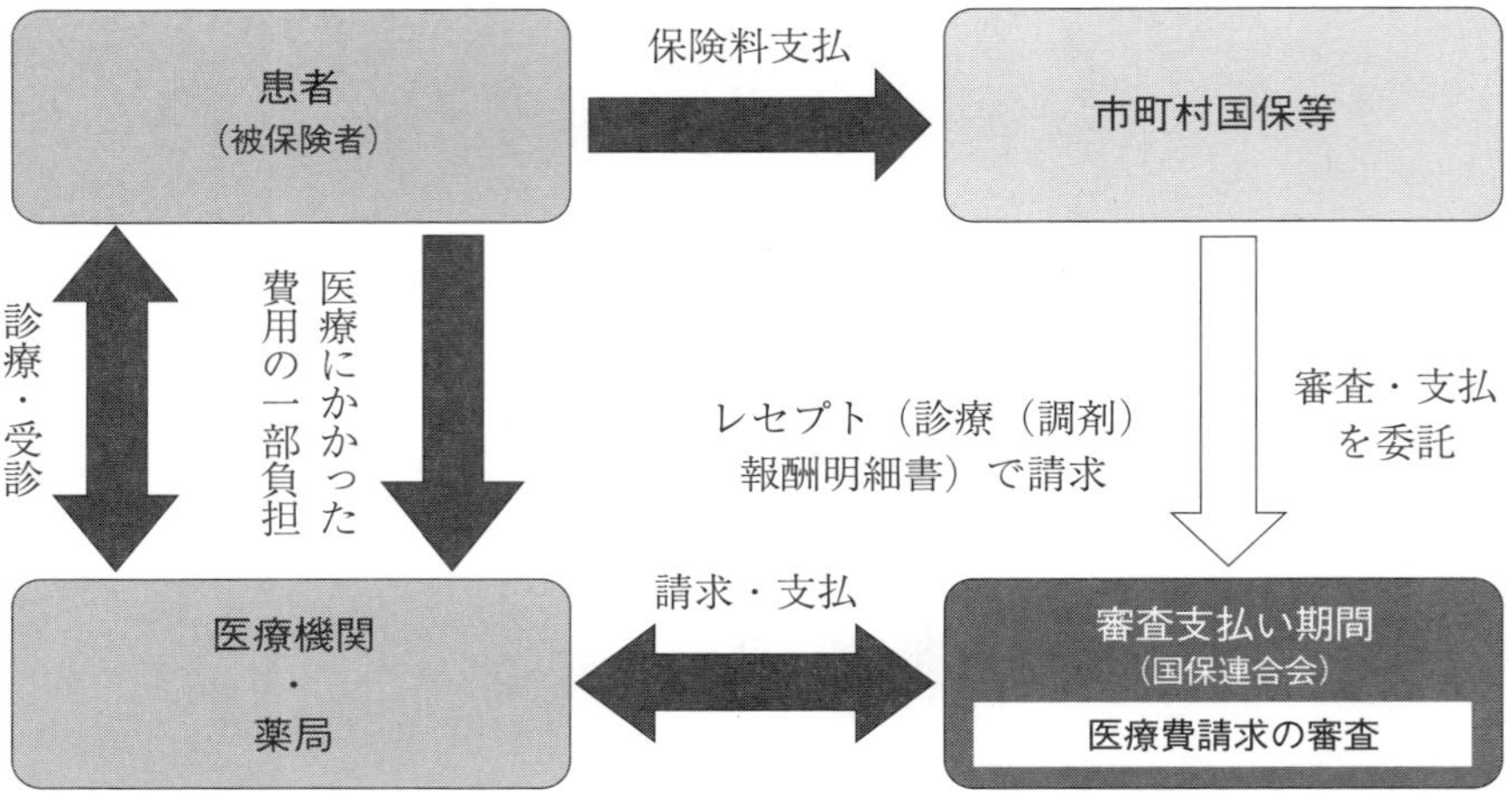

※レセプトとは
診療（調剤）報酬明細書の通称で、病院などが患者に対して治療を行った際、費用（医療費）を保険者に請求する時に使用する書類のこと。病院などは受診した患者ごとに毎月１枚作成する。

出典：公益社団法人国民健康保険中央会HP、2018年

介状が必要と指導している有様だが、その前提として第一次、第二次、第三次医療圏を即刻、整備すべきで、このような後手後手の医療行政自体、善後策を恣意的に殺《あや》めているといわれても仕方がないのではないか。政官財の癒着の原点がここにある。

そして、第三は、２０００（平成12）年に介護保険が創設され、40歳以上の被保険者が居宅介護や施設介護、地域密着型サービスを受けるには市町村に要介護認定を申請し、「要支援１～２」、または「要介護１～５」に認定されなければならないうえ、主治医の意見書が必要になっているため、ややもすると開業医はこれに乗じ、ふだんからより多くの患者を増やそうと画策する傾向にあるからである[47]。

現に、一昨年、94歳で急逝した筆者の義母は現役時代、都立病院の看護婦（師）長だったが、その義母でさえ「あの先生（主治医）はいつも親切に対応してくれるので助かる。ただ、患者は毎朝、

開診の前から診療所に多くの患者が列をなして並ばなければならず、それが悩みのタネ」ともらしていたが、近所の友人や知人の話では「あそこのお医者さんは毎回、やれ検査だの、注射だのと検査漬け、注射漬けのうえ、隣に家族が薬局を経営している。そこで、服薬の処方箋も必要以上に書いて渡すため、隣接する家族経営の保険調剤薬局で処方箋を提示し、大量の薬を購入、服用するなど家族ぐるみで営利に走っている」などと批判しており、近所で悪評が絶えない。すなわち、「医薬分業」など掛け声だけだからである。

確かに、その開業医の診療所は閑静な住宅街に鉄筋コンクリート造りのモダンな建物で、隣接する保険調剤薬局の駐車場も広く、近くの自宅は豪邸で、高級な輸入車が止まっている。そういえば各地の保険調剤薬局はかつて個人商店程度の小さな建物だったが、最近は全国チェーンのドラッグストアまでお目見えし、コンビニエンスストア（コンビニ）を上回るほど各地に林立しており、スーパーマーケット（スーパー）顔負けの大型店舗も珍しくなったことは周知のとおりである。

要は、このような開業医や製薬会社の患者への囲い込みを黙認、あるいは推奨している自民党および官僚や業界団体の医師会、製薬会社との癒着による利権誘導型の政治が根底にある[48]。

36「保険診療の自己負担分の医療費は高額療養費制度にもとづき、いったん全額を支払ったのちでなければならない」はウソ、ホントはあらかじめ所定の手続きをすれば状況によっては最初から高額療養費制度内の負担で済む。

そのワケ、ズバリ、高額療養費制度は被保険者および被扶養者で、同一月内に重い病気などで保険医療機関に長期入院したり、治療が長引いたりして医療費が自己負担限度額を超える場合、保険外併用療養費の差額部分や入院時食

図表1-37　高額療養費制度の概要

70歳未満の方の区分

【平成27年1月診療分から】

所得区分	自己負担限度額	多数該当※2
①区分ア （標準報酬月額83万円以上の方） （報酬月額81万円以上の方）	252,600円＋（総医療費※1 －842,000円）×1％	140,100円
②区分イ （標準報酬月額53万円～79万円の方） （報酬月額51万5千円以上～81万円未満の方）	167,400円＋（総医療費※1 －558,000円）×1％	93,000円
③区分ウ （標準報酬月額28万円～50万円の方） （報酬月額27万円以上～51万5千円未満の方）	80,100円＋（総医療費※1 －267,000円）×1％	44,400円
④区分エ （標準報酬月額26万円以下の方） （報酬月額27万円未満の方）	57,600円	44,400円
⑤区分オ（低所得者） （被保険者が市区町村民税の非課税者等）	35,400円	24,600円

※1　総医療費とは保険適用される診察費用の総額（10割）です。
※2　診療を受けた月以前の1年間に、3カ月以上の高額療養費の支給を受けた（限度額適用認定証を使用し、自己負担限度額を負担した場合も含む）場合には、4カ月目から「多数該当」となり、自己負担限度額がさらに軽減されます。
注）「区分ア」または「区分イ」に該当する場合、市区町村民税が非課税であっても、標準報酬月額での「区分ア」または「区分イ」の該当となります。

70歳以上75歳未満の方の区分

負担能力に応じた負担を求める観点から、平成29年8月診療分より、現役並み所得者の外来（個人ごと）、一般所得者の外来（個人ごと）及び外来・入院（世帯）の自己負担限度額が引き上げられます。

【平成29年7月診療分まで】

被保険者の所得区分		自己負担限度額	
		外来 （個人ごと）	外来・入院 （世帯）
①現役並み所得者 （標準報酬月額28万円以上で高齢受給者証の負担割合が3割の方）		44,400円	80,100円＋ （総医療費－267,000円）×1％ ［多数該当：44,400円］
②一般所得者 （①および③以外の方）		12,000円	44,400円
③低所得者	Ⅱ※3	8,000円	24,600円
	Ⅰ※4		15,000円

【平成29年8月診療分から】

被保険者の所得区分		自己負担限度額	
		外来（個人ごと）	外来・入院（世帯）
①現役並み所得者（標準報酬月額28万円以上で高齢受給者証の負担割合が3割の方）		57,600円	80,100円＋（総医療費－267,000円）×1％［多数該当：44,400円］
②一般所得者（①および③以外の方）		14,000円（年間上限14.4万円）	57,600円［多数該当：44,400円］
③低所得者	Ⅱ※3	8,000円	24,600円
	Ⅰ※4		15,000円

【平成30年8月診療分から】

被保険者の所得区分		自己負担限度額	
		外来（個人ごと）	外来・入院（世帯）
①現役並み所得者	現役並みⅢ（標準報酬月額83万円以上で高齢受給者証の負担割合が3割の方）	252,600円＋（総医療費－842,000円）×1％［多数該当：140,100円］	
	現役並みⅡ（標準報酬月額53万～79万円で高齢受給者証の負担割合が3割の方）	167,400円＋（総医療費－558,000円）×1％［多数該当：93,000円］	
	現役並みⅠ（標準報酬月額28万～50万円で高齢受給者証の負担割合が3割の方）	80,100円＋（総医療費－267,000円）×1％［多数該当：44,400円］	
②一般所得者（①および③以外の方）		18,000円（年間上限14.4万円）	57,600円［多数該当：44,400円］
③低所得者	Ⅱ※3	8,000円	24,600円
	Ⅰ※4		15,000円

※3　被保険者が市区町村民税の非課税者等である場合です。
※4　被保険者とその扶養家族全ての方の収入から必要経費・控除額を除いた後の所得がない場合です。
注）現役並み所得者に該当する場合は、市区町村民税が非課税等であっても現役並み所得者となります。
出典：全国健康保険協会HP、2019年。

事療養費・生活療養費の自己負担額を除き、超えた分を払い戻し、家計の負担を軽減するものである。

具体的には、年齢や所得に応じ、図表1―37の計算式によって算出される。また、高額療養費の自己負担限度額に達しない場合でも、同一月内に同一世帯で2万1000円以上の自己負担が複数ある場合、これらを合算して自己負担限度額を超えた金額が支給される（世帯合算）。

さらに、同一人が同一月内に2つ以上の保険医

資料1-3　健康保険限度額適用認定証

健康保険限度額適用認定証

平成　　年　　月　　日交付

被保険者	記号		番号	
	氏名			男女
	生年月日	大正・昭和・平成　　年　　月　　日		
適用対象者	氏名	見本		男女
	生年月日	昭和・平成　　年　　月　　日		
	住所			
発効年月日		平成　　年　　月　　日		
有効期限		平成　　年　　月　　日		
適用区分				
保険者	所在地			
	保険者番号			
	名称及び印			

出典：全国健康保険協会HP、2019年。

図表1−38　高額介護合算療養費制度の概要

基準額

（１）70歳未満の方

【平成26年7月診療分まで】

所得区分	基準額
①区分Ａ （標準報酬月額53万円以上の方）	126万円
②区分Ｂ （区分Ａおよび区分Ｃ以外の方）	67万円
③区分Ｃ（低所得者） （被保険者が市区町村民税の非課税者等）	34万円

【平成26年8月診療分から平成27年7月診療分まで】

所得区分	基準額
①区分ア （標準報酬月額83万円以上の方） （報酬月額81万円以上の方）	176万円
②区分イ （標準報酬月額53万～79万円の方） （報酬月額51万５千円以上～81万円未満の方）	135万円
③区分ウ （標準報酬月額28万～50万円の方） （報酬月額27万円以上～51万５千円未満の方）	67万円
④区分エ （標準報酬月額26万円以下の方） （報酬月額27万円未満の方）	63万円
⑤区分オ（低所得者） （被保険者が市区町村民税の非課税者等）	34万円

【平成27年8月診療分以降】

所得区分	基準額
①区分ア （標準報酬月額83万円以上の方） （報酬月額81万円以上の方）	212万円
②区分イ （標準報酬月額53万～79万円の方） （報酬月額51万５千円以上～81万円未満の方）	141万円
③区分ウ （標準報酬月額28万～50万円の方） （報酬月額27万円以上～51万５千円未満の方）	67万円
④区分エ （標準報酬月額26万円以下の方） （報酬月額27万円未満の方）	60万円
⑤区分オ（低所得者） （被保険者が市区町村民税の非課税者等）	34万円

（2）70歳から74歳の方

【平成30年7月診療分まで】

被保険者の所得区分		基準額
①現役並み所得者 （標準報酬月額28万円以上で高齢受給者証の負担割合が3割の方）		67万円
②一般所得者 （①および③以外の方）		56万円
③低所得者	Ⅱ（※1）	31万円
	Ⅰ（※2）	19万円

【平成30年8月診療分以降】

被保険者の所得区分		基準額
①現役並み所得者	標準報酬月額83万円以上で高齢受給者証の負担割合が３割の方）（現役並みⅢ）	212万円
	標準報酬月額53万円～79万円で高齢受給者証の負担割合が３割の方）（現役並みⅡ）	141万円
	標準報酬月額28万円～50万円で高齢受給者証の負担割合が3割の方）（現役並みⅠ）	67万円
②一般所得者 （現役並み所得者および低所得者以外の方）		56万円
③低所得者	Ⅱ（※1）	31万円
	Ⅰ（※2）	19万円

※1　被保険者が市区町村民税の非課税者等である場合です。
※2　被保険者とその扶養家族全ての方の収入から必要経費・控除額を除いた後の所得がない場合です。
注）現役並み所得者に該当する場合は、市区町村民税が非課税等であっても現役並み所得者となります。
出典：全国健康保険協会HP、2019年。

療機関にかかり、それぞれの自己負担限度額が2万1000円以上ある場合も同様である（70～74歳の者がいる世帯の場合、算定方法が異なる）。このほか、同一世帯で1年間（診察月を含めた直近12か月）に3回以上、高額療養費の支給を受けている場合、4回目からは自己負担限度額が変わる（多数該当）。

しかし、全国健康保険協会（協会けんぽ）の場合、その各都道府県支部にあらかじめ健康保険限度額適用認定証（資料1－3）の交付を申請し、被保険者証（保険証）とともに保険医療機関に示して受診し、かつ上述した年齢別の自己負担額の要件を満たせば医療費の全額を負担せず、最初から高額療養費制度内の負担だけで済むからである。

また、住民税などが非課税のため、低所得者の場合、健康保険限度額適用・標準負担額認定証の交付を受ければ同様に医療費の全額を負担せず、最初から高額療養費制度内の負担だけで済むからである。

この措置は組合管掌健康保険（組合健保）や共済組合、国民健康保険、75歳以上の後期高齢者医療制度も同様で、各健康保険組合や共済組合、あるいは市町村の国民健康保険の窓口に交付を申請すればよい。

なお、高額介護合算療養費制度にはこのような制度がないため、図表1―38の限度額を超えた場合、そのむね市町村の高齢者支援課などに申請すれば超過分が後日、払い戻される（いずれも時効は2年）。

いずれにしても、その都度、自己のマイナンバーへの記入を忘れないようにしたい。

37 「処方箋《しょほうせん》にもとづき、保険調剤薬局で渡された薬は全部服用」はウソ、ホントは薬の飲み残しや飲み忘れ、大量放棄などとなっている。

そのワケ、ズバリ、「医薬分業」とはいうものの、その実態は診療所や病院など保険医療機関で作成された薬の処方銭はいずれの保険調剤薬局でも受け付けており、保険調剤薬局ではこの処方銭にもとづき、調剤後、患者に手渡しているが、厚生労働省によると、飲み忘れや飲み残しなどいわゆる残薬は潜在的なものも含め、年間５００億円分に上っており、保険調剤薬局の薬剤師の管理や指導により、このうち、同４００億円分は改善できると推計されているからである。

なるほど、各地の保険調剤薬局から患者が持ち帰る残薬の量ときたらスーパーへ買い物で受け取ったレジ袋顔負けの多さで、かつ患者によっては数種類の薬を受け取っており、これらの薬をまとめに服用しようものなら、ふらつきや転倒、物忘れ、うつ、せん妄、食欲の低下、便秘、排尿障害などの副作用を起こすなど、かえって症状が進み、薬害さえ招きかねないのではないか、と心配される光景があちこちで見受けられる。そのせいか、ここ数年、市販の医薬品を売りにドラッグストアがスーパー顔負けの林立ぶりで、日本フランチャイズチェーン協会や同省の調べによると、２０１７(平成29)年度現在、コンビニが約5万７９５６店舗に対し、ドラッグストアは同1万５１９７か所、保険調剤薬局は同5万９１３８か所に上っている。

おかげで、財務省が毎年公表している高額納税者公示制度（全国長者番付表）には毎年必ずといっていいほど製薬会社の社長や会長、顧問、相談役などの役職者や創業者がベストテン入りしている。また、個々の保険調剤薬局のオーナーの名前こそ見当たらないものの、ドラッグストアの社長や会長、顧問、相談役などのお歴々の名前も見かけるようになった。

ただし、同年、個人情報保護法が全面施行された動きに合わせ、同年以降、「個人のプライバシーを守るため」という名目で非公表となったが、その背景には保険調剤薬局は患者の処方銭を作成する診療所や病院など保険医療機関と同様、処方箋を出せば出すほど売薬によって利益を生み、かつ保険調剤薬局に薬を納入している製薬会社もそれに比例し、利益を上げられるという長年のもたれ合いの関係が健在化しているからである。また、一部の患者も薬をもらうことが当然と思っているフシがあるからである。

そこで、薬剤師はかかりつけ医と同様、かかりつけ薬局を持ち、診療所や病院など保険医療機関で処方された薬が本当に必要か、保険調剤薬局に相談するとともに、むやみに薬をほしがらないようにしたいものであるが、それにしても、診療所や病院などの保険医療機関や保険調剤薬局はなぜ、検査漬け・注射漬け・薬漬けなのか。それは薬の仕入れ価格と処方したときの薬の価格との差益（薬価差益）によって収入を増やそうとするからである。このような悪循環を断ち切るためにも政官財の癒着《ゆちゃく》、すなわち、自民党などの族議員への保険医療機関や製薬会社からの政治献金、厚生官僚の製薬会社などへの天下り、保険医療機関と保険調剤薬局との医薬分業なるぬ〝医薬同業〟を正すことが根本的な解決策である。

38「介護保険は介護の社会化」はウソ、ホントは国民の自助化や民営化によって形骸《けいがい》化しており、保険の機能を果たしていない。

そのワケ、第一は、介護保険は２０００（平成12）年４月、「介護の社会化」をキャッチフレーズに、年金保険（公的年金）、医療保険、雇用保険、労働者災害補償保険（労災保険）に続く五つ目の社会保険として創設され、40歳以上のすべての国民がその被保険者として所得[49]に応じて保険料を支払い、要介護認定の申請の結果、「要支援（現要支援１～２）」、または「要介護１～５」のいずれかに判定され、介護（予防）サービス計画（ケアプラン）を作成すればだれでもどこでもいつでも希望する介護サービスを受けることができる、とされている。もっとも、政府や自治体の公費および保険料（２０１８：平成30

図表1−39　介護保険の仕組み

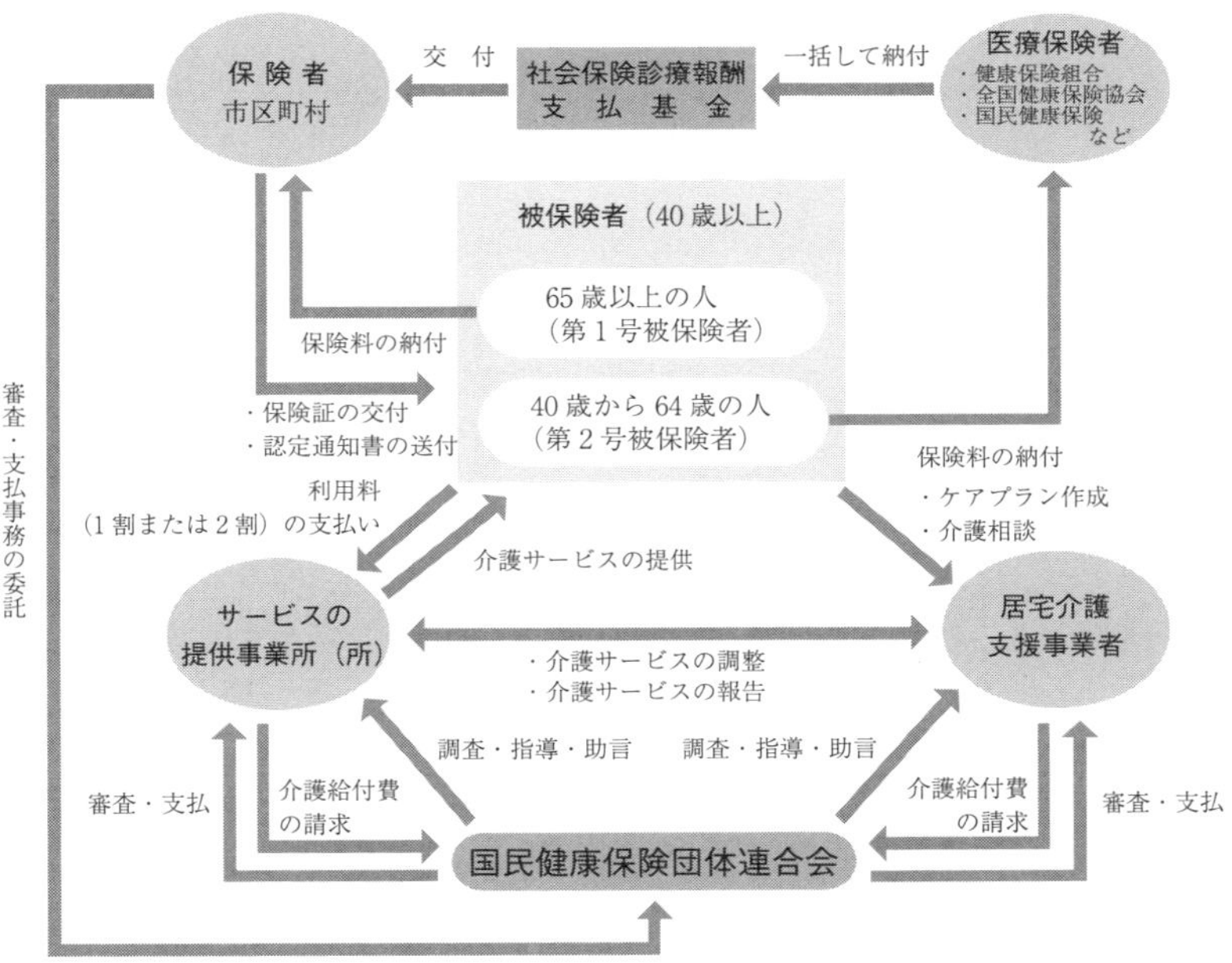

出典：財務省HP、2018年

図表1-40　2004年度における介護サービス提供量

区　分	（新GP目標）平成11年度	平成16年度
〈訪問系サービス〉		
訪問介護（ホームヘルプサービス）	－ 17万人	225百万時間 （35万人）※
訪問看護 訪問看護ステーション	－ 5,000か所	44百万時間 （9,900か所）※
〈通所系サービス〉		
通所介護（デイサービス）／通所リハビリテーション（デイ・ケア）	－ 1.7万か所	105百万回 （2.6万か所）※
〈短期入所（ショートステイ）系サービス〉		
短期入所生活介護／短期入所療養介護	－ 6万人分 （ショートステイ専用床）	4,785千週 9.6万人分 （短期入所生活介護専用床）
〈施設系サービス〉		
介護老人福祉施設（特別養護老人ホーム）	29万人分	36万人分
介護老人保健施設	28万人分	29.7万人分
〈生活支援系サービス〉		
痴呆対応型共同生活介護（痴呆性老人グループホーム）	－	3,200か所
介護利用型軽費老人ホーム（ケアハウス）	10万人分	10.5万人分
高齢者生活福祉センター	400か所	1,800か所

注1：平成16年度（　）※の数値については、一定の前提条件の下で試算した参考値である。
注2：介護療養型医療施設については、療養型病床群等の中から申請を受けて、都道府県知事が指定を行うこととなる。
出典：厚生労働省HP、2018年

年度、全国平均月約６７００円）を財源とするものの、要介護認定の「適正化」という名の厳格化やサービスの基盤の未整備に伴い、希望するサービスが提供されないどころか、被保険者の自立・自助、また、それまで措置制度によって政府および自治体、あるいは非営利の社会福祉法人によって提供されていた施設入所や通所、在宅サービスが「民活導入」の掛け声によって民間事業者に移行された結果、民営化された介護ビジネスにより費用負担に糸目をつかない高所得層や富裕層を横目に庶民は要介護・要支援に認定されても費用負担の高額化のため、利用をあきらめたり、サービスを一部カットせざるを得ない有様で、保険の機能を果たしていないからである（図表1―39）。

第二は、消費税が１９８９（平成元）年に導入され、向こう10年間における「高齢者保健福祉推進十か年戦略（ゴールドプラン）」[50]により、すべての市町村が老人保健福祉計画を策定、達成し、サービスの基盤を整備したうえで介護保険が導入されるはずだったが、多くの市町村は財源や人材の不足を理由にその整備目標が未達成のまま介護保険が〝見切り発車〟され、現在に至っているからである（図表1―40）[53]。

そして、第三は、後述するように、訪問介護（ホームヘルプサービス）や通所介護（デイサービス）、短期入所生活療養・介護（ショートステイ）などの居宅介護、および介護老人福祉施設（特別養護老人ホーム：特養）など介護保険施設を整備・拡充せず、その代替施設として企業や事業所、医療法人、ＮＰＯなどがシルバービジネス[52]として有料老人ホームやサービス付き高齢者向け住宅（サ高住）などを設置、高所得層や富裕層をターゲットに新聞やテレビの広告記事、折り込みチラシ、コマーシャル、ダイレクトメール、ウェブサイト、訪問販売などでＰＲ、本来、日本国憲法第25条第1項および第2項にもとづき、政府および自治体が公的責任としての公助により国民の生存権を保障すべく、社会保障的義務[53]を履行すべきところ、介護保険を創設したものの、形骸化されて保険の機能を果たしておらず、崩壊状態だからである。

なお、２０１８（平成30）年度から障害・児者に対しても介護保険を適用すべく、訪問介護や通所介護、短期入所生

図表1-41　介護保険給付の種類

	家庭を訪問するサービス（1割または2割負担）	日帰りで通うサービス（1割または2割負担＋食費）	施設への短期入所サービス（1割または2割負担＋食費・居住費）	福祉用具 住宅改修（1割または2割負担）	その他
保健給付サービス	訪問介護 ホームヘルパーの訪問 訪問看護 看護師等の訪問 訪問リハビリ リハビリの専門職の訪問 訪問入浴介護 入浴チームの訪問 居宅療養管理指導 医師等による指導	通所介護 デイサービスセンター等への通所 通所リハビリ 介護老人保健施設等への通所 ＊一部負担（1割または2割負担）のほかに食費負担あり	短期入所生活介護 介護老人福祉施設等への短期入所 短期入所療養介護 介護老人保健施設等への短期入所 ＊一部負担（1割または2割負担）のほかに食費・居住費負担あり	福祉用具貸与 車いす、特殊ベッド等をレンタル 福祉用具購入費支給 腰掛け便座などの購入費を支給 （上限額：年間10万円） 住宅改修費支給 手すりの取り付けや段差の解消などの改修費支給 （上限額：同一住宅で20万円）	特定施設入居者生活介護、有料老人ホーム等での介護 ＊一部負担（1割または2割負担）のほかに食費・共益費・事務費などの料金について負担する必要あり

<table>
<tr>
<td rowspan="2">地域密着型サービス</td>
<td>○夜間対応型訪問介護
夜間の定期的な巡回訪問。緊急の通報にも対応

＊要支援者は利用不可</td>
<td>○認知症対応型通所介護
認知症高齢者向けの通所介護
地域密着型通所介護（利用定員18人以下）

＊一部負担（１割または２割負担）のほかに食費負担あり</td>
<td></td>
<td rowspan="2"></td>
<td rowspan="2">○認知症対応型共同生活介護
小規模住宅での認知症高齢者の共同生活を支援

○地域密着型特定施設入居者生活介護
小規模な特定施設入居者生活

＊要支援者は利用不可</td>
</tr>
<tr>
<td colspan="3">○小規模多機能型居宅介護
利用登録した１カ所の事業所から、訪問介護、通所介護、短期入所を複合的に提供

＊通所介護の場合は、食費負担あり。短期入所の場合は、食費・居住費負担あり
＊複数の事業所の利用は不可</td>
</tr>
</table>

保険給付サービス	
介護老人福祉施設	介護老人福祉施設等への入所
介護老人保健施設	介護老人保健施設等への入所
介護療養型医療施設	療養病床への入所

地域密着型サービス	
地域密着型介護老人福祉施設	小規模で地域に根ざした特別養護老人ホームへの入所

出典：茨城県潮来市HP、2018年

活療養・介護が共生型サービスとして提供されることになったが、介護現場からはその趣旨には賛成するものの、高齢者の介護を前提とした人手不足と賃金の廉価、汚い・きつい・危険のいわゆる3K職場のため、ただでさえ人手不足のなか、離職率が高く、技能実習生など外国人をアテにした状況では対応しきれないのが実態である。

ちなみに、介護保険が創設された当時、自民党の国会議員でさえ「介護保険の制度の趣旨どおり、必要な介護サービスが提供されなければ国家的な詐欺といわざるを得ない」とまでいわしめたものだが、このような重大な発言はその後の歴代の政権や官僚には通じていないようである。

39 「介護サービスの選択は自由」はウソ、ホントは市町村の要介護認定や介護支援専門員（ケアマネジャー）次第でサービスの利用が制限されるおそれもある。

そのワケ、第一は、介護保険の被保険者は要介護状態と思われれば市町村に要介護認定を申請、市町村は介護保険担当の訪問調査員、または委託の事業者を申請者宅に訪問させ、全国共通の基準にもとづき、食事や排泄、入浴などの介助の回数や頻度《ひんど》、心身の状態や認知症などに起因する問題行動など計74項目にわたり調査を行うとともに、その傷病や特別な医療心身の状態、生活機能とサービスなどに関する主治医（かかりつけ医）の意見書の内容をコンピュータに入力し、介護にかかる時間（要介護認定等基準時間）をもとに介護の内容や時間を一次判定する。そして、この一次判定の結果を踏まえ、保健・医療・福祉の学識経験者からなる介護認定審査会で要介護度および認定有効期間を二次判定し、原則として申請を受けた日から30日以内に申請者に「非該当（自立）」「要支援1～2」、「要介護1～5」のいずれかを最終判定し、通知する。

そこで、「要支援1～2」、もしくは「要介護1～5」のいずれかの判定を受け、「要支援1～2」は介護予防サービ

図表1-42　第一号被保険者の要介護度別認定者数の推移

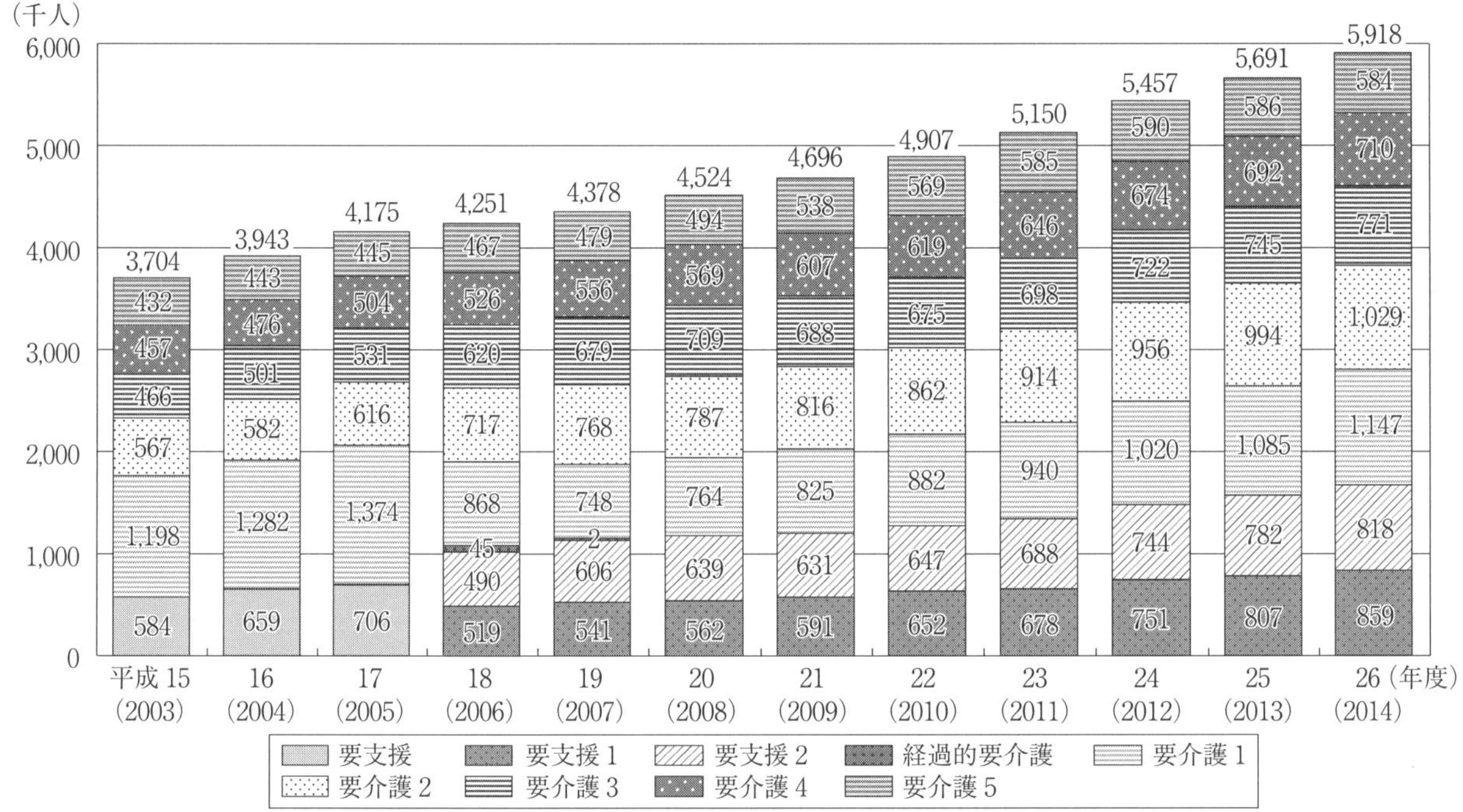

資料：厚生労働省「介護保険事業状況報告（年報）」
（注1）平成18年4月より介護保険法の改正に伴い、要介護度の区分が変更されている。
（注2）平成22（2010）年度は、東日本大震災の影響により、報告が困難であった福島県の5町1村（広野町、楢葉町、富岡町、川内村、双葉町、新地町）を除いて集計した値

出典：内閣府『高齢社会白書（平成28年版）』、2018年

ス、「要介護１～５」は介護サービスとその区分支給基準限度額および自己負担額（１～３割：高額介護サービス費による上限あり。また、医療費・高額介護合算療養費制度による費用負担の上限もあり）を参考に、家族やケアマネジャーと介護（予防）サービス計画（ケアプラン）を作成し、希望する居宅介護支援事業所や介護保険施設などと契約し、居宅介護、または施設介護などを利用することになるが、その前提となる要介護認定は政府の「適正化」政策[54]によって厳格化、また、ケアプランの相談援助を行うケアマネジャーによって本来利用できるはずの介護サービスが制限されるおそれもあるからである（図表１―41）。

現に、内閣府の『高齢社会白書（平成28年版）』によると、介護保険における要介護者、または要支援者と認定された人（要介護者等）は２０１３（平成25）年度末で計約５６９万１０００人となっており、２００３（平成15）年度末から同１９８万７０００人も増加している（図表１―42）。

これに対し、厚生労働省の各年度別の「介護保険事業状況報告」によると、１か月平均の利用者は２００３（平成15）年度、計約２８７万だったが、２０１３（平成25）は同４８２万人と2倍近く増えているものの、その実態は「要介護１～３」の人は居宅サービスの利用が多い半面、「要介護５」の人は施設サービスの利用が約半数にとどまっている。

ちなみに、要介護認定の有効期間は原則として12か月だが、結果に不服がある場合、都道府県の介護保険審査会に審査請求し、３か月～1年以内に裁決を受ける。それでも不服の場合、処分の取り消しを求める訴えを地方裁判所（地裁）に起こすことになる。

第二は、介護保険の財源には保険者である政府および自治体の公費の負担分があるものの、介護職員の給与は月額約22万円と全産業のサラリーマンと比べ、同10万円も低く抑えられ、就業をあきらめたり、就業後、早期に離職したりして人手不足のため、技能実習制度による外国人を動員してやりくりしているうえ、「適正化」政策により要介護認定を厳格化、介護保険、ひいては社会保障給付費全体の抑制を図るべく、介護サービスが制限されているからである。

そして、第三は、後述するように、ケアプランを本人や家族の相談を得て、あるいは依頼を受けたケアマネジャーにより、本来利用できる介護サービスが制限されるおそれがあるからである。このため、訪問調査ではできる限り本人の生活の場において、ふだんどおりの状態を伝えたい。

なお、主治医がいない場合、市町村が適当な医師を紹介することになっているが、主治医の意見書は要介護認定の判定に大きなウエートを占めるため、ふだんから最寄りの開業医を主治医とし、健康管理に努めたい。

もう一つ、障害者総合支援法（旧障害者自立支援法）による給付を受け、65歳になった場合、同法から介護保険法にもとづくサービスに移行することになっている。

いずれにしても、ドイツの介護保険を参考に創設した介護保険とはいうもののの、日本の場合、「介護の社会化」というキャッチフレーズの割にはその利用が厳しく制限されているのが実態である。

40 「介護老人福祉施設（特別養護老人ホーム：特養）の入所は『要介護3』以上」はウソ、

ホントは「要介護1～2」でも例外的に入所できる。

そのワケ、ズバリ、介護老人福祉施設（特別養護老人ホーム：特養）への入所は2015（平成27）年4月以降、原則として「要介護3」以上の高齢者に限定されている

図表1-43　施設サービスの費用の目安

施設に入所した場合は、1割または2割の利用者負担以外に、食費、居住費、日常生活費も利用者負担になります。利用者負担の額は、要介護状態やサービスの内容、施設の種類などにより異なります。

◆1割負担の場合のめやす（日額）

施設の種類	利用者負担額
介護老人福祉施設（特別養護老人ホーム）	580円～1,084円
介護老人保健施設（老人保健施設）	716円～1,325円
介護療養型医療施設（療養病床など）	568円～1,385円

◆居住費（滞在費）、食費のめやす

利用者が負担する額は、施設との契約により決まり、施設により異なります。

世帯に住民税を課税されている方がいる場合や、預貯金等が基準額（配偶者がいる場合は合計2,000万円、配偶者がいない人は1,000万円）を超える場合は、下記の金額が標準的な額となります。

・標準的な利用者負担額（＝基準費用額）（日額）

部屋の種類	居住費〔滞在費〕	食　費
ユニット型個室	1,970円	1,380円
ユニット型準個室	1,640円 （1,150円）※1	
多床型	370円 （840円）※2	

※１（　）内は、特別養護老人ホームに入所またはショートステイを利用した場合の従来型個室の額
※２（　）内は、特別養護老人ホームに入所またはショートステイを利用した場合の額
＊施設の設定した居住費〔滞在費〕・食費が標準的な費用を下回る場合は、施設の設定した金額が利用者負担額となります。
本人及び世帯全員が住民税非課税で、預貯金等が基準額を超えない場合は、利用者負担が下記の限度額までになります。

減額を受けようとする場合は、市町村の窓口に申請し、「負担限度額認定証」の交付を受けなければなりません。詳しくは、市町村にお問い合わせ下さい。

・負担限度額（日額）

部屋の種類	居住費〔滞在費〕			食費
	ユニット型個室	ユニット型準個室（従来型個室）	多床室	
第１段階 ・世帯全員が住民税非課税で老齢福祉年金受給者 ・生活保護受給者	820円	490円 （320円）	0円	300円
第２段階 ・世帯全員が住民税非課税で「合計所得金額＋課税年金収入額」が80万円以下の方	820円	490円 （420円）	370円	390円
第３段階 ・世帯全員が住民税非課税で第2段階以外の方	1,310円	1,310円 （820円）	370円	650円

＊（　　）内は特別養護老人ホームに入所またはショートステイを利用した場合の従来型個室の額
＊施設の設定した居住費〔滞在費〕・食費が標準的な費用を下回る場合は、施設の設定した金額が利用者負担額となります。
＊限度額と基準費用額の差額は、「特定入所者介護サービス費」として、介護保険から施設に給付されます。

出典：和歌山県HP、2018年

が、「要介護1～2」でもやむを得ない事情により居宅での生活が困難と認められる場合、市町村の適切な関与のもと、特例的に入所することが可能だからである。

現に、厚生労働省の介護サービス施設・事業所調査によると、2017（平成29）年4月現在、全国に9726施設あり、定員は57万7000人だが、入所者の要介護度と入所の割合は「要介護1」が全体の2・7％、「要介護2」が同7・7％、「要介護3」が同22・5％、「要介護4」が同34・3％、「要介護5」が同32・7％となっており、「要介護1～2」の入所者は同10・4％と約1割を占めるからである[55]。

ただし、都市部では要介護認定者が数万人にも及ぶほか、介護職員の人手不足もあって「要介護3」以上でも即、入所できず[56]、待機者が続出しており、入所者の死亡、または介護療養型医療施設（介護療養病床）などへの転院でもなければ入所できず、待機中に死亡する高齢者もいる。しかも、このような待機者は今後、少子高齢社会の進展に伴ってさらに増えると予測されるため、日本創生会議は同年、東京圏（1都3県）に在住する高齢者は地方に移住すべきだと提起した。

なお、みずほ情報総研が翌2016（平成28）年、同省の事業の一環とした「特別養護老人ホームの開設状況に関する調査」によると、入所要件が原則として「要介護3」以上と厳格化されたこともあってか、同年11月時点で全国の特養で「満室」と答えたのは全体の73・5％に上ったものの、残りの26％は空きがあることがわかった。なぜなら、これらの施設は定員を満たしていないものの、介護職員の給与の廉価のため、「要介護3」以上はおろか、「要介護1～2」であっても入所者を受け入れられない場合もあるからである。

とりわけ、地方にあっては家族や近隣の住民たちの互助による見守りや安否確認、買い物や病院への送迎などのコミュニティが今なお残っているため、「要介護1～2」でも例外的に入所できる施設があっても家族や本人が入所をためらう傾向が根強いほか、仮に「要介護1～2」で入所できたとしても、農林水産業や個人商店などの元自営業・自由

資料1−4　介護支援専門員倫理綱領
（日本介護支援専門員協会 平成19年3月25日採択）

前　文

私たち介護支援専門員は、介護保険法に基づいて、利用者の自立した日常生活を支援する専門職です。よって、私たち介護支援専門員は、その知識・技能と倫理性の向上が、利用者はもちろん社会全体の利益に密接に関連していることを認識し、本倫理綱領を制定し、これを遵守することを誓約します。

条　文

（自立支援）

1．私たち介護支援専門員は、個人の尊厳の保持を旨とし、利用者の基本的人権を擁護し、その有する能力に応じ、自立した日常生活を営むことができるよう、利用者本位の立場から支援していきます。

（利用者の権利擁護）

2．私たち介護支援専門員は、常に最善の方法を用いて、利用者の利益と権利を擁護していきます。

（専門的知識と技術の向上）

3．私たち介護支援専門員は、常に専門的知識・技術の向上に努めることにより、介護支援サービスの質を高め、自己の提供した介護支援サービスについて、常に専門職としての責任を負います。また、他の介護支援専門員やその他専門職と知識や経験の交流を行い、支援方法の改善と専門性の向上を図ります。

（公正・中立な立場の堅持）

4．私たち介護支援専門員は、利用者の利益を最優先に活動を行い、所属する事業所・施 設の利益に偏ることなく、公正・中立な立場を堅持します。

（社会的信頼の確立）

5．私たち介護支援専門員は、提供する介護支援サービスが、利用者の生活に深い関わりを持つものであることに鑑み、その果たす重要な役割を自覚し、常に社会の信頼を得られるよう努力します。

（秘密保持）

6．私たち介護支援専門員は、正当な理由なしに、その業務に関し知り得た利用者や関係者の秘密を漏らさぬことを厳守します。

（法令遵守）

7．私たち介護支援専門員は、介護保険法及び関係諸法令・通知を遵守します。

（説明責任）

8．私たち介護支援専門員は、専門職として、介護保険制度の動向及び自己の作成した介護支援計画に基づいて提供された保健・医療・福祉のサービスについて、利用者に適切な方法・わかりやすい表現を用いて、説明する責任を負います。

（苦情への対応）

9．私たち介護支援専門員は、利用者や関係者の意見・要望そして苦情を真摯に受け止め、適切かつ迅速にその再発防止及び改善を行います。

（他の専門職との連携）

10．私たち介護支援専門員は、介護支援サービスを提供するにあたり、利用者の意向を尊重し、保健医療サービス及び福祉サービスその他関連するサービスとの有機的な連携を図るよう創意工夫を行い、当該介護支援サービスを総合的に提供します。

（地域包括ケアの推進）

11．私たち介護支援専門員は、利用者が地域社会の一員として地域での暮らしができるよう支援し、利用者の生活課題が地域において解決できるよう、他の専門職及び地域住民 との協働を行い、よって地域包括ケアを推進します。

（より良い社会づくりへの貢献）

12．私たち介護支援専門員は、介護保険制度の要として、介護支援サービスの質を高めるための推進に尽力し、より良い社会づくりに貢献します。

出典：財務省HP、2018年

業で公的年金が国民年金しかないため、入所に関わる費用負担が大きく、入所をあきらめるケースもある（図表1―43）。

41「ケアマネジャーは利用者本位による自立支援」はウソ、ホントはケアマネジャーによる利益誘導となるおそれもある。

そのワケ、ズバリ、ケアマネジャーは上部団体の一般社団法人日本介護支援専門員協会が定めた介護支援専門員倫理綱領にのっとり、利用者本位に自立支援を図るとともに、利用者の利益を最優先に活動を行い、所属する居宅介護支援事業所や介護保険施設の利益に偏《かたよ》ることなく公正・中立な立場を堅持すべきだが、そのほとんどはこれらの事業者や施設に雇用されているため、ややもすると雇用先や取引先のサービスや施設の利用を優先した介護（予防）サービス計画（ケアプラン）を作成し、これらの利益を誘導する懸念があるため、公平・中立な立場の堅持が疑われる余地が十分だからである（資料1―3）。

ちなみに、ケアマネジャーに関わる利用者からの苦情そのものの分析までには至っていないものの、東京都国民健康保険団体連合会の『東京都における介護サービスの苦情相談白書（平成30年版）』によると、2017（平成29）年度、全国で最も多い苦情はサービス提供、保険給付に関するもので1604件、次いで保険料に関するものが757件、その他が299件の順となっている。また、その構成比では2016（平成28）年度と比べ、サービスの提供や保険給付の割合が増加しているのに対し、保険料およびその他制度上の問題の割合は減少している。

これに対し、その中立人からの苦情を受けた事業者や施設への説明・助言が2099件と全体の69・4％、事業所への指導などが535件で同17・69％、他の機関の紹介などが145件で同4・8％、その他（意見聴取にとどめたもの）が257件で同8・5％となっている。

このような傾向は従来からみられるため、厚生労働省は２０１３（平成25）年11月に開催した第４回産業競争力会議医療・介護等分科会での席上、介護保険の上乗せ・横出しサービスの提供・利用に関し、居宅介護支援事業者による特定の民間企業に対する利益誘導にならないようにするなどの留意が必要、とのコメントを出している。

これに対し、ケアマネジャーの上部団体である日本介護支援専門員協会は「介護給付費の増大や利用者の自立支援の阻害要因のリスクなどの課題が未解決のまま居宅介護支援費の利用者の負担が導入されれば利用者やその家族によるケアプランの作成が増え、自立支援にならないばかりか、過度に介護サービスに依存する事態も憂慮される」などと応じた。

一方、本人やその家族によりケアプランの作成を推奨している全国マイケアプラン・ネットワークは同協会に対し、「ケアプランは利用者やその家族のわがままなものではない」と抗議したが[57]、ケアプランはあくまでも利用者やその家族を中心として区分支給限度基準額を踏まえ、利用者本位による自立支援のため、作成すべきものであることに変わりはない。その意味で、本来は市町村が介護保険課や福祉事務所など直営の担当窓口を設置し、行政の責任でケアプランを作成、または本人や家族が作成したケアプランの私案を精査し、ケアマネ

図表1−44　１か月当たりの区分支給基準限度額

要介護状態区分	区分支給限度額	単位数
要支援１	約50,030円	5,003単位
要支援２	約104,730円	10,473単位
要介護１	約166,920円	16,692単位
要介護２	約196,160円	19,616単位
要介護３	約269,310円	26,931単位
要介護４	約308,060円	30,806単位
要介護５	約360,650円	36,065単位

（注記）
・実際の支給限度額は金額ではなく「単位」で決められており、サービスの種類によって1単位あたりの単価が異なります。
・上の表の区分支給限度額は利用できる金額の目安として、1単位あたり10円で計算しています。

出典：東京都目黒区HP、2018年

ジャーや利用者、サービス事業者、主治医などで構成するケア担当者会議での合議を経てサービスを開始、そのモリタリングをサービス担当者会議、さらには地域ケア会議で地域包括支援システムを推進すべきだが、介護保険を制度化した政府は民活導入の一つとして関係者に任せきりである。そこに根本的な問題がある。

図表1−45　上乗せサービス（例示）

１．住宅改修費給付
２．訪問介護の時間延長
３．区分支給限度基準額の補助

出典：筆者作成

図表1−46　横出しサービス（例示）

１．一人暮らし高齢者のみ限定の布団乾燥
２．紙おむつの支給
３．配食サービス
４．送迎サービス
５．外出支援
６．車椅子の貸し出し
７．杖の支給
８．補聴器の支給
９．寝具乾燥・消毒
10．理・美容券の交付
11．緊急通報システムの設置
12．徘徊位置探索サービス
13．家族介護用品などの支給
14．家族介護慰労金支給
15．家族向け介護者教室

出典：筆者作成

42「介護（予防）サービス計画（ケアプラン）はケアマネジャー作成の専権事項」はウソ、ホントは利用者やその家族も作成できる。

そのワケ、ズバリ、介護保険は利用者本位の制度のため、利用者やその家族も作成できるからである。ところが、ケアプランのケアマネジャーへの作成の依頼は無料とあって、本来、自分や家族でケアプランを作成できるにもかかわらず、すべてをケアマネジャーに任せきりの利用者やその家族がほとんどで、利用者やその家族のケアプランの作成率は皆無に近いのが実態である。

では、どのように利用者がケアプランを作成すればよいのか。まず、要介護状態と思われたら介護保険を利用すべく、市町村に要介護認定を申請し、「要支援1～2」、あるいは「要介護1～5」のいずれかの判定を受ける。そして、これに応じた介護（予防）サービスと区分支給限度基準額を参考に、どのようなサービスを組み合わせて受けたいか、1週間ごとの介護（予防）サービス（ケアプラン）の私案を家族と相談しながら作成する。その際、自己負担は区分支給限度基準額の1～3割負担のいずれか、自己の所得金額に照らし合わせ、試算してみる（図表1―44）。

その結果、それでもサービスが足りない、あるいはもっと増やしたい場合、介護保険内のサービスを拡充した「上乗せサービス」、また、介護保険外のサービスを付加した「横出しサービス」が市町村や社会福祉協議会（社協）、居宅介護支援事業所などで提供しているか、その場合、自己負担はどれくらい増えるか、市町村が介護保険の被保険者に配布している「介護保険の手引き」などを参照し、修正すればよい（図表1―45、図表1―46）。

ただし、利用者やその家族が作成したケアプランは市町村の確認を受けたのち、希望する居宅介護支援事業所、または介護保険施設などと契約後、希望するサービスを利用することになる。その点、ケアプランを最初から本人および家族、それにケアマネジャーの三者が中心となって作成すれば話は早い。また、作成の依頼も無料だが、ケアプランはあくまでも利用者本位であるため、最初からケアマネジャーに任せきりでは問題がある。なぜなら、上述したように、ケアマネジャーのほとんどは居宅介護支援事業所、あるいは介護保険施設の雇用者であるため、雇用先の利益誘導に走りやすいからである。まして最近ではＡＩ（人工知能）によってケアプランを作成する試みも一部であるように、患者よりも心電図を診て診断する医師のような状況さえ懸念されている昨今である。

その意味で、このような特定の業者や施設に雇用されていない独立型、いわば第三者で、かつ社協やＮＰＯ、シルバー人材センター、ボランティアグループなど地域福祉に精通したケアマネジャー、および要介護認定を申請する際、主治医意見書を作成してくれた主治医に相談するのがベストである。

なお、「要支援1～2」の場合、介護予防サービスの利用となるため、地域包括支援センターに希望するサービスの利用を申し込み、介護予防ケアプランの私案を提出して精査してもらうか、作成を依頼してサービスを利用することになる。

43「有料老人ホームは終身介護」はウソ、ホントは介護が重度化すれば退去させるところがほとんどである。

そのワケ、ズバリ、有料老人ホームは介護保険法上、特定施設入居者生活介護の一つで、2013(平成25)年現在、全国に約35万か所あるが、事業者は異口同音に「終身介護」や「看護職員24時間配置」「期間限定　体験入居1泊2食5，400円」「事前相談会開催」「居室の先行予約開始」「24時間介護とご自分らしい暮らしを支える」「非該当(自立)から要支援1～2、要介護1～5、認知症の方もご入居いただけます」などとカラフルなパンフレットやチラシ、ダイレクトメール、ウェブサイトなどでうたっているが、入居後、介護が重度になれば退去させるところがほとんどだからである。

タイプは介護付、住宅型、健康型の三つに大別される。このうち、介護付は食事や洗濯、清掃などの生活支援をはじめ、排泄や入浴などの身体介護、機能(回復)訓練(リハビリテーション：リハビリ)、輪投げやカラオケ、ゲーム遊び、近くの公園への散歩などのレクリエーション、サークル活動などがあり、介護保険上、都道府県から特定施設入居者生活介護に指定されている施設である。もっとも、その内情は施設の職員が介護をする一般型、介護を外部事業所が行う外部サービス利用型があるものの、設置主体の大半は企業で、ほかに社会福祉法人や医療法人、NPOなどがある。入居一時金は前払いの家賃に相当し、0～数億円、管理費や生活費は一人月15万～50万円とマチマチで、診療所が併設され、医師が常駐しているところもあれば、近くの病院と提携しているだけで、基本的に常駐の介護職員によって介護サービスが提供される。

これに対し、住宅型は日常生活の支援や介護が必要な高齢者を対象にした施設だが、入居後、要支援・要介護状態になった場合、施設内、または施設外のケアマネジャーとともにケアプランを作成、居宅介護支援事業所と契約し、必要な介護サービスを受ける。このため、管理費や生活費とは別に介護サービス部分の費用を負担することになるだけでなく、重度になれば介護付有料老人ホームと同様、介護療養型医療施設（療養病床：介護医療院）や介護老人福祉施設（特養）に移らなければならない。また、夜間の痰《たん》の吸引や食事前のインシュリン注射などが必要な場合、看護師の勤務時間によっては断られることもある。

一方、健康型は自立した高齢者に対し、見守りや食事、掃除、洗濯の世話、緊急時の対応などのサービスのほか、食堂や共用のリビングや理・美容室、医務室、売店なども併設、カラオケや園芸、アトリエ、麻雀卓、図書室、フィットネス用具、プール、温泉設備など、規模こそ劣るものの、アメリカ・テキサス州やオーストラリア・ゴールドコーストなどにあるリタイアメント・コミュニティに酷似している施設で、入居費用はその分、介護付や住宅型よりも割安である。いずれのタイプでも利用料は月10万～40万円、また、入居一時金は0～数千万円などさまざまである。

また、入居一時金はいわば前払いの家賃だが、用地代や建物の建築代、開設後、入居者が80～90歳代で入れ替わり、毎月の管理費や生活費は厚生年金や共済年金を受給している会社員や公務員、またはその配偶者など、おおむね60歳以上のサラリーマン世帯を対象に算出しているのが一般的である。このため、自宅を処分したうえ、退職一時金の一部を入居一時金、毎月の管理費や生活費は厚生年金や共済年金を充てている入居者が多いが、万一、満室にならなければ倒産するおそれもあるため、その際、行き場がないよう、自宅を処分してまで入居することは避けたい。

ちなみに、国民生活センターに寄せられた相談件数は２０１２（平成24）年度、５６０件、また、消費者庁および消費者委員会設置法にもとづき、設置された消費者委員会調査によると、２００９（平成21）年度、４２８件で、うち、契約と解約に関わるものが３４０件と全体の約8割に上っている。

なお、筆者はこれまで国内はもとより、海外の有料老人ホームも調査したり、体験入居をしたりしているが、家賃の前払いに当たる入居一時金は施設の用地が自前、または借地、建物も自前のものか、それとも間借りのものか。事業者は介護や看護の専門的な知識と技術、また、施設運営に豊富な経験があって入居者に高く評価されており、かつ地元の自治体や社協、居宅介護支援事業所、地域包括支援センターなどと良好な関係にあるか、複数の有料老人ホームを体験入居し、職員はもとより、入居者に介護サービスの状況や施設の会計報告などが入居者と相談のうえ、決められているか、さらには地元の自治体やケアマネジャー、住民に評判を聞いて納得できれば入居契約をするなど慎重に検討したい。それというのも、筆者がかつて調査した西日本のA有料老人ホームは交通の便が悪いこともあって3年経っても満室にならなかったため、倒産し、自宅を処分して入居一時金に充当してしまった入居者が行き場を失い、厚生省（現厚生労働省）の指導で業界団体の公益社団法人全国有料老人ホーム協会（本部・東京）が、加盟する一部の施設の協力を得て、これらの入居者を受け入れた。また、同じ西日本のB有料老人ホームは事業者が医者だったため、開設後、即満室になったものの、放漫経営がたたって倒産、やはり同省の指導を受け、他の業者に経営権を譲ったため、入居者は他の施設に移ることなく、一件落着したからである。

もう一つ、税制上、扶養控除はその家族が有料老人ホームに入居しても対象となるが、扶養被配偶者や親族の年齢、同居の有無などにより控除額は変わる。また、扶養している70歳以上の老親《ろうしん》などが有料老人ホームに入居している場合、同居老親等以外に該当するため、適宜、最寄りの税務署に相談したい。

44 「サービス付き高齢者向け住宅（サ高住）は終《つい》の棲家《すみか》」はウソ、ホントは高齢者専用の賃貸住宅である。

そのワケ、ズバリ、サービス付き高齢者向け住宅（サ高住）は、高齢者住まい法にもとづき、国土交通省および厚生労働省が所管するバリアフリーの60歳以上の高齢者専用の賃貸住宅で、個室は原則として25平方メートル以上、また、廊下の幅は78センチなどの規定があり、設置・運営業者は建設の際、都道府県に申請し、登録することになっている。タイプは一般型と介護型の二つがあり、共有スペースにはリビングやレストラン、温泉設備、カラオケルーム、ルームシアターなどが設置されているところもある。もっとも、特別養護老人ホーム（特養）や有料老人ホームではないため、何千万円もの入居金は不要だが、一般の賃貸住宅のため、敷金や礼金、また、一般型の場合、月５万～25万円、介護型は15万～40万円の管理費や生活費が必要である。

ところが、政府は、持ち出しが多い特養は高齢社会の進展に伴う歳出の増大をおそれて増設せず、その代用を担わせるべく、２０１１（平成23）年、民活導入の一環としてサ高住を制度化、これを受け、近年、不動産会社や介護ビジネスに参入している民間事業者が各地で「雨後の竹の子」のように建設しており、主務官庁の国土交通省のまとめによると、２０１８（平成30）年9月現在、都道府県に登録されているものだけでも計約23万５０００か所に上っている。もっとも、夜間は事務職員などが常駐するものの、緊急通報システムによって対応するだけである。

しかも、特養のように介護職員が常時いるわけではないため、介護が重度化したり、認知症が進んだりすると介護保険を利用して外部の居宅サービスを個々に契約することになるが、看護師の常駐も義務づけられていないため、退去させられ、終の棲家として利用するには無理だからである。そればかりか、要介護度が高ければ高いほど介護報酬

写真1-10　実態は高齢者専用の賃貸住宅のサ高住（本文と関係ない）

（都下にて）

が高くなるため、介護職員や看護師が揃っていなくても病院などと結託して重度の入居者を入居、赤字経営を脱しようとするところもあるため、要注意である。

なお、このサ高住と似たシニア向けの分譲マンション（シニアマンション）は民間事業者が販売・運営する分譲住宅で、50～60歳以上の高齢者が利用しやすいよう手すりがあったり、段差が解消されていたり、スタッフが常駐したりして各種サービスが提供されるが、設備基準や届け出の義務はない。他人への売却や相続は可能だが、購入者は50～60歳以上に達しないと入居できない。

これに対し、グループホームは認知症の高齢者を対象とした居住型の施設で、認知症と診断され、要介護認定の結果、「要支援2」以上で、施設と同一地域に住む高齢者が利用できる地域密着型サービスの一つである。1ユニットごとに9人以下のグループごとに生活し、スタッフによる介助や機能訓練、レクリエーションなどが提供されるが、入居者はできるだけ家事などで役割分担を行い、互いに助け合って共同生活を送り、認知症の進行を遅らせることになっている。

また、ケアハウスは社会福祉法人が運営するおおむね60歳以上の高齢者を対象とした軽費老人ホームで、自立した高齢者が対象で、見守りや食事の提供を行うA型、見守りだけのB型、「要介護1」以上の高齢者を対象に介護サービスも提供されるC型の三つある。また、利用料は入居者の所得などに応じ、負担することになっているため、有料老人ホームやサ高住、シニアマンションに比べて割安である。C型は介護保険で特定入居者生活介護施設と指定された場合、身体介助や機能訓練、レクリエーションなども実施している。また、入居者の所得に応じた料金体系となっており、保証金が無料から約30万円と月7万~13万円の利用料、介護型の場合、数十万~数百万円の入居一時金と同16万~20万円の利用料などとなっており、有料老人ホームなどに比べ、少ない費用負担で利用できる。

なお、介護保険施設には介護老人福祉施設の特養のほか、「要介護1」以上の高齢者を利用要件とした介護老人保健施設（老健）、介護療養型医療施設（療養病床：介護医療院）があるが、いずれも最長3か月までの一時施設である。

いずれにしても、サ高住などの住宅やこれらの施設も戸建住宅のリフォームとは段違いの費用負担となるほか、要介護になった場合、どこまで介護をしてもらえるか、確認する必要があるため、より慎重な判断が求められる（写真1―10）。

45 「民間医療保険の見直しで医療保障の充実」はウソ、ホントは保険料の加重負担となる。

そのワケ、第一に、日本は世界に冠たる保険王国で、全国どこへ行っても主要な駅や市街地に立派な保険会社の支店や営業所があるが、その保険会社が定年退職者や高所得層、富裕層をターゲットに電話やウェブサイト、チラシ、無料相談会などで公的年金や医療保険、介護保険などで不足する給付を補完すべく、現在加入している民間医療保険の見直し

図表1−47　公的医療保険と民間医療保険の違い

	公的医療保険	民間医療保険
保険者	政府	生命保険会社など
加　入	強制	任意（要件および審査あり）
保険料	収入により多寡	年齢・性別・保証内容により多寡
保険金	原則、窓口で自己負担のみ	申請して初めて受け取る

出典：筆者作成

による PR に躍起だが、保険料の過重負担は老後の生活資金の不足を招き、出費が増すばかりだからである（図表1—47）。

第二に、上述したように、65歳から全額支給される公的年金は当面、現役時代の賃金の約6割。また、医療保険では自己負担が高額療養費制度、また、医療保険と介護保険を併用する場合、高額医療・高額介護合算療養費制度によって自己負担の上限が設けられており、必要以上の民間保険への加入は不要だからである（前出・図表1—37、前出・図表1—38）。

そして、第三に、これらの民間保険の見直しは現在加入している保険給付の内容を増やすため、その分、保険料の負担を増やし、保険会社の利益追求に従うものであるにもかかわらず、いざ、保険金の支払いを請求したものの、さまざまな難癖をつけて支払いに応じなかったり、減額を求めたりするなどトラブルを招いているケースもあるからである。

ちなみに、国民生活センターのまとめによると、生命保険に関する相談件数はこの3年間で6000～8000件近く、また、2018（平成30）年も6月現在、1210件に上っており、そのほとんどが勧誘の際の説明不足や契約時の告知、解約返戻金の額などでトラブルなどとなっている（図表1—48）。

ちなみに、筆者ら家族は営利の民間保険にはがん保険以外に加入せず、1か月当たり2000円の掛金（保険料）が掛け捨てで、しかし、当年の決算の結果、剰余金が出た場合、掛金の一部が翌年に割り戻される東京都民共済生活協同組合の「都民共済」の医療特約付きの年金共済と火災共済に加入、65歳までで病気や事故などでけがをして入・通院した場合、1日当たり5000円、医療特約の場合、入院一時金は1回の入院で2万円、手術は3万～12万円、先進医療は1万

図表1−48　PIO-NETに寄せられた相談件数の推移

年　　度	2015	2016	2017	2018
相談件数	7,877	7,694	6,440	1,210（前年同期　1,217）

相談件数は2018年6月30日現在（消費生活センター等からの経由相談は含まれていません）

出典：国民生活センターHP、2018年

～１００万円、在宅療養は４万円、疾病障害は１００万円、死亡した場合、２００万～５００万円、重度の障害が残った場合、1回当たり50万円、第三者への損害賠償を招いた場合、1事故当たり１００万円それぞれ出る。また、66～80歳まででもさらに熟年医療の特約を付ければ同様の保障がある。

しかも、この「都民共済」は消費生活協同組合法（生協法）のもとづき、厚生労働省の認可を受けた非営利団体で、全国生活協同組合連合会（生協連）が都道府県単位で同様に「県民共済」などとして扱っているため、全国各地で地元の共済商品に加入することができる。その加入件数は２０１８（平成30）年9月現在、全国で２１２２万件、また、公益財団法人日本生産性本部が２０１７（平成29）年度に行ったＪＣＳＩ（日本版顧客満足度指数）の調査の結果、健全経営やスピード給付、掛金の割り戻し金制度が評価され、生命保険部門における顧客満足度第1位に輝いている。それもそのはず、たとえば「都民共済」の場合、その割り戻し率は子ども型が22・53％、総合保障・入院保障型が39・08％、熟年・入院型が28・16％という高さを誇っている。

なお、70～74歳までの高齢者の普通自動車運転免許証の更新の場合、高齢者講習、75歳以上の場合、さらに認知機能検査が義務づけられているほか、最近、ブレーキとアクセルペダルの踏み間違いや認知症高齢者の交通事故、あおり運転が目立つなか、事故防止や任意保険の負担の除去のため、マイカーを手放し、カーシェアリング（カーシェア）の利用に切り替えることも一考である。

いずれにしても、民間医療保険はむしろ定年退職を機に、今後の老活を考えるうえでムリ・ムダ・ムラがないかどうか、現在加入している民間医療保険はもとより、損害保険、第三分野の保険[58]すべてを精査し、保険の内容が同じであるにもかかわらず、保険料が割高であれば思い切って契約を破棄し、「県民共済」など他の保険商品に切り替えるなど総点検したいものである。

【注】

1 「朝日新聞」２０１８年9月15日付。
2 日本銀行調査。
3 拙著『人生１００年〝超〟サバイバル法』久美出版、２０１０年。
4 前出『人生１００年〝超〟サバイバル法』。
5 厚生労働省「２０１７年度 過労死等の労災補償状況調査」、「朝日新聞」２０１８年7月6日付。
6 「朝日新聞」２０１８年7月18日付。
7 日本国憲法第27条第1項「すべて国民は、勤労の権利を有し、義務を負ふ」。
8 日本国憲法第30条「国民は、法律の定めるところにより、納税の義務を負ふ」。
9 消費税導入の１９８９～２００３年度、３、０００万円以下だった。
10 ちなみに、日本銀行の２０１８年11月の発表によると、同銀行の総資産は同月現在、５５３兆５、９２３億円で、名目ＪＤＰ（国内総生産）の５５２兆８、２０７億円を超え、戦後初となった。
11 拙編著『社会保障』建帛社、２０１８年。
12 「朝日新聞」２０１８年8月27日付。
13 前出『社会保障』。
14 前出『社会保障』。
15 前出『社会保障』。
16 東京五輪では整備費が総額約3兆円のほか、閉会後の施設の維持費が毎年数億円、また、大阪万博は整備費が同1、250億円のほか、会場隣接地にカジノなど統合型リゾート（ＩＲ）施設が併設の予定といわれている。
17 拙著『防災福祉のまちづくり』水曜社、２０１7年、同『大都市災害と防災福祉コミュニティ』大学教育出版、２０１８年。
18 前出『社会保障』。
19 前出『社会保障』。
20 日本国憲法第27条「すべて国民は、勤労の権利を有し、義務を負ふ。賃金、就業時間、休息その他の勤労条件に関する基準は、法律でこれを定める。児童は、これを酷使してはならない。」。なお、労働関係の代表的な法律として労働基準法・労働組合法・労働関係調整法が制定されており、団結権、団体交渉権、団体行動権（争議権）の三つが保障されている。

21　日本国憲法第28条「勤労者の団結する権利及び団体交渉その他の団体行動をする権利は、これを保障する。」
22　川村匡由・亀井節子『産業福祉論』ミネルヴァ書房、１９９８年。
23　総務省によると、65歳以上の無職の高齢者夫婦の家計収支でも２０１７年現在、26万３、０００円としている。
24　前出『人生１００年〝超〟サバイバル法』。
25　日本国憲法第25条第１項「すべての国民は、健康で文化的な最低限度の生活を営む権利を有する」。
26　「第三世代」は０～20歳未満の児童生徒、学生などの被扶養世代。
27　川村匡由・亀井節子編著『とことんわかる年金パスポート』ミネルヴァ書房、２００４年。
28　自営業・自由業は強制加入の国民年金のほか、付加年金、あるいは職域型、地域型のいずれかの国民年金基金に任意加入することはできる。
29　前出『社会保障』。
30　前出『とことんわかる年金パスポート』、同『社会保障』。
31　前出『とことんわかる年金パスポート』、同『社会保障』、同『人生１００年〝超〟サバイバル法』。
32　前出『人生１００年〝超〟サバイバル法』、同『社会保障』、「朝日新聞」２０１８年６月23日付。
33　拙著『三訂　福祉系の学生のためのレポート&卒論の書き方』中央法規出版、２０１８年、拙編著『相談援助』建帛社、２０１８年、拙稿ウェブサイト「独立行政法人福祉医療機構：WAMNET─福祉のしごとガイド」２０１９年。
34　民法第94条第１項「相手方と通じてした虚偽の意思表示は、無効とする」。
35　刑法第２４６条第１項「人を欺いて財物を交付させた者は、10年以下の懲役に処する」。
36　特定商取引に関する法律第51条「この章並びに第66条第１項及び第67条第１項において「業務提供誘引販売業」とは、物品の販売（そのあっせんを含む。）又は有償で行う役務の提供（そのあっせんを含む。）の事業であつて、その販売の目的物たる物品（以下この章において「商品」という。）又はその提供される役務を利用する業務（その商品の販売若しくはそのあっせん又はその役務の提供若しくはそのあっせんを行う者が自ら提供を行い、又はあっせんを行うものに限る。）に従事することにより得られる利益（以下この章において「業務提供利益」という。）を収受し得ることをもつて相手方を誘引し、その者と特定負担（その商品の購入若しくはその役務の対価の支払又は取引料の提供をいう。以下この章において同じ。）を伴うその商品の販売若しくはそのあっせん又はその役務の提供若しくはそのあっせんに係る取引（その取引条件の変更を含む。以下「業務提供誘引販売取引」という。）をするものをいう」。
37　拙著『団塊世代の地域デビュー』みらい、２０１２年。

38　ＰＩＯ－ＮＥＴとは国民生活センターと全国の消費生活センターをネットワークで結び、消費者から各消費生活センターに寄せられる消費生活に関する苦情相談情報（全国消費生活情報ネットワークシステム）。

39　唐沢稜『はじめての不動産投資で成功する本』自由国民社、２０１０年。

40　拙（監修）著『改正介護保険サービス・しくみ・利用料がわかる本（２０１８～２０２０年版）』自由国民社、２０１８年、拙著『介護保険再点検』ミネルヴァ書房、２０１５年。

41　拙著『防災福祉コミュニティ形成のために　実践編』大学教育出版、２０１８年、前出『防災福祉のまちづくり』、拙著『地域福祉とソーシャルガバナンス』中央法規出版、２００７年。

42　前出『防災福祉のまちづくり』、前出『防災福祉コミュニティ形成のために　実践編』。

43　前出『団塊世代の地域デビュー』、同『はじめての不動産投資で成功する本』。

44　前出『はじめての不動産投資で成功する本』。

45　前出『社会保障』、拙編著『高齢者福祉論（第２版）』ミネルヴァ書房、２０１５年。

46　政府は「第一のセーフティーネット」は雇用・住宅政策、「第二のセーフティーネット」は雇用保険などとしているが、異論もある。

47　40～65歳未満の被保険者の場合、がん末期や関節リウマチ、筋萎縮性側索硬化症など16種類の特定疾病に該当しなければならない。

48　前出『社会保障』。

49　２０１７年度から被保険者の保険料の算出にあたり総報酬制に再編された。

50　ゴールドプランは１９５５年、「高齢者保健福祉推進十か年戦略の見直しについて（新ゴールドプラン）」、２０００年、「今後５年間の高齢者保健福祉施策の方向（ゴールドプラン21）」として取り組まれ、２００４年度で終了。

51　拙編著『社会保障論（第５版）』ミネルヴァ書房、２００９年、拙著『老人保健福祉計画レベルチェックの手引き』中央法規出版、１９４４年。

52　シルバーサービス、老人福祉産業などともいわれる。拙著『老人福祉産業論』ミネルヴァ書房、１９８７年、同『介護保険とシルバーサービス』ミネルヴァ書房、２０００年。前出『介護保険再点検』。

53　日本国憲法第25条第２項「国は、すべての生活部面について、社会福祉、社会保障及び公衆衛生の向上及び増進に努めなければならない」。

54　生活保護にあっては受給者の削減を目的に、同省は１９６７年度より筑豊炭田の廃坑に伴う北九州市における受給者の急増への削減として講じ、今日、介護保険などにも及んでいる。

55　同年以前、「要介護1～2」で入所済みの場合、それ以降も入所の継続が認められるため、施設によってはこのような入所者も含まれる。
56　2017年度末で設置期限を迎えた介護療養病床は2018年4月以降、介護医療院に順次、転換される。
57　『BetterCare』［第80号］夏号、芳林社、2018年。
58　保険業法上、第一分野は終身保険、定期保険、養老保険などの生命保険、第二分野は火災保険、自動車保険などの損害保険に対し、これらの民間保険に該当しない医療保険、がん保険に代表される特定疾病保険、民間介護保険、就業不能障害保険などをいう。

第2章　終活のウソ、ホント25

46 「生命保険金は相続の際、節税対策としてだれにでも有効」はウソ、ホントは亡くなった被相続人が生命保険を契約し、かつ被保険者で、受け取り人は法定相続人の場合に限られる。

そのワケ、ズバリ、生命保険金の受け取り人は亡くなった人（被相続人）が契約者であるとともに、被保険者で、受け取り人はその配偶者や子（養子を含む）、または配偶者と父母などの直系尊属、もしくは配偶者と兄弟姉妹の順位による法定相続人に限られ、それ以外の親族などは対象外だからである（図表2―1）。

したがって、たとえば、生命保険金の契約者、被保険者ともの夫（被相続人）が死亡し、生命保険金の受け取り人が妻子の場合、妻子に相続税がかかるが、500万円×法定相続人の人数分は非課税となる。

また、この場合、契約者、死亡保険金の受け取り人とも夫で、被保険者が妻子の場合、妻子に所得税と住民税、契約者が夫で、被保険者が妻子、死亡保険金の受け取り人が子妻の場合、それぞれ贈与税がかかるように、生命保険金はだれが契約者や被保険者、また、死亡保険金がその受け取り人のいずれかにより相続税、贈与税、所得税に分かれるため、注意が必要である（図表2―2）。

図表2-1　法定相続人の範囲

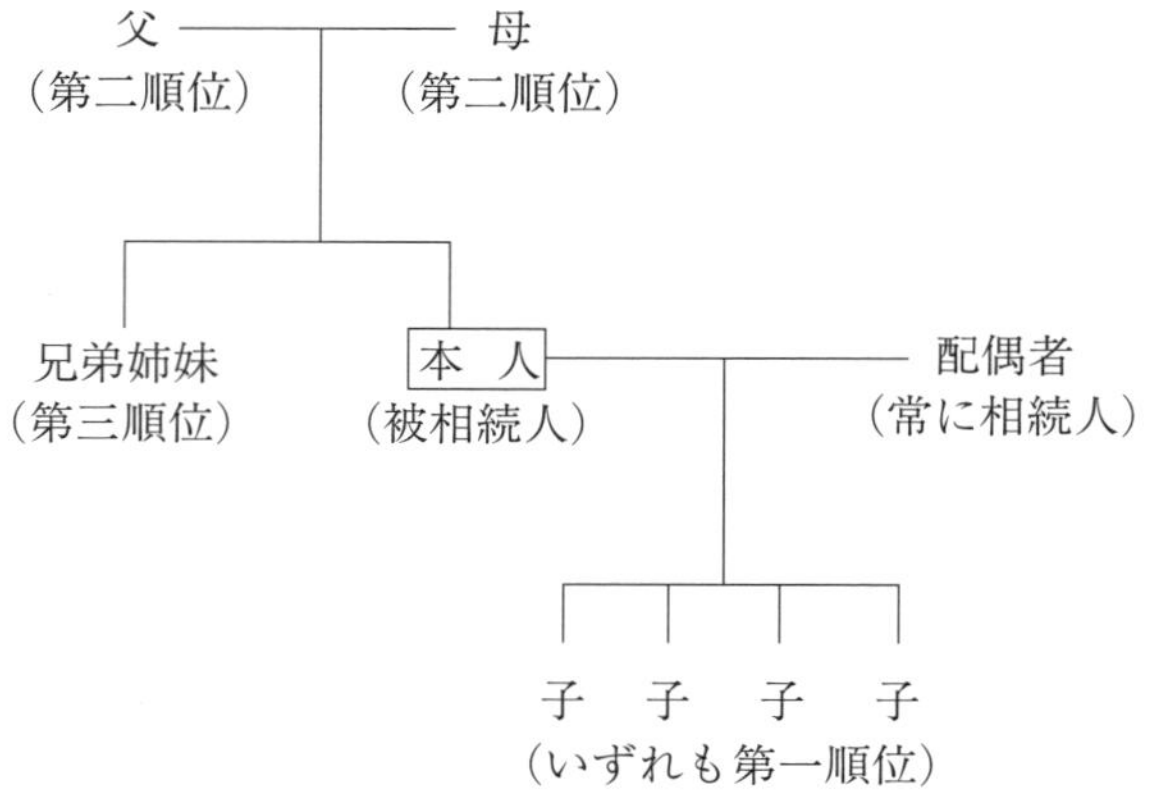

出典：筆者作成

図表2-2　夫が死亡した場合の死亡保険金と税金との関係

契約者	被保険者	死亡保険金受取人	税金
夫	夫	妻	贈与税
	夫	子	同
	妻	夫	所得税・住民税
	子	夫	同
	妻	子	贈与税
	子	妻	同

出典：筆者作成

　このほか、生命保険金は生前、その受け取り人を指定しておけば受け取り人の固有財産となるほか、受け取り人が相続放棄しても他の遺族が代わってそっくり受け取ることができるため、遺産分割の対象外となって節税になりそうだが、それにはそのむね遺言証書や遺産分割協議書に明記しておかないと贈与税がかかる。

　ちなみに、預貯金は被相続人の死亡届が市町村に出されると、市町村はそのむね被相続人の預貯金を扱う金融機関に対し、遺族など関係者の払い戻しを禁止する通知をするため、払い戻せなくなるが、生命保険金は相続の発生時、受け取り人の請求によって即、現金化できる[1]。

なお、生命保険の保険料の控除は契約が2012（平成24）年1月1日以後（新契約）の場合、一律4万円まで、2011（平成23）年12月31日以前（旧契約）の場合、同5万円まで非課税の上限となっている。このため、これを上回る生命保険金は相続財産として加算され、相続税の対象となるが、保険の期間が5年未満などのなかには控除の対象とならないものもある（図表2−3①、図表2−3②）。

図表2-3①　生命保険料控除の概要

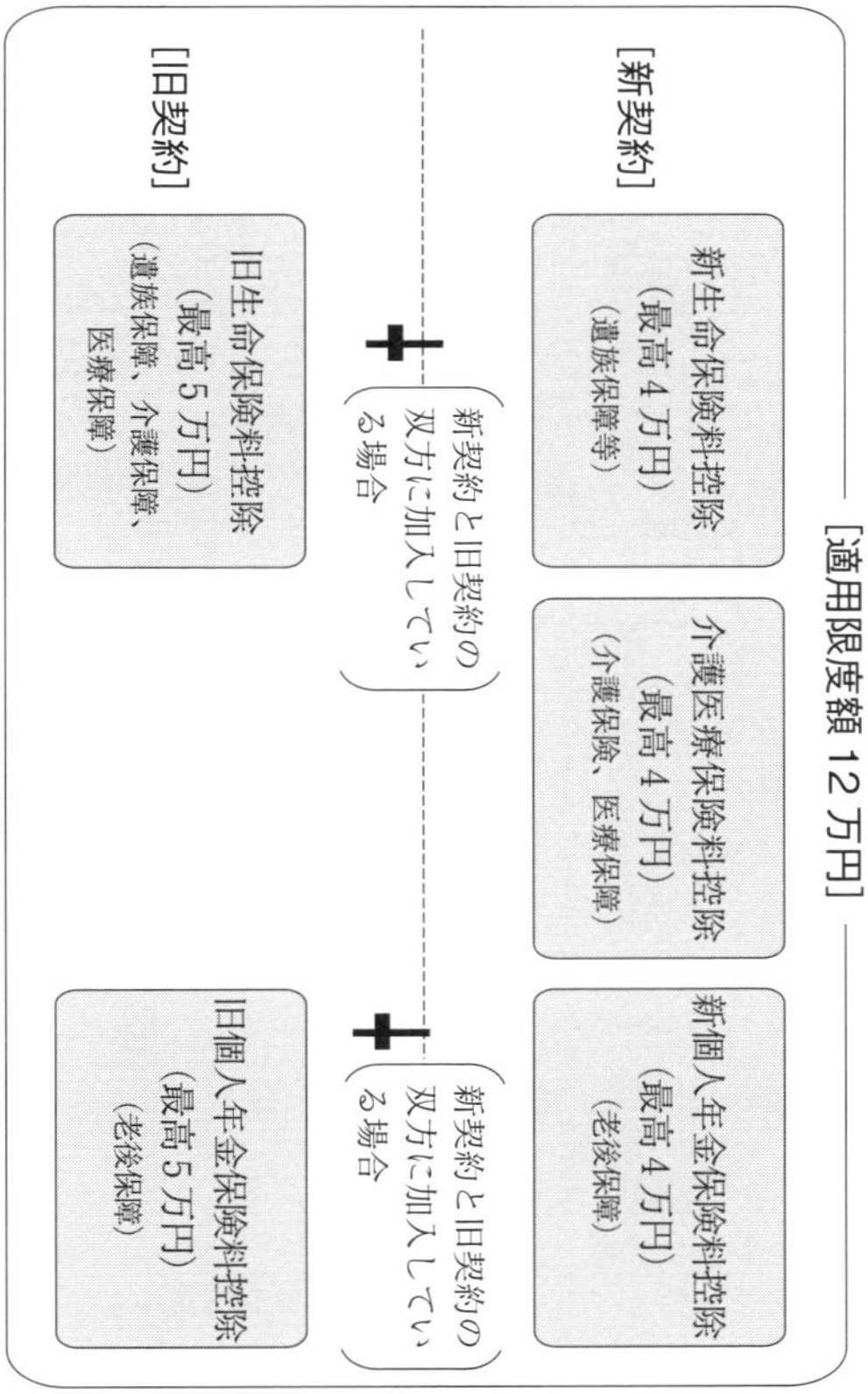

出典：国税庁HP、2018年

図表2−3② 生命保険料控除額の金額

(1) 新契約(平成24年1月1日以後に締結した保険契約等)に基づく場合の控除額

年間の支払保険料等	控除額
20,000円以下	支払保険料等の全額
20,000円超 40,000円以下	支払保険料等×1/2＋10,000円
40,000円超 80,000円以下	支払保険料等×1/4＋20,000円
80,000円超	一律40,000円

(注)
1．支払保険料等とは、その年に支払った金額から、その年に受けた剰余金や割戻金を差し引いた残りの金額をいいます。
2．平成24年1月1日以後に締結した保険契約（新契約）については、主契約又は特約の保障内容に応じ、その保険契約等に係る支払保険料等が各保険料控除に適用されます。
3．異なる複数の保障内容が一の契約で締結されている保険契約等は、その保険契約等の主たる保障内容に応じて保険料控除を適用します。
4．その年に受けた剰余金や割戻金がある場合には、主契約と特約のそれぞれの支払保険料等の金額の比に応じて剰余金の分配等の金額を按分し、それぞれの保険料等の金額から差し引きます。

(2) 旧契約(平成23年12月31日以前に締結した保険契約等)に基づく場合の控除額

平成23年12月31日以前に締結した保険契約等に基づく旧生命保険料と旧個人年金保険料の控除額は、それぞれ次の表の計算式に当てはめて計算した金額です。

年間の支払保険料等	控除額
25,000円以下	支払保険料等の全額
25,000円超 50,000円以下	支払保険料等×1/2＋12,500円
50,000円超 100,000円以下	支払保険料等×1/4＋25,000円
100,000円超	一律50,000円

(注)
1．旧契約に基づく「いわゆる第三分野とされる保険（医療保険や介護保険）の保険料」も、旧生命保険料となります。
2．支払保険料等とは、その年に支払った金額から、その年に受けた剰余金や割戻金を差し引いた残りの金額をいいます。

(3) 新契約と旧契約の双方に加入している場合の控除額

新契約と旧契約の双方に加入している場合の新（旧）生命保険料または新（旧）個人年金保険料は、生命保険料又は個人年金保険料の別に、次のいずれかを選択して控除額を計算することができます

適用する生命保険料控除	控除額
新契約のみ生命保険料控除を適用	(1)に基づき算定した控除額
旧契約のみ生命保険料控除を適用	(2)に基づき算定した控除額
新契約と旧契約の双方について生命保険料控除を適用	(1)に基づき算定した新契約の控除額と(2)に基づき算定した旧契約の控除額の合計額(最高４万円)

(4) 生命保険料控除額

(1)から(3)による各控除額の合計額が生命保険料控除額となります。なお、この合計額が12万円を超える場合には、生命保険料控除額は12万円となります。

出典：国税庁HP、2018年

ただし、一時払い終身保険に加入し、毎年、支払われる生存給付金の受け取り人を家族に指定し、生前贈与にすることはできる。

47「死亡すれば生命保険金は必ず受け取れる」はウソ、ホントは受け取れない場合もある。

そのワケ、第一は、生命保険に加入していた人が死亡すれば基本的に2年以内に契約していた生命保険会社に必要な手続きをとり、請求する必要があるが、被保険者が保険契約後、1～3年以内に自殺した場合、受け取れないからである。

第二は、被保険者が保険契約の際、また、契約期間中、健康状態を正しく告知していなかった場合、受け取れないからである。

そして、第三は、被保険者が保険契約後、保険金殺人など死亡保険金の受け取り人の故意や犯罪、地震や火山噴火、津波、戦争、内乱、自動車の運転免許の不所持、酒気帯び運転による事故の場合、受け取れないからである（写真2―1）。

写真2-1　火山の噴火や酒気帯び運転の場合、生命保険金は受け取れない。

（鹿児島県にて）

48「宅地は丸ごと相続税が課税される」はウソ、ホントは一定の要件を満たせば小規模宅地特例により相続税の課税価額の80％が減額される。

そのワケ、ズバリ、相続税は亡くなった人（被相続人）の動産、不動産などすべての財産の合計額から借入金や葬儀費用などの債務を控除した額より基礎控除分を差し引いた遺産総額に対し、相続税率（超過累進税率）を乗じ、かつこれを３０００万円＋６００万円×法定相続人の数）で算出し、相続人などの間で財産を分割することになっているが、不動産が被相続人などの居住用の宅地などの場合、被相続人が相続によって取得した面積が３３０平方メートル未満で、かつ相続人がその配偶者、または被相続人と同居していた親族、もしくは被相続人と別居だったものの、3年以内に持ち家に住んでいない親族などに対し、別途、相続税の課税価額の80％が減額されるからである。これを「小規模宅地特例についての相続税の課税価額の計算の特例（小規模宅地特例）」という（図表2―4）。

ちなみに、この場合の宅地の地価は路線価、すなわち、道路に面した宅地の1平方メートル当たりの価格をいう。これは国土庁が毎年1月1日を評価時点とし、民有地について評価額の基準となる路線価と評価倍率を定め、同7月に公表しているもので、同庁の路線価図および評価倍率票ＨＰを検索し、相続する宅地の住所を入力して算出すれば素人でも申告できる。

たとえば、その数値が「２１５」であれば１０００円単位で換算し、1平方メートル当たり21万５０００円となる。もっとも、その際、宅地の一方のみが道路に接しており、奥行きが短かったり、長かったり、間口が狭かったりして使いにくい場合、路線価に奥行きの距離に応じた補正率[2]を乗じ、評価額を算出して評価を下げることになる（図表2―5、図表2―6）。

図表2−4　小規模宅地特例の概要

相続開始の直前における宅地等の利用区分			要件		限度面積	減額される割合
	貸付事業以外の事業用の宅地等		①	特定事業用宅地等に該当する宅地等	400m²	80%
被相続人等の事業の用に供されていた宅地等	貸付事業用の宅地等	一定の法人に貸し付けられ、その法人の事業(貸付事業を除く)用の宅地等	②	特定同族会社事業用宅地等に該当する宅地等	400m²	80%
			③	貸付事業用宅地等に該当する宅地等	200m²	50%
		一定の法人に貸し付けられ、その法人の貸付事業用の宅地等	④	貸付事業用宅地等に該当する宅地等	200m²	50%
		被相続人等の貸付事業用の宅地等	⑤	貸付事業用宅地等に該当する宅地等	200m²	50%
被相続人等の居住の用に供されていた宅地等			⑥	特定居住用宅地等に該当する宅地等	330m²	80%

（注）
1．「貸付事業」とは、「不動産貸付業」、「駐車場業」、「自転車駐車場業」及び事業と称するに至らない不動産の貸付けその他これに類する行為で相当の対価を得て継続的に行う「準事業」をいいます（以下同じです）。
2．「一定の法人」とは、相続開始の直前において被相続人及び被相続人の親族等が法人の発行済株式の総数又は出資の総額の50％超を有している場合におけるその法人（相続税の申告期限において清算中の法人を除きます。）をいいます。
3．特例の適用を選択する宅地等が以下のいずれに該当するかに応じて、限度面積を判定します。

なお、この基礎控除額は２０１５（平成27）年１月１日以後、従来の５０００万円から３０００万円に減額されたため、地価が割高の都市部の場合、法定相続人の全体の２～３割は相続税が課税される。また、この特例を受けるためには被相続人が死亡し、相続が開始されてから10か月以内にそのむね相続税の申告書とともに、遺産分割協議書の写しなど必要な書類を添付して税務署に申告し、所定の相続税を納めることが必要である。

ただし、相続の開始前３年以内に贈与によって取得

図表2−5　路線価図の説明

路線価は、路線（道路）に面する標準的な宅地の１平方メートル当たりの価額（千円単位で表示しています）のことであり、路線価が定められている地域の土地等を評価する場合に用います。

なお、路線価が定められていない地域については、その市区町村の「評価倍率表」をご覧ください。

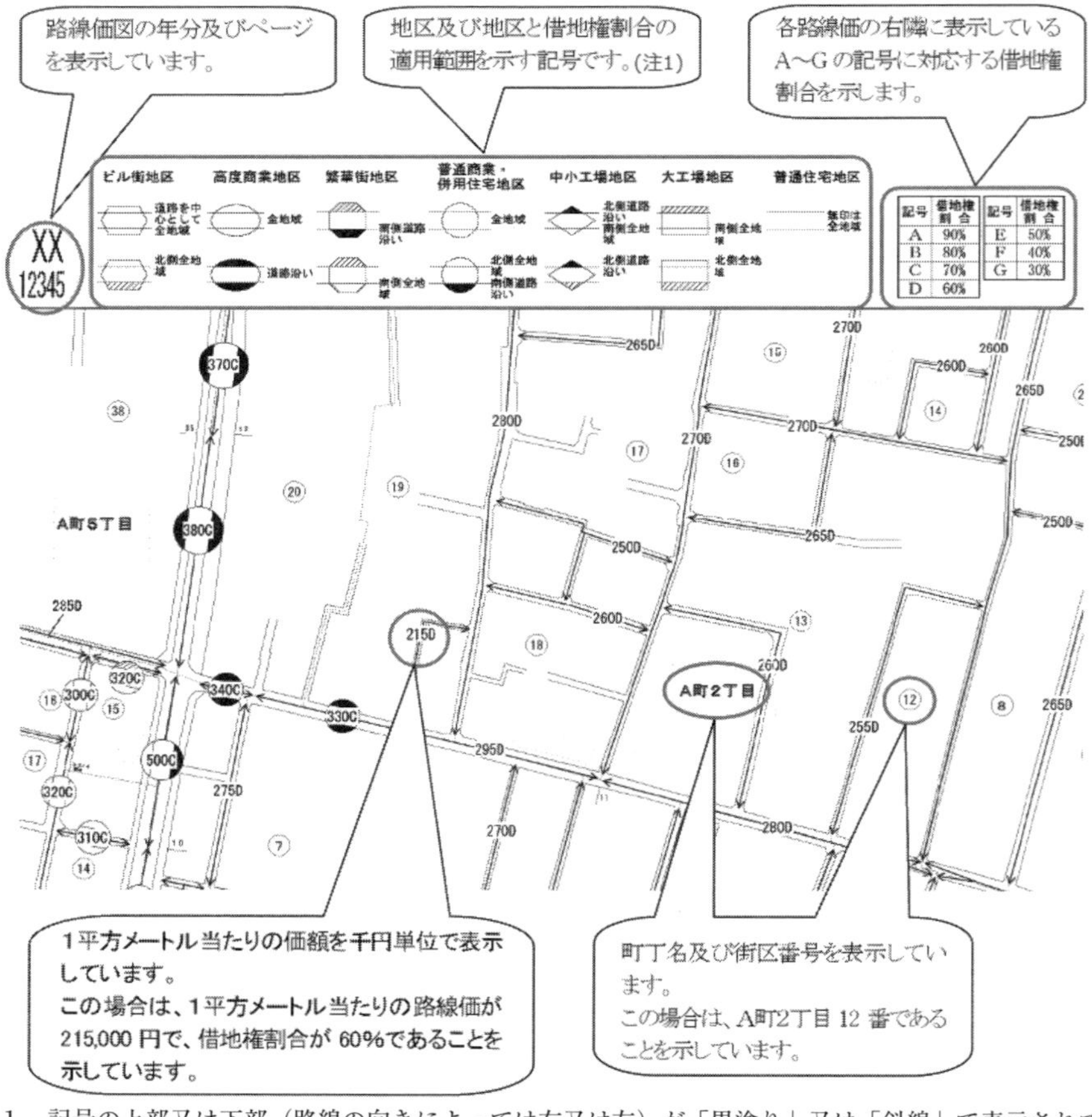

1．記号の上部又は下部（路線の向きによっては右又は左）が「黒塗り」又は「斜線」で表示されている路線の地区区分は、次のとおりです。

「黒塗り」の場合、その地区区分は「黒塗り」側の路線の道路沿いのみが該当します。

「斜線」の場合、その地区区分は「斜線」側の路線には該当しません。

「黒塗り」又は「斜線」ではない「白抜き」の場合、その地区区分はその路線全域に該当します。

2．相続税又は贈与税の申告に際し、路線価の設定されていない道路のみに接している宅地の評価をするために、特定路線価の設定の申出が必要となる場合があります。

詳しくは、「[手続名]特定路線価設定申出書」をご覧ください。

出典：国税庁HP、2018年

図表2-6　路線価の計算例

(1) 一路線に面する宅地

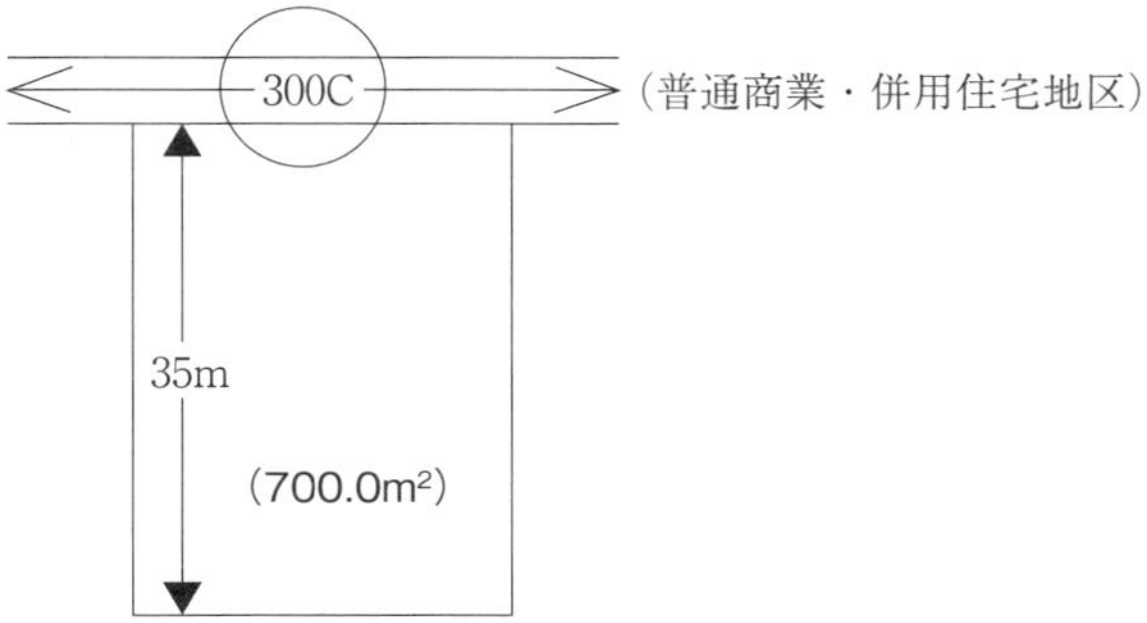

普通商業・併用住宅地区で路線価地区区分での表記が「300C」であり、奥行距離が35m、かつ700平方メートルの土地の場合の計算例

1．自用地の価額

(路線価) 300,000円	×	(奥行距離35mに応ずる奥行価格補正率) 0.97	=	(1平方メートル当たりの価額) 291,000円
(1平方メートル当たりの価額) 291,000円	×	(地積) 700平方メートル	=	(自用地の価額) 203,700,000円

2．借地権の価額

(自用地の価額) 203,700,000円	×	(借地権割合) 70%	=	(借地権の価額) 142,590,000円

(2) 二路線に面する宅地

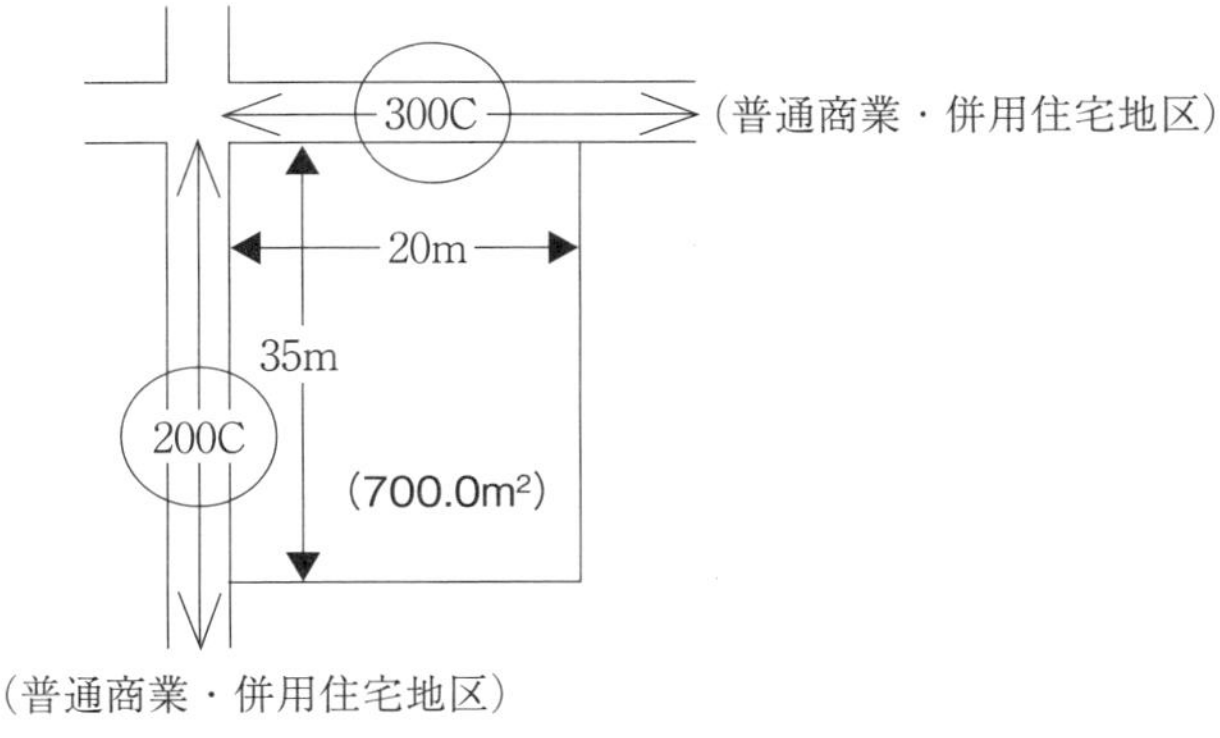

普通商業・併用住宅地区で二路線に面している場合。
路線の一つが路線価地区区分での表記が「300C」で、奥行距離が35m。もう一つの路線が路線価地区区分での表記が「200C」で奥行距離が20m、かつ700平方メートルの土地の場合の計算例

1．自用地の価額

（正面路線価）300,000円 × （奥行距離35mに応ずる奥行価格補正率）0.97 ＝ （A）291,000円

（A）291,000円 ＋ （（側方路線価）200,000円 × （奥行距離20mに応ずる奥行価格補正率）1.00 × （側方路線影響加算率）0.08） ＝ （1平方メートル当たりの価額）307,000円

（1平方メートル当たりの価額）307,000円 × （地積）700平方メートル ＝ （自用地の価額）214,900,000円

2．借地権の価額

（自用地の価額）214,900,000円 × （借地権割合）70％ ＝ （借地権の価額）150,430,000円

（注）平成30年分以降用の奥行価格補正率等により計算しています。
出典：国税庁HP、2018年

した宅地や相続時精算課税に係る贈与によって取得した場合、この特例は適用されない。

また、居住用の宅地以外でも店舗など事業用の宅地やアパートなど貸し付け事業用宅地などを子どもが相続する場合も一定の要件を満たせば同様の小規模宅地特例によって土地の相続税対象額を減額できる（前出・図表2―4）。

なお、宅地の相続財産の評価方法として、路線価が定められていない地域の評価方法として倍率方式があるが、これは原則としてその宅地の固定資産税評価額に一定の倍率を掛けて計算する。くわしくは市町村で確認したい。

もう一つ、建物の相続財産の評価は原則として固定資産税評価額によって評価するが、こちらは都道府県税事務所、または市町村で確認したい。

参考まで、相続時精算課税とは原則として60歳以上の父母、または祖父母が20歳以上の子、もしくは孫である推定相続人との間で、通常、1年間に贈与を受けた財産の合計額をもとに贈与税額を

計算する暦年課税（基礎控除額：毎年１１０万円）に対し、贈与を受けた際、一定の税率で贈与税を納付し、贈与者が亡くなったとき、相続税で精算するものである。この場合、贈与者１人につき贈与財産の価額から特別控除額２５００万円まで非課税となり、かつ特別控除額を超えた分に対し、一律20％の税率がかかるだけで、贈与者が亡くなった際の相続税の計算上、相続財産の価額に相続時精算課税制度を適用した贈与財産の価額を加算し、相続税額を計算する。

また、その際、すでに支払った贈与税額を相続税から控除され、かつ控除し切れない金額は還付される。このため、住宅の取得や贈与財産からの収益の収受、住宅ローンの返済への充当などで有利である。もっとも、この制度を利用すると以後、撤回できず、同一の贈与者からの暦年課税の贈与ができなくなるほか、贈与税が課せられなくても相続税が課せられる場合がある。

なお、相続される不動産の近くに墓地があったり、高圧線があったり、将来、不動産に面した道路が拡幅される計画があったりして建物を一部建てることができなくなるなどの場合、評価額が落ちるため、相続税の申告期限の５年以内に限り更正の請求が認められ、相続税が一部還付される。

一方、暦年課税の場合、夫婦の婚姻期間が20年以上で、居住用不動産、すなわち、住宅のなどの贈与があった場合、一定の要件を満たして贈与税を申告すれば基礎控除額の１１０万円のほか、最高２０００万円まで配偶者控除を受けることができる。このほか、贈与税との関係では20歳以上の子、または孫が家を購入する場合、贈与を受ける側の所得が２０００万円以下、購入する住宅の床面積が50～２４０平方メートル以下などの場合、７００万円（省エネ住宅は１２００万円）、20～50歳未満の子、または孫には結婚・子育て資金１０００万円まで（結婚・子育て資金一括贈与）、30歳未満の子、または孫に１５００万円まで（教育資金一括贈与）それぞれ一定の要件を満たせば非課税になる[3]。

なお、だれが自宅を相続するか、もめそうな場合、婚姻期間が20年以上の夫婦間で、居住用の不動産などの贈与が上限２０００万円まで非課税となる贈与税の配偶者控除を使い、配偶者に自宅を生前贈与することも可能である。このほか、残された配偶者が自身が亡くなるまで現在の住居に住むことができる配偶者居住権、また、舅《しゅうと》、姑《しゅうとめ》など被相続人への無償の介護などを行った場合、法定相続人でなくても特別寄与料の支払いを請求する特別寄与料の請求権が２０１９年７月に施行される予定である。

もう一つ、相続税を払い過ぎた場合、申告の期限から５年以内、すなわち、被相続人が亡くなった日から５年10か月以内までであれば払い過ぎた相続税の還付を請求できる。

49「病院死は死亡者の全体の８割」はウソ、ホントは施設死や自宅死が増えている。

そのワケ、ズバリ、これまで亡くなる場所のほとんどは病院だったが、厚生労働省が２０１７（平成29）年に公表した「２０１６年の人口動態統計」の確定値によると、全死亡者は１３０万７７４８人で、うち、病院や診療所などの医療機関で亡くなった人は99万６３０人で、前年に比べて０・８ポイント減の75・８％となり、１９９１（平成３）年と同率で26年前の水準に戻った。これに対し、介護老人福祉施設（特養）や介護老人保健施設（老健）での施設死や自宅死が増えつつあるからである。

具体的には、同省（当時、厚生省）が統計をとり始めた１９５１（昭和26）年、自宅死は全体の82・５％に上り、病院死は11・７％にすぎなかったが、その後、自宅死は年々減少した反動で病院死が急増し、２００５（平成17）年、82・４％に上昇した。その背景には老人医療費の無料化や病院への「社会的入院」[4]があったが、１９８３（昭和58）年、医療費の原則有料に踏み切った老人保健法、また、２０００（平成12）年、40歳以上のすべての国民が被保険者となる介護保険法、および高齢者も所得に応じ、医療費の原則１～２割[5]の自己負担などに重点をおいた「高齢者の医療の確保に関する法律（高齢者医療確保法）」による後期高齢者医療制度の創設を受け、２０１０（平成23）年、80％を下回った

図表2−7　病院死から施設死、自宅死へと変わりつつある死に場所

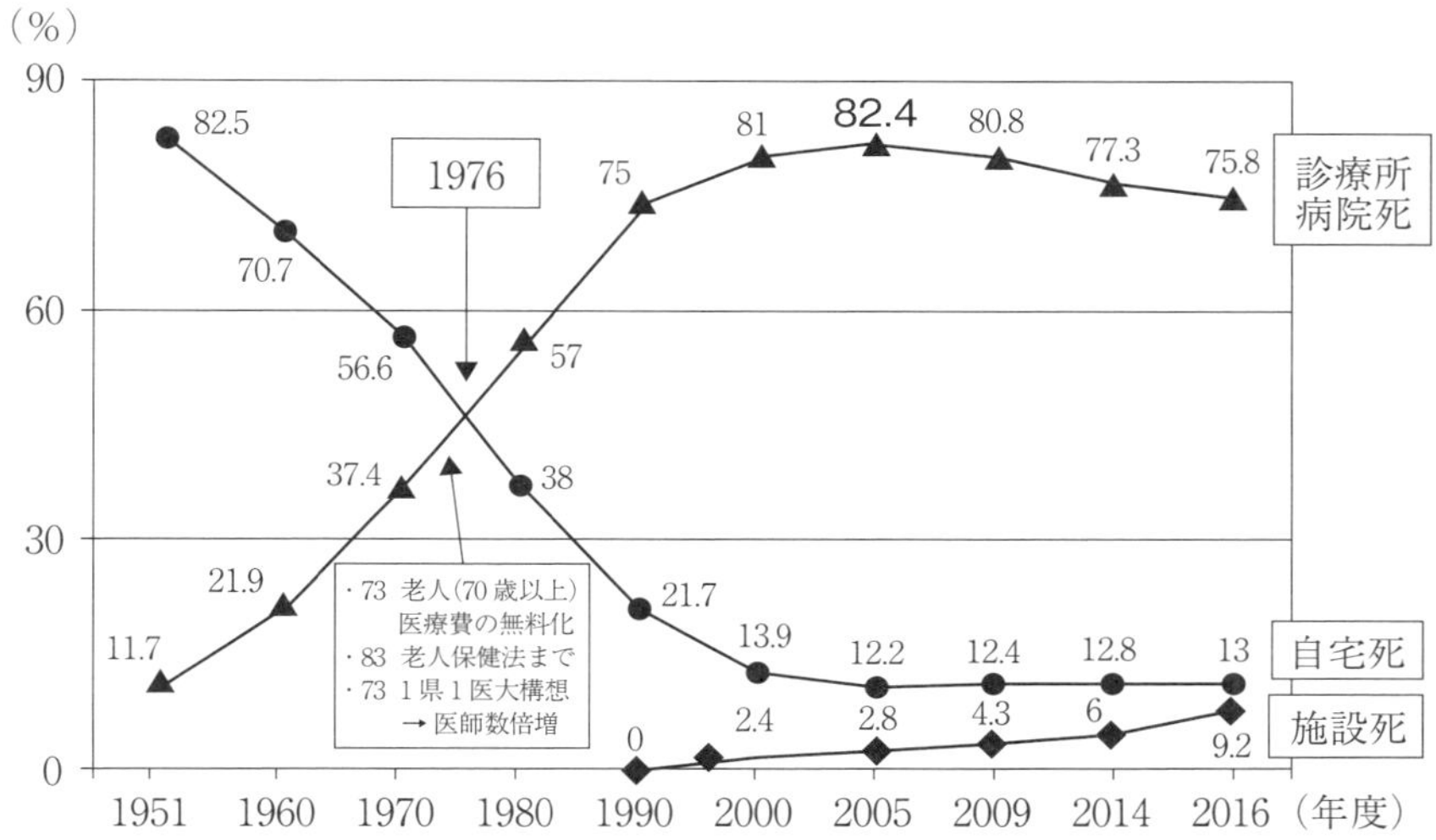

出典：厚生労働省「人口動態統計」HP、2017年

ほか、２０１６（平成28）年には7ポイント近くも下がった。

とりわけ、注目されるのは介護老人福祉施設（特養）や介護老人保健施設（老健）における施設死で、２００５（平成12）年にはわずか2・8％だったが、２０１６（平成28）年には9・2％にまで増加していることである（図表２―７）。

その背景には２００２（平成14）年以来のユニット型における個室の普及、および介護保険法による看取り介護加算が２００６（平成18）年度から設けられたことにある。また、都市部を中心に、患者における診療報酬点数制への不審や延命治療への拒否などに伴い、要介護状態になれば介護老人福祉施設（特養）や介護老人保健施設（老健）に入所したり、在宅療養を選ぶ傾向が高まってきたりしていることにある。

また、介護保険による定期巡回・随時対応型訪問介護看護や夜間対応型訪問介護、訪問看護、居宅療養管理指導、在宅でのがん患者の緩和ケア・看取りを希望する患者が増えていることにもある。今後、このような傾向をさらに強めるには福祉施設の医師や看護職員の常駐、地域の主治医、基幹病院、大学の附属病院など三次にわたる医療圏域の整備、および保健・医療・福祉、とりわけ、介護の連携による地域包括支援

システムの推進と強化、さらには診療報酬点数制を定額制に改めるだけでなく、全産業の従事者の給与よりも平均約10万円も廉価の介護職員などの給与の引き上げが必要である[6]。

50 「エンディングノートは法的に有効」はウソ、ホントは単なる備忘録や連絡ノートにすぎず、法的な効力はない。

そのワケ、ズバリ、エンディングノートは自分の終末期や死後、家族などに迷惑をかけないよう、生前、不動産、預貯金や宝石などの動産の財産・資産目録をリストアップし、その贈与や相続、終末期の医療、延命治療、余命の告知、葬儀、戒名の要否、墓守の希望の有無、緊急連絡先などを書くものだが、所詮は備忘録や連絡ノートにすぎず、法的な効力はないからである（図表2—8）。

このエンディングノートは２００３（平成15）年、ＮＰＯニッポン・アクティブライフ・クラブ（ＮＡＬＣ：本部・大阪市）が日本で初めて研究、開発し、出版したＡ４判、48ページの刊行物で、２０１８（平成30）年8月までに計15回増刷し、今日のブームの火付け役となった。

具体的には、同月現在、一世帯当たり年会費３０００円を活動資金として拠出し、全国に約１１４か所、海外に４か所それぞれ支部を置き、会員同士、あるいは会員以外の高齢者や障害者、児童、妊婦などの見守りや安否確認、買い物や通院の介助などのボランティア活動に対し、１時間当たり1点として預託し、会員同士で助け合う活動を行っている。

ちなみに、筆者を所長とする非営利任意団体・福祉デザイン研究所は２０１３〜２０１５（平成25〜27）年度、公益財団法人みずほ教育福祉財団より研究助成事業として80歳代の同会員１０００人を対象に「80歳代高齢者の生きがい

図表2-8　エンディングノートの項目（例示）

1．自分…名前、住所、本籍地、生年月日、学歴、職業歴、（携帯）電話番号など
2．家族…名前、住所、本籍地、生年月日、学歴、職業歴、自分との関係、（携帯）電話番号など
3．資産…預貯金、株、投資信託、年金、有価証券、ゴルフ会員権、貸し金庫、貸預金および貸し付け主、不動産（名義・登記簿上の所在地）、動産
4．負債…住宅・自動車ローン、借入先、借入金額、借入日・完済予定日
5．保険…保険会社、保険の種類・商品名、契約者・被保険者名、保険金受取人
6．葬儀…墓守　葬儀の形式、埋葬の方法、葬儀の規模、宗派、葬儀社の希望の有無、葬儀費用、墓の有無、墓の継承者、費用、希望する遺影用顔写真
7．友人・知人・親戚などの連絡先、葬儀の参列希望者、訃報のみの者の関係と連絡先
8．情報…デジタルデータ、パソコン、スマートフォン（スマホ）のデータ、SNSのログインID、メールアドレス、マイナンバー
9．医療・介護…終末期の医療、延命治療への希望・考え、献体や臓器提供の有無、ケアマネジャー（介護支援専門員）、主治医・かかりつけの病院名・連絡先、常用している薬、持病、アレルギー、病名告知・延命治療・治療方針決定への一任はだれか
10．その他

出典：NPOニッポン・アクティブライフ・クラブ「エンディングノート」をもとに筆者作成

の持続的促進とその社会的対応」について調査した結果、設立当時、60歳代だった会員も早80歳代に到達し、半数以上は健康上、活動を控えたり、退会していた。また、調査に協力した会員のなかには引き続き活動を継続しているものの、遺言や相続、葬儀、墓守など「終活」に高い関心を持っており、毎年、自前のエンディングノートを書き改めている者もいた[7]。

しかし、上述したように、エンディングノートは法的な効力がないため、自分の終末期や死後、参考程度にしかされず、自分の意思を法的に残し、家族など関係者に伝えるには自分が何歳になった際、家族はそのようなライフステージ、すなわち、被扶養家族か、結婚して独立して同居か別居か、その際の老後の生活費は公的年金で全額を賄えるか、子どもに扶養されるか、仕送りを期待できるか、配偶者に先立たれた際、一人暮らしか、子ども夫婦と同居するか、兄弟や姉妹、あるいは友人や知人と同居するか、介護老人福祉施設などに入所するか、生涯設計

（ライフプラン）も考えたうえ、後述する各種遺言証書として作成しておくことが重要である。また、作成したエンディングノートは家族や友人、知人と共有できるような仲間づくりにも努め、孤独死を避けるようにしたい。

いずれにしても、エンディングノートは作成することにより、残された人生をより充実させるためのものであるとしてアクティブにとらえることが大切である。すなわち、「備えあれば憂いなし」である。

なお、インターネットの普及やその手間などもあって、毎年、郵便局で年賀状を買って差し出す人々が減っているが、高齢のため、今まで年賀状をやり取りしていた友人や知人、かつての会社の上司や恩師などに以後、年賀状のやり取りを辞退する場合、その理由について「高齢になったので」、あるいは「米寿を迎えたので」などと年賀状のやりとりを辞めたい気持ちやそれまでのお付き合い、ご指導・ご厚情への感謝の言葉を添えればよい。

51 「自筆証書遺言も有効」はウソ、ホントは公正証書遺言や秘密証書遺言しか法的な効力がない。

そのワケ、第一は、遺言は生前、手持ちの預貯金や不動産などの財産および資産目録を民法にもとづく法定相続人、および生前、買い物や福祉施設、病院への介助や通所・通院などで世話になったホームヘルパーなど第三者に法定内の遺留分を加え、遺産分割するもので、自筆証書遺言、公正証書遺言、秘密証書遺言の三つがあり、うち、自筆証書遺言は遺言する者が遺言の内容や日付、氏名などを自筆で手書き、またはパーソナルコンピュータ（パソコン）で作成のうえ、押印するものだが、誤って作成した場合、家庭裁判所（家裁）がその内容を確認する検認の際、法律上の要件を満たしていなければ法的に無効となってしまうからである（図表2―9）。

第二は、その点、公正証書遺言は公証人の前で証人2人の立ち会いのもと、遺言者が遺言の内容を口述し、これを公証人が筆記し、各自が署名、押印されれば公証役場で保管され、紛失や盗難などのおそれもなく、かつ形式が無効になることもなく、死亡の際、家裁への検認の手続きが不要なため、法的な効力は絶大だからである。もっとも、基本手数料はたとえば目的価額が1億円の場合、4万3000円かかるほか、証人に遺言する人の身内は認められない（図表2―10）。

そして、第三は、秘密証書遺言は自筆、代筆のいずれも文書、またはワードプロセッサ（ワープロ）でも構わず、遺言書に押印した印章（印鑑）と同じ印章で封印し、それを公証人と2人以上の証人に封書を提出し、証人とともに署名、押印して作成するもので、公正証書遺言と同様、遺言の存在を明らかにしつつ、遺言の内容を秘密にすることができ、かつ改竄《かいざん》されるおそれが低いからである。もっとも、作成料は1万1000円の定額と割安なものの、公証人が内容を確認できないため、法的な不備があると無効になるほか、遺言者の死後、家裁で検認の手続きが必要である。

そこで、公正証書があっても日付の新しい自筆証書遺言が出てきた場合、基本的には公正証書遺言は無効となるため、このようなミスマッチを招かないよう、書き直しが必要な場合、できるだけ同じ種類の証書を作成し直すことが大切である。もっとも、亡くなった人（被相続人）の兄弟や姉妹以外の法定相続人は、直系尊属（父母や祖父母）のみの相続人の場合、法定相続分の3分の1、それ以外の相続人の場合、2分の1が遺留分となっているため、これに関わる遺言は無効である。

一方、これらの遺言証書遺言を普通方式というのに対し、病気などで死が切迫していたり、船舶で遭難したりした場合、3人以上の証人に対して遺言の内容を伝え、証人の1人がこれを筆記するなどして作成する危急時遺言、および伝染病などで隔離されていたり、航海中、船舶の中にいたりする場合、公証人に立ち会いができず、自筆証書遺言しか作成できない場

図表2-9　遺言の種類

普通方式	特別方式
自筆証書遺言	危急時遺言
公正証書遺言	
秘密証書遺言	隔絶地遺言

出典：筆者作成

図表2−10　公正証書遺言の基本手数料

A．基本手数料

手数料は、法令により、次のとおり相続人・遺贈を受ける人ごとに計算した目的価額（相続又は遺贈される財産の価額）を基準に、それぞれの手数料を計算します。

目的価額	基本手数料	目的価額	基本手数料
100万円まで	5,000円	１億円まで	43,000円
200万円まで	7,000円	１億5000万円まで	56,000円
500万円まで	11,000円	２億円まで	69,000円
1000万円まで	17,000円	２億5000万円まで	82,000円
3000万円まで	23,000円	３億円まで	95,000円
5000万円まで	29,000円	３億5000万円まで	106,000円

B．３億円を超えるときは、超過額5,000万円ごとに、10億円までは11,000円ずつ、10億円を超えるものは8,000円ずつ、それぞれ加算されます。

なお、祭祀承継者の指定や認知等は、目的価額が算定不能として500万円とみなし、11,000円の手数料となります。

C．遺産総額が１億円以下のときは、上記Aの基本手数料とは別に、遺言加算として11,000円がかかります。

D．正本・謄本の費用は枚数（１枚につき250円）によって決まります。

E．公証役場で保存する証書原本については、Ａ４横書きの場合４枚までは無料ですが、これを超えるときは、超過枚数×250円が加算されます。

F．ご自宅や病院等に出張し病床で作成する場合には、上記１の基本手数料の５割増しとなり、日当１万円（４時間以内）と交通費が必要となります。

出典：京橋公証役場HP、2018年

合、証人などの立ち会いを求めることにより、公正証書遺言に準じた遺言書の作成が認められる隔絶地遺言の二つからなる特別方式もある。

なお、遺言は「ゆいごん」でなく、「いごん」が正しい読み方である。なぜなら、「ゆいごん」とは生前、自分の死後のことについて残される家族に対し、言い残すことを総称するもので、口頭でも書面でも、また、ビデオや録音テープなどでも構わないのに対し、「いごん」は民法第９６７条以降にもとづき、遺言証書を作成して残す法的な効力のあるものをいうからである。このため、上述したような遺言証書は同法にもとづくものでなければ法的には無効となることに注意したい[8]。

52「生前、介護などで貢献してくれた人がいれば、だれにでも財産の一部を遺言で寄与できる」はウソ、ホントはできるのは法定相続人に限られる。

そのワケ、ズバリ、生前、介護などで貢献してくれた人がいても、亡くなった人の財産の一部を遺言で寄与できるのは法定相続人に限られるからである。これを寄与分という。すなわち、寄与分とは被相続人の生前、その財産の維持や増加に影響するような貢献をした法定相続人がいる場合、他の法定相続人との間の不公平を是正すべく設けられた制度で、民法第９０４条の２[9]に定められている。

具体的には、たとえば被相続人の父が配偶者、長男、次男の計三人を法定相続人とし、預貯金３０００万円を残して亡くなったが、生前、次男のも父の事業を手伝うともに介護に努め、看取った場合、本来であれば法定相続分に従い、配偶者は１５００万円、残りの１５００万円は長男と次男で７５０万円ずつ分割するところ、次男の寄与分を三者でその寄与分を６００万円とした場合、被相続人の相続財産は３０００万円－６００万円（寄与分）＝２４００万円に対し、配偶者はその２分の１の１２００万円、残りの１２００万円は長男と次男でそれぞれ６００万円に分割する。この結果、次男は寄与分の６００万円と法定相続分の６００万円を足した１、２００万円を受け取ることになる。協議で決まらない場合、家裁に調停や審判を申し立てて決めることになる。

なお、上述したように、寄与分と似た制度に遺留分があるが、これは同法第１０２８条などにもとづき、法定相続人であろうとそれ以外の人であろうと、生前、介護などで貢献してくれた人に対し、亡くなった人の財産の一部を直系尊属（父母や祖父母）のみが相続人の場合、被相続人の財産の３分の１、それ以外の場合は全体で被相続人の財産の２分の１で算出して分配するものである[10]。兄弟姉妹には認められない（図表２－11）。

図表2-11　相続人と遺留分の関係

配偶者と子	配偶者４分の１、子４分の１
配偶者と祖父母	配偶者３分の１、祖父母６分の１
配偶者と兄弟姉妹	配偶者２分の１、兄弟姉妹４分の１
子のみ	子２分の１
配偶者のみ	配偶者２分の１
父母のみ	父母３分の１
祖父母のみ	祖父母３分の１
兄弟姉妹	なし

出典：筆者作成

もう一つ、同法には特別受益もある。これは兄弟姉妹のなかで一人だけ生前、亡くなった親からマンションなどの不動産や現金などを贈与されていた場合、遺贈として相続遺産に含め、改めて法定相続人の間で分割するものである。しかも、この場合、時効がないため、遺産相続の際、法定相続人全員で協議し、その分は特別受益として法定相続分から除外することになる。もっとも、住宅など一部が20～30年前に贈与されていれば資産価値は大きく下がるため、不動産鑑定などで時価に見直して行う必要がある。

ちなみに、相続財産には被相続人が他人に金銭を貸していた場合の債権や損害賠償請求権、借地権、借家権などの積極財産、および被相続人の借金などの負債は消極財産も含まれるため、消極財産が多額な場合、相続放棄したり、限定承認したりすることができるが、これらの場合、法定相続人になったことを知ってから3か月以内にそのむね家裁に申し出る必要がある。

53「成年後見制度の利用は無料」はウソ、ホントは有料である。

そのワケ、第一は、成年後見制度には法定後見と任意後見があり、このうち、法定後見は判断能力が不十分になってはじめて支援をお願いするもので、費用は後見、保佐、補助別に申立手数料（収入印紙）が800円、登記手数料（同）が2600円、その他連絡用の郵便切手、鑑定料となっている（図表2―12、図表2―13）。

一方、任意後見は自分が将来、判断能力が低下したときに備え、支援してほしいとお願いしたい人をあらかじめ契約して決めておき、判断能力がなくなってもどのような所に住み、どのような生活をしたいか、任意後見人を選び、任意後見人は本人と契約した内容に従い、支援を依頼しておくも

図表2−12　成年後見制度の概要

	類型	判断能力	援助者
法定後見制度	後見	欠けているのが通常の状態	成年後見人
	保佐	著しく不十分	保佐人
	補助	不十分	補助人
任意後見制度	本人の判断能力が不十分になったときに、あらかじめ結んでおいた任意後見契約にしたがって任意後見人が援助する制度		

出典：神奈川県HP、2018年

図表2−13　法定後見開始の審判の申立て費用

	後見	保佐	補助
申立手数料（収入印紙）	800円	800円（注6）	800円（注7）
登記手数料（収入印紙)	2,600円	2,600円	2,600円
その他	連絡用の郵便切手（注8）、鑑定料（注9）		

（注6）保佐人に代理権を付与する審判又は保佐人の同意を得ることを要する行為を追加する審判の申立てをするには、申立てごとに別途、収入印紙800円が必要になります。
（注7）補助開始の審判をするには、補助人に同意権又は代理権を付与する審判を同時にしなければなりませんが、これらの申立てそれぞれにつき収入印紙800円が必要になります。
（注8）申立てをされる家庭裁判所にご確認ください。
（注9）後見と保佐では、必要なときには、本人の判断能力の程度を医学的に十分確認するために、医師による鑑定を行いますので、鑑定料が必要になります。
鑑定料は個々の事案によって異なりますが、ほとんどの場合、10万円以下となっています。

出典：法務省HP、2018年

図表2-14　任意後見契約公正証書の作成費用

公正証書作成の 基本手数料	11,000円
登記嘱託手数料	1,400円
登記所に納付する印紙代	2,600円
その他	本人らに交付する正本等の証書代、登記嘱託書郵送用の切手代など

出典：法務省HP、2018年

のである。この任意後見契約書は公証役場で公証人が作成し、契約の内容は公証人によって法務局に登記され、本人の判断能力が低下し、家庭裁判所によって任意後見監督人という人が選ばれると任意後見人の職務が始まることになっている。

ちなみに、任意後見契約公正証書の作成費用は基本手数料が1万1000円、登記嘱託手数料が1400円、登記所に納付する印紙代が2600円、その他本人などに交付する正本などの証書代や登記嘱託書の郵送用切手代などとなっている（図表2－14）。

第二は、成年後見の報酬は家裁が成年後見人の提出する資料によって決定され、被支援者の管理財産に応じ、3万～6万円の基本報酬、および身上保護（監護）などの困難な事情があった場合、基本報酬額の50％の範囲内で付加報酬の負担があるほか、印紙代や切手、通信費、日当、交通費などが別途必要だからである。もっとも、所轄の家裁の書記官による無料相談を活用し、申立書をもらったり、医師の診断書や鑑定料などを含め、4万～10万円程度で自分で手続きをしたりすることはできる。

具体的には、法定後見は判断能力がすでに欠けている、または十分でない者に代わり財産管理や身上保護、生活に関わる契約を弁護士や司法書士、行政書士、社会福祉士などの専門職や法人、さらには本人の親族が行うべく、家裁によりその後見人、または保佐人、もしくは補助人を選ぶほか、これらの後見人がその後、適切な職務を行っているか、監督することになっている（図表2－15）。

ただし、これらの申し立てができるのは本人、または配偶者、もしくは四親等内の

図表2−15　成年後見制度の手続きの流れ

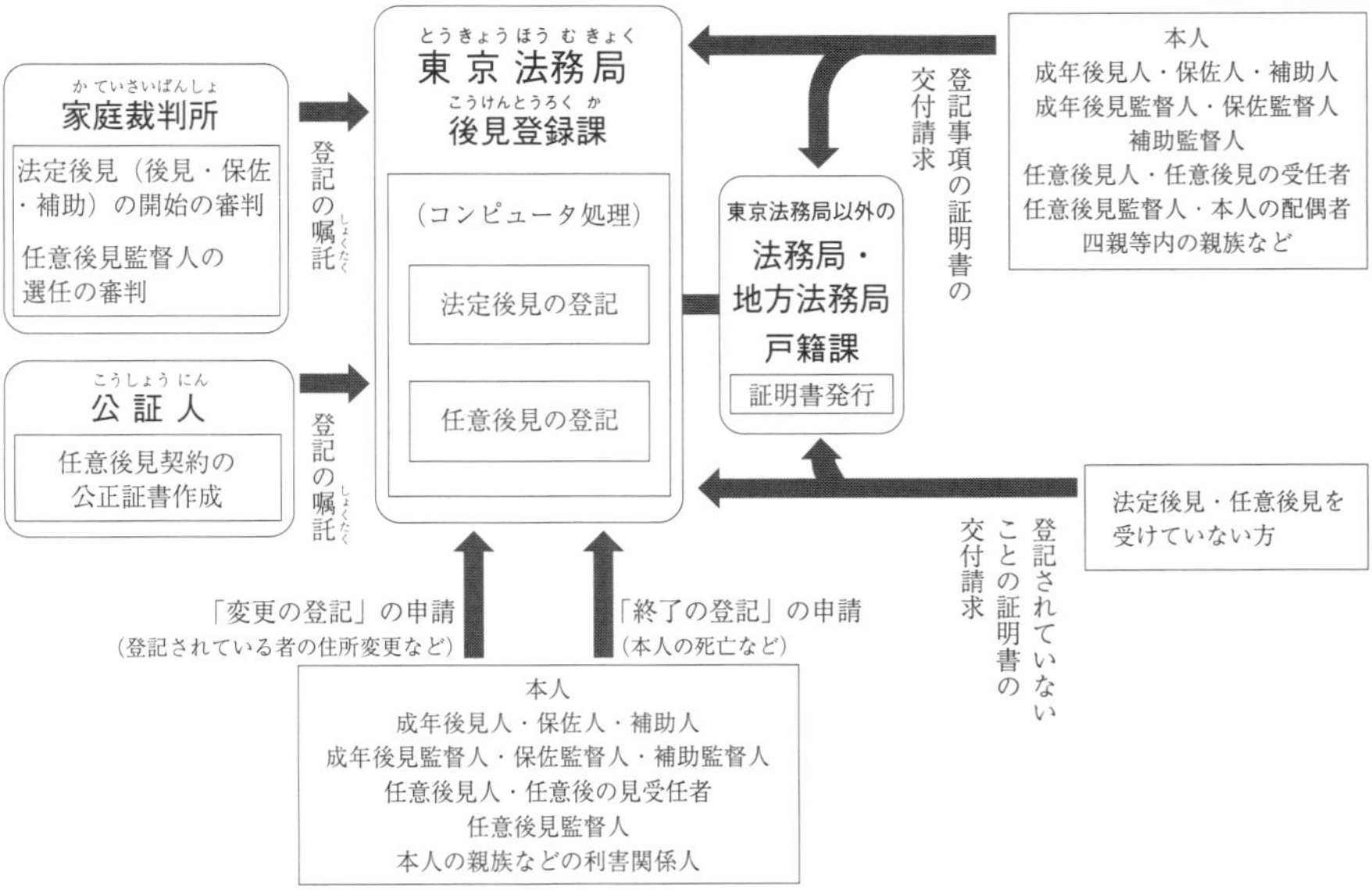

出典：法務省HP、2018年

親族などである。身寄りがない、または身内から虐待を受けている、もしくは親族が協力しないなどの理由で法定後見の申し立てをする人がいない場合、その保護を図るため、市町村長が法定後見の申し立てができるが、申し立て後は家裁の許可がないと取り下げることはできない。これに伴い、これらの後見人などの同意がなく、行った本人の法律行為は無効となるが、本人が行った日常的な買い物などは有効である[11]。

なお、いずれの市町村社会福祉協議会（社協）でも住民の有志に無償のボランティア活動の一環として市民後見人制度を創設しているほか、成年後見制度の説明や関係機関の紹介、さらに福祉サービスの苦情の受付、日常的な金銭管理、財産保全などを行っているが、これらの利用は基本的には無料である。

54 「墓地を買う」はウソ、ホントは墓地を借りる。

そのワケ、ズバリ、墓は厳密には墓石と墓地からなる総称で、寺院墓地、公園墓地（霊園）、共同墓地などがあり、宗旨や宗派を問わず、建立《こんりゅう》できるが、いずれも墓石を買うことはできても墓地を買うことはできず、借りるだけ、すなわち、その永代使用料の権利を得るだけにすぎないからである。

ちなみに、この永代使用権とは単なる慣用語で、民法などにもとづく法的な権利ではない。このため、契約の内容や期限の制限はそれぞれの寺院などによって異なるため、契約の際、その内容を確認したい。

写真2–2　墓地は買えず、永代使用料の権利を得るだけ

（群馬県嬬恋村の境内墓地にて）

なお、最近、都市部で人気のあるロッカー式や電動式、壁式、位牌《いはい》壇式の納骨堂、納骨（埋葬）、あるいは樹木葬や海洋葬、宇宙葬など遺骨を埋葬せず、どこかに撒《ま》く散骨や部分散骨、ネックレスやお守り、アクセサリー、床の間の飾り物などにして手元に置く手元供養などの散骨もあるが、これらはいずれも従来の墓への埋葬という日本人の祭祀《さいし》に対する概念を打ち破るもので、墓地を買うといった概念ではない（写真2–2）。

もう一つ、墓地はそれぞれの寺院、霊園は自治体による公営および寺院や業者による民営、共同墓地は一族や集落などが所有するもので、永代使用料や墓石の建立、

入壇料、開眼供養、納骨式などにおけるお布施、その他、年間の護持会費や墓地管理料などの費用の負担もあるため、市町村や石材店などにくわしい地元の行政書士などに相談したい。また、墓を引っ越して改葬する場合、寺院の許可の取り付けはもとより、檀家をやめる際の離壇料が必要なほか、現在地および改葬先の市町村や石材店などに照会し、納得のいく改葬にしたい。

とりわけ、離壇にあたっては菩提寺にその理由を口頭、あるいは文書で申し出て許可を受け、墓地を更地にして返すが、その際、離壇する側が工事費を負担するなど波風を立てないよう、スムーズに行いたい。また、新しく墓を建てる場合、墓石に仏の魂（目）を入れるため、納骨法要と併せ、開眼供養をすることも忘れないようにしたい。

なお、散骨などの理由で墓じまい、すなわち、墓を整理する場合、墓を管理している寺院や業者にそのむね申し出て墓石を撤去するなど処分し、更地にして返すことになるが、寺院によっては管理料が入らなくなるため、法外の解約料を請求することがあるので注意が必要である。

ちなみに、高校時代の友人は数年前、がんで急逝《きゅうせい》した際、都心部に住んでおり、先祖代々の墓がなかったため、納骨堂に埋葬されたが、このような納骨堂の場合の永代供養は「永久に」という意味ではなく、おおむね「弔い上げ」を迎える三十三回忌までといった期限があることにも注意したい。

いずれにしても、墓地の永代使用料や墓石の建立、年間の管理料などは千差万別のため、複数の寺院や業者から相見積もりをとったうえ、比較検討して決めたい。なぜなら、寺院や業者によっては具体的な根拠を示さず、総額で数百万円から数千万円を請求するケースもあるからである。また、檀家と菩提寺など寺院は契約関係にないため、納得がいかない場合、自治体の消費生活センターに相談したり、行政書士など有資格者に間に入って問題の解決にあたってもらうなどして泣き寝入りをしないことが大切である。

55「仏壇の現品限り・バーゲンセール」はウソ、ホントは旧製品の在庫一掃セールである。

そのワケ、ズバリ、「仏壇の現品限り・バーゲンセール」はウソ、ホントは旧製品の在庫一掃セールが大半だからである。

たとえば、某事業者の場合、新聞の折り込みチラシに新聞紙大でカラー刷りでこのようにうたっている。「店内全商品　激安　最大10倍のポイント還元セール」、また、「工場直売だからできるこの価格」「信頼・実績・安心をモットーに」「価格が違う!!!　品質が違う!!!」「正確な品質表示!」「店長おススメ」「アフターフォローも万全」、そして、「1万~100万円の目玉商品」「限定特価品」「54万2000円の品を19万8000円」、さらには仏具や線香、位牌、本尊、数珠《じゅず》、蝋燭《ろうそく》、墓石などとよりどりみどりで、これでもかといわんばかりの売り込みようである。

しかし、よく見てみると「各店舗2基限り」とか、「お持ち帰り品」「一部国産品」「ポイント10倍は一部例外がございます」「原産国:海外」、さらには「入荷により一部商品が変更されることがあります」「個数により限りがあり、品切れが発生する場合がございます」「お持ち帰りの品は原則お受けできませんのでご了承下さい」「展示品と異なる場合がございます」「寸法は多少異なります」「メーカーのカタログ価格です」「表示価格は消費税抜き価格です」「送料無料。ただし、一部有料となる場合がございますので詳しくは店舗スタッフにお問い合わせ下さい」などなど、虫眼鏡で見なければ見落としそうな〝ただし書き〟が満載されているのである。これでは消費者の多くは高齢者と承知しているにもかかわらず、この体《てい》では誇大広告、または〝おとり広告〟といっても差し支えないように思われる。

しかも、そのチラシは某大手新聞の朝刊に堂々と折り込まれ、購読者の目に触れられているのである。このような新聞紙への折り込みのチラシはその新聞社のチェックを必ずしも受けず、地域の新聞販売所が業者から依頼を受け、

図表2-16　おとり広告に関する表示

> 一般消費者に商品を販売し、又は役務を提供することを業とする者が、自己の供給する商品又は役務の取引（不動産に関する取引を除く。）に顧客を誘引する手段として行う次の各号の一に掲げる表示。一．取引の申出に係る商品又は役務について、取引を行うための準備がなされていない場合その他実際には取引に応じることができない場合のその商品又は役務についての表示、二．取引の申出に係る商品又は役務の供給量が著しく限定されているにもかかわらず、その限定の内容が明瞭に記載されていない場合のその商品又は役務についての表示、三．取引の申出に係る商品又は役務の供給期間、供給の相手方又は顧客一人当たりの供給量が限定されているにもかかわらず、その限定の内容が明瞭に記載されていない場合のその商品又は役務についての表示、四．取引の申出に係る商品又は役務について、合理的理由がないのに取引の成立を妨げる行為が行われる場合その他実際には取引する意思がない場合のその商品又は役務についての表示

出典：消費者庁HP、2018年を一部改変

他のスーパーや不動産業者の新築物件や仲介物件などとともに折り込み、そのまま購読者に届けられているワケだが、新聞たるや「社会の公器」のため、権力や不正業者の監視役であるべきで、新聞販売所任せ（？）の現状は問題である。

ちなみに、景品表示法第５条第３号の規定にもとづく「おとり広告に関する表示」では商品・サービスが実際には購入できないにもかかわらず、購入できるかのような表示を不当表示として規定している（図表２─16）。

いずれにしても、消費者は高齢者であろうとなかろうと、このような折り込みチラシはもとより、インターネット通信販売（ネット通販）や訪問販売には十分注意すべきで、商品の購入にあっては複数の業者の商品と比較検討したり、顧客の知人や友人などと情報交換したりして悪質商法にひっかからないよう、自衛したいものである。そして、万一、ひっかってしまったらクーリングオフ制度を利用し、購入後、原則として８日間以内に解約のための通知を

するとともに、消費生活センターや警察に通報し、再発防止に協力したい（前出・図表1―31）。

56「葬儀費用は全国平均で約200万円」はウソ、ホントは青天井である。

そのワケ、ズバリ、財団法人日本消費者協会が2016（平成28）年、全国の関係者にアンケート調査した結果、寺院への支払いも含めた葬儀費用は仏教式、キリスト教式、神式、無宗教式を問わず、全国平均で195万7000円だが、最高は800万円などとまちまちで青天井だからである。

実は、筆者は30年前、都下に在住していた義父と死別した当時、一人娘の家内とともに名古屋に在住していたため、生前、義父と行き来のあった親戚に葬儀・告別式すべてを一任していたところ、農業協同組合（JA：農協）の課長を定年退職後、細々と仲間と飲料水の機器を販売していた義父に似ても似つかない、どこかの大社長の社葬かと見間違えるほど豪華な葬儀・告別式となり、その費用は総額300万～400万円だったことを今でもはっきりと記憶している。このため、このような法外な葬儀・告別式にならないよう、義母には自分のときはどの程度のものを希望するか、義父の墓参りなどのとき、たびたび聞いた結果、「もう90（歳代）にもなるので家族だけで質素に……。自分の葬式代くらいはあるのでお前たちに任せる」といわれたものだった。

そこで、義父を見送ったあと、義母と一人娘の家内、それに一人息子の4人で都下で生活するようになったのを機に、ふだんの食料や飲料水は移動販売車による個別配達を利用している生活協同組合（生協）の割安な生協葬を利用しようと考えていた矢先、その義母が2017（平成29）年夏の未明、自宅で心筋梗塞《こうそく》で倒れ、2時間後に急逝した。このため、予定どおり、生協葬をと思い立ったが、数年前、80歳前後で認知症を患っていた母親を亡くした隣人のことを家内が思い出し、訪ねたところ、「某大手スーパーマーケット（スーパー）が周辺の中小の業者をフランチャイズ化し、生協葬よりも割安で、かつ良心的な葬儀・告別式を請け負っており、分相応のものができてよかったので、そこもいいかも……」との助言を受けた。このため、早速、その業者を紹介してもらい、さまざまなパッケージ商品のなかから通夜をせず、葬儀・告別式を一日で行う「一日葬」とし、かつ会場も会葬者に便利な貸し式場とした。

また、葬儀・告別式から火葬、収骨、戒名、お布施、お斎《とき》（会食代）、香典返しの品（返礼品）代、位牌の用意、僧侶への御前料（会食代）、御車代（交通費）などすべての費用を合わせ、約115万円で済んだ。香典返しもその場で手渡しすることができ、われわれ遺族も参列者も喜んでくれたものである。もっとも、唯一の失敗は貸し式場での会食だった。それというのも、この料金もセットになっていたため、業者に一任したが、いずれも近くの店からの仕出し料理だったため、温かいものは冷めていたいし、冷やして食するものは温まっており、そのうえ、中間マージンもとられ、後味の悪いものとなった。このため、四十九日法要で納骨後の会食では一般の和食料理店でお詫びも兼ね、豪勢なメニューとさせてもらった。

ちなみに、葬儀には市町村により棺《ひつぎ》代や火葬場への遺体の搬送、火葬代だけで15～35万円で済む直葬《ちょくそう》（直接火葬）など市民葬をはじめ、「家族葬（密葬）」「一日葬」、通夜から葬儀、告別式と二日にかけて行う「一般葬」、故人が生前、好きだった音楽を流す「音楽葬」、会社主催の「社葬」、会社や関係団体、檀家が話し合って合同で行う「合同葬」、密葬のあと、宗旨や方法にこだわらず、会費制で行う「お別れ会」、さらには「生前葬」、それも葬儀社など業者のほか、生協葬、農業協同組合（農協）のJA葬などさまざまであるため、115万円でもまだ割高と思えなくもない。このため、自分の場合、もっと簡素に火葬のみ、あるいは火葬と家族のみの直葬など「市民葬」で十分ではないかと考えている。

また、市町村によっては社協やシルバー人材センターなど公的な機関がより割安で葬儀・告別式を受け付けていたり、地域の集会所や公民館、あるいは町内会や自治会の協力を得て自宅で行うところもある。

なお、健康保険や国民健康保険の被保険者、または共済組合の組合員にはそれぞれ亡くなってから2年以内を限度に葬祭費（埋葬料）が給付される。

ちなみに、「人間死ねばゴミになる」といったのは1988（昭和63）年、盲腸がんで死去した〝ミスター検察〟こと伊藤栄樹《しげき》・検事総長だった。また、洋画家・梅原龍三郎および連合国軍の占領下、吉田茂首相の側近として活躍した白洲《しらす》次郎は「生者は死者の為《ため》に煩わさるべからず」と言い残している。

いずれにしても、生前に本人や身内、友人・知人との交友関係、地域の習慣などを考え、かつ先祖代々の菩提寺や宗旨、宗派を問わない周辺の寺院、また、複数の業者の情報を集めたい。またに、生前に本人や身内、友人・知人との交友関係、地域の習慣などを考え、上述したように、エンディングノート、または遺言《いごん》書を残したい。そうしておけば遺族は本人の死後、そのエンディングノートや遺言書にもとづき、先祖代々の菩提寺や宗旨、宗派を問わない周辺の寺院や複数の葬祭社など業者の情報を集めたり、式場や飲食代、宗教者への謝礼なども含むか、など明細書の相見積もりをとったり、各地の関係団体に入会して割安な費用にしたりするなど、ふだんから比較検討し、納得のいく葬儀・告別式、納骨などを終えることができるからである[12]。

なお、病院死の場合、病院が葬儀社を紹介してくれるが、遺族が葬儀社を自由に選べば病院の紹介料（通常、葬儀費用の1割相当）はカットできる。

57「冠婚葬祭互助会の会員であれば葬儀費用は会員割引で利用できる」はウソ、ホントは式場や利用できるコースが決まっているほか、料理や返礼品、火葬料が加算されたりして割安とならない場合もある。

そのワケ、第一は、各地にある冠婚葬祭互助会は割賦販売法にもとづき、経済産業大臣から営業許可番号を与えられた民間業者が冠婚葬祭に関わる費用について会員を募集し、会員は毎月3000円程度を積み立てていけば、冠婚葬祭の際、会員価格で割安されるとはいうものの、式場や利用できるコースは決められているため、それよりも安いコースは選べず、持ち出しもあるからである。

第二は、積み立てた会費には利息がつかないうえ、現金として引き出せないほか、万一、倒産した場合、同法にもとづき、積み立ててきた会費の50％しか保証されないため、半分しか返ってこないからである。その意味で、互助会は万一に備え、掛金を支払うと仕組みは保険に似ているものの、保険は現金で補償するのに対し、互助会はサービスが提供されるところに違いがある。いわば、分割払いで冠婚葬祭の式場を割引で利用できる権利を買っている、もしくは互助会に支払う冠婚葬祭の費用の一部を先払いしているのである。

そして、第三は、葬儀に限っていえば会食代や香典返しの品代、火葬料などがオプションで追加され、最終的に200万円を超えて請求された、あるいは解約を申し入れたところ、法外な解約料を請求されたなどのトラブルも聞かれるからである。

現に、国民生活センターのPIO－NET（全国消費生活情報ネットワーク・システム）によると、年度別相談件数は2004（平成16）年度をピークとし、それ以降、減少傾向にあるなか、冠婚葬祭互助会の相談は減少しておらず、毎年、一定件数が寄せられている。たとえば、ある年の年間受付総件数200件のうち、冠婚葬祭互助会の相談は129件（人）だった。

内訳は、親戚や知人、近隣の人、会社の同僚などから勧められたことや営業マンの訪問がきっかけとなっていることが多く、約半数が訪問販売となっている。契約者は129人のうち、男性は57人、女性は72人と全体の6割近くが女性である。また、年齢別では最も多かったのは70代で41人と全体の3割を超えていたほか、90代も5人いた。契約者の全体の7割以上が60代以上だった。

相談内容は既払い金額と支払い方法が最も多く、契約者の既払い金額は10万～20万円未満が最も多く、全体の15・55％、以下、30万～40万円未満、20万～30万円未満と続いており、10万～40万円未満が全体の約4割を占めていたが、100万円以上も3人いた。支払い方法は95％以上が前払い式で、即時払いは約4％だった。いずれも、契約のきっかけの多くは営業マンの自宅訪問や知人、親戚などからの勧誘だった。

また、「高齢者に対し、満期後に追加の契約をさせるなど次々販売がみられた」「積立金の満期金額ですべてを賄えると説明されていたが、追加費用が必要で高額だった」「利用するための条件を説明されていなかったため、利用できなかった」など、契約時の説明と実際が異なっていた。また、「解約を申し出たが、解約できないといわれた」「解約手数料が高額だ」「解約手数料が必要であることを知らなかった」「契約者がすでに死亡しており、契約内容が不明だ」「事業者に連絡がつかない」などなどであった。

そこで、同センターでは「冠婚葬祭互助会とは一定の掛け金を一定期間にわたって毎月支払い、貯まった金額を結婚式や葬儀の際のサービス費用の一部に充当して負担を軽くするための仕組みで、預金と違って利息はつかない。また、サービスを利用せずに解約する場合には解約手数料が差し引かれる。積立金額よりも少ない金額しか返金されないので注意が必要」と注意を呼びかけている。

いずれにしても、このような迷惑、あるいは悪質なケースは全体の一部にすぎないが、最近、終活への関心の高さから、こと葬儀に関しては簡素な直葬や家族葬、一日葬、散骨などと多様化しているため、加入すべきかどうか、十分検討したい。

58 「『友引』の日の葬儀はよくない」はウソ、ホントは迷信で、「友引」の日でも通夜や葬儀を執り行うところもある。

そのワケ、第一は、「友引」は旧暦の六曜の一つで、その日に葬儀を行うと関係者をあの世、すなわち、冥土《めいど》に一緒に連れて行くという仏教上の言い伝えにすぎず、かつ本来は勝負がつかない引き分けの意味で、「友引」に葬儀を執り行うことが悪いことであるという考えは迷信にすぎず、気にする必要はないため、年配の人ならいざ知らず、現在は「友引の日に通夜や葬儀を執り行うことは年々増えているからである。

第二は、ましてキリスト教など他の宗教の信者や無宗教の人は「友引」などまったく関係がないため、「友引」でも葬儀を執り行う人たちが少なくないからである（写真2―3）。

写真2−3　「友引」など無関係のキリスト教の葬儀

（長野県軽井沢町の教会にて）

そして、第三は、確かに、全国の火葬場のほとんどは「友引」の日を定休日としているところが多いが、本格的な高齢社会の折、毎年約130万人も死亡する「多死社会」を迎えて火葬場が混み合い、かつ火葬場も介護老人福祉施設などの老人ホームや障害者支援施設、保育所（園）など児童養護施設と同様、あるいはそれ以上に迷惑施設の一つとしてみられているため、新たに設置、あるいは改装する必要があるにもかかわらず、地元住民の反対でできず、数に限りがあるため、死亡して数日経っても火葬を待機せざるを得ないなど支障が出ているので、「友引」の日も火葬を受け付けているところもあるからである。

現に、人口の多い首都圏では東京23区や横浜市、神奈川県大和市の公営の斎場のように「友引」でも火葬を受け付けている。また、若い人や六曜を気にしない人、さらに京都など関西では基本的に「友引」に関係なく、通夜や葬儀を執り行っているところもある。

ただし、地域によっては火葬の際、「友引人形」などといわれる人形を棺に入れる場合もあるため、家族や親戚、縁者、地域の風習なども考慮に入れ、慎重に対処するに越したことはない。

59 「香典返し（返礼品）は必要」はウソ、ホントは贈り主の意向や金品の額などによっては必要ない。

そのワケ、ズバリ、香典返しは香の代わりに亡くなった人の霊前に供える返礼品で、四十九日の法要（追善供養）後、香典額の3分の1～2分の1程度、金品を備えてくれた会葬者に返すものだが、贈り主の意向や金品の額によっては必要ないからである。

第二は、公的機関や各種組織、企業の場合、香典返しを受け取ることを辞退しているところもあるからである。

そして、第三は、いうまでもないが、政治家本人はもとより、家族や秘書など他人の名義を使い、実質的に故人の通夜や葬儀・告別式の際、香典を贈ることは公職選挙法によって禁止されている寄附に当たるため、香典返しを受け取った場合も同法に違反し、必要、不要など論外の話だからである。

ところが、最近、故人の人柄や相手の地位、故人との関係、自身の年齢、立場、さらには見栄も重なり、型どおりの品物を返すだけでなく、業者のさまざまなパッケージ商品の売り込みに乗せられ、分不相応な香典返しが目立つ。

ちなみに、香典返しの相場として、某業者の場合、親族の場合、20代は3万～10万円、30代は5万～10万円、40代以降は5万円以上、兄弟・姉妹の場合、20代は3万～5万円、30代は5万円、40代以降は5万～10万円、社員・同僚の場合、20代は5０００円、30代は5０００～1万円、40代以降は1万円以上、社員・同僚の家族の場合、20代は3０００～5０００円、30代は3０００～1万円、40代以降は1万円以上、知人・友人などの場合、20代は5０００円、30代は5０００～1万円、40代以降は1万円以上、恩師・先生の場合、20代は3０００～5０００円、30代は3００0～1万円、40代以降は3０００～1万円、複数で合同で出す場合、それぞれ頭割りにするなど懇切丁寧に提示している。それればかりか、金額に応じ、不祝儀袋の種類やその書き方を伝授したうえ、香典返しのパッケージ商品として高級なカニなどの配達やインターネット通信販売（ネット通販）も受け付けたりして人の弱み、悲しさ、情につけ込んで商魂たくましいところもある。

しかし、香典はあくまでも故人の供養やその遺族への支援という意味を持っているため、先方の香典返しへの期待を気にして送るものではない。ましてや遺族に負担をかけることでもないため、多ければよいというものではない。

ちなみに、政治家は香典の代わりに供花や花環を送ったり、線香を持参することも禁止されており、違反した場合、50万円以下の罰金を科せられる。もっとも、選挙区内のある者からもらった香典に対するお返しは、その地域で香典返しが習慣として定着し、義務的な性格を持つものである場合に限り、もらった香典の半額程度の香典返しであれば寄附には当たらないとされているが、誤解を招くのでそれも控えた方が無難である。

そこで、最近では遺族によっては香典返しに代え、その全額、または一部を社協や社会福祉事業団、ＮＰＯ、あるいは生前、故人が世話になった施設や病院に寄附し、会葬者にそのむね礼状を送り、理解を得るケースもある。もっとも、それぞれの遺族や会葬者、また、地域によってはそこまで決断できず、従来どおり、香典返しをする場合がまだまだ多い。それでも、筆者の家族のように葬儀を「一日葬」にし、簡略化して香典を固辞したため、香典返しは親族以外とし、代わりに親族とは食事会に招くなど身の丈《たけ》のあった、かつ遺族としての気持ちを伝える方法も十分ある。

要は、それぞれの考えや会葬者などとのコミュニケーションなどを第一に考え、業者の言いなりにせず、また、香典返しを辞退する場合、持参した不祝儀袋に遺族にそのむねを伝えたい。

60「お布施は全国平均で20万～30万円」はウソ、ホントは寺院や僧侶によってまちまちである。

そのワケ、第一は、お布施は僧侶へ読経や戒名をもらった謝礼として金銭を渡す、または本尊へお供えするもので、読経や戒名の対価という意味ではないが、財団法人日本消費者協会の調査結果によると、全国平均で約５１万円とはいうものの、まちまちだからである。

第二は、一般人はお布施の相場がわからないため、読経をしてくれたり、戒名をつけてくれた僧侶に対し、「いくらお渡しすればいいか」と尋ねると、多くの僧侶は具体的に金額を示さず、「お気持ちで……」と明言しないのが一般的である。もっとも、それではわからないため、二度、三度伺うと「皆様、大体、?.?.万円ぐらいのようです」と答える。このため、いわれるまま「では?.?.万円」をお布施として包むのが一般的である。

ちなみに、一般的には関東では20万〜35万円、関西では20万円前後が相場のようだが、だからといってそのまま受け入れて支払うのではなく、僧侶の態度や人格、信頼性、さらには地域の相場や家庭の事情なども考慮し、それ相当のお金を包めばよく、見栄を張ることなどまったく無用である。まして葬儀社など業者を通じ、支払うものならリベート（中間マージン）としてその２〜７割も上乗せされ、支払わされるのがオチで、業者の葬祭ビジネス、さらには課税逃れに手を貸すことにもなる。

そして、第三は、要は気持ちだけでよいからである。否、もっとはっきりいえば、お布施とは葬儀の際の読経や戒名（法名）、交通費などの実費分を含め、あくまでも〝お気持ち〟として包むことをいう。

そこで、全国のほとんどの寺院が所属している全日本仏教会は２０００（平成12）年、戒名は売買の対象ではないため、戒名料を徴収せず、戒名の授与への志納や読経へのお礼など僧侶が受け取る金品はすべてお布施とすることを明言している。このため、戒名料はお布施のなかに含まれていると考えてよい。

なお、健康保険や国民健康保険、共済組合の被保険者、組合員および被扶養家族が死亡した場合、原則として10万円の埋葬料、または埋葬費が支給されるため、死亡後、遅くとも2年以内に申請したい。

参考まで、筆者の場合、上述した義母のお布施は良心的な僧侶に恵まれたのか、彼のいわれた４万５０００円に納得、全国平均の51万円にくらべ、その約10分の1と割安だった。また、その僧侶の人格や信頼性も考え、吹っかけるようなしぐさもなかったため、その金額で甘んじてもらった。

ただし、納骨の際の読経は親戚の場合と比べ、やや時間が短かった気もしないでもなかったが、総じて納得のいくものだった。

もう一つ、犬や猫などの愛玩《あいがん》動物（ペット）の葬儀やお布施の相場はまったくないが、火葬は１０００〜1万円、お布施は３０００〜５０００円で、かつ地域によっては公営の斎場で執り行っているところもある。いずれにせよ、こちらも相場は「あってなきがごとし」である。参考まで。

61 「戒名（法名・法号）は必要」はウソ、ホントはなくても構わない。

そのワケ、ズバリ、戒名（法名・法号）は仏教の場合、死後、極楽浄土へ行き、仏の弟子になった印としてつけるもので、葬儀の際、白木の位牌に書き込んでもらって祭壇に安置し、故人の供養を長年にわたって続けてもらうものである。このため、供養料と考えられるが、戒名をつけず、俗名に「？・？・霊位」、あるいは「？・？・霊」としても構わないからである（写真２—４）。

ちなみに、戒名は天台宗や真言宗、浄土宗、曹洞宗、臨済宗などの禅宗系のものであるのに対し、浄土真宗では法《ほう》名《みょう》、日蓮宗は法号というが、信士・信女は20万～50万円、居士・大姉は50万～80万円、院信士・院信女は30万～１００万円、院居士・院大姉は１００万円以上など老後ならぬ「死後の沙汰も金次第」である。このため、お布施を多く出せば高いランクの戒名や法名、法号をつけてもらうことができるが、一般的には新たに墓を建てる場合には自由、先祖と同じ墓に入る場合には先祖よりも高い戒名や法名、法号はつけない。また、夫婦で同じ墓に入る場合には二人の戒名や法名、法号のランクは揃えるのが一般的である。

写真2−4　戒名などはなくてもよい

（都下の拙宅にて）

一方、戒名や法名、法号は本来、寺院から檀家への恩返しのようなもので、寺院に寄進した額や生前の寺院との関わりの強さなどからランクの高い戒名や法名、法号を授与されていたことも心得ておくとよい。

ちなみに、筆者の場合、名もなき庶民ゆえ、義母の戒名は先立った義父の居士にならい、最低のランクの信女とし、2万円で済ませたが、あの世で二人とも苦笑しているのではないかと家族で話している。

いずれにしても、戒名や法名、法号はいったんつけた以上、供養料などが子々孫々にまで続くため、よほどの家柄でもなければ分相応にしたい。また、菩提寺を持っている場合、寺院に率直に事情を告げて相談したい（写真2―4）。

62「散骨は自由」はウソ、ホントは特定地域に限り可能である。

そのワケ、第一は、「墓地、埋葬等に関する法律（墓埋法）」第4条によると、「埋葬又は焼骨の埋蔵は、墓地以外の区域に、これを行ってはならない」と規定しているが、亡くなった人の遺体を火葬した焼骨を粉末状にしたのち、海や空、山中、さらには宇宙にそのまま撒《ま》く散骨についてはとくに規制されていないため、どこででも散骨が可能と思いきや、厚生労働省は２０１２（平成16）年、「どこでも自由に散骨できない」としているからである。

第二は、法務省は散骨が刑法第１９０条に規定する死体（遺骨）遺棄罪に該当するかどうかについて、散骨が節度をもって行われる限りは違法性はないとしているものの、やはり勝手にどこででも散骨できるわけではないからである。

現に、北海道長沼町は周辺の農地で生産される農産物に風評被害が広がるとし、２００５（平成17）年、散骨を規制する条例を制定した。これに対し、ＮＰＯ葬送の自由をすすめる会は、日本国憲法で保障された基本的人権の「葬送の自由」を否定するものであるとして条例の廃止を求める請願書を提出したが、同町の議会で取り上げられなかった。その後、埼玉県秩父市や静岡県熱海市でも同様の条例が制定されている。

一方、宗教法人が自ら所有・管理する寺院墓地や霊園で樹木葬などの形で行われており、利用者が増えつつある。ただし、散骨が陸地で行われることについては周辺の住民などとの間でトラブルになることもある。海などの水域で行われる場合も港湾や漁場、養殖場およびその周辺は同様の問題を招くため、安易な散骨は厳禁である。また、自分の土地に散骨した場合でも土地の買い手が見つからなくなるおそれがあるため、寺院墓地や霊園を除く陸地での散骨は行わないのが常識である。

なお、散骨代は海への個別散骨の場合、15万～40万円、合同散骨の場合、10万～20万円、委託散骨の場合、5万～10万円、寺院が管理する山の場合、5万～20万円、セスナ機やヘリコプターで海域に撒く場合、15万～50万円（成層圏は25万～40万円）、カプセルに遺灰を収め、ロケットで宇宙に打ち上げる場合、50万～８００万円程度といわれている[13]。

ちなみに、米国・ハワイ州などでは散骨に関する法律が制定されており、地元の法律に沿わず、観光がてら勝手に散骨をすると多額の罰金を科せられる（写真２—５）。

いずれにしても、死後は先祖代々の墓、または嫁ぎ先の墓に納骨されるとの常識が崩れつつあるなか、散骨は実績のある寺院や葬儀社など専門の業者はもとより、散骨の場所を管轄する地元の市町村に相談することは常識である。

写真2–5　散骨を規制しているハワイ

（ダイヤモンドヘッドにて）

63「亡くなった人のお墓は必要」はウソ、ホントは遺骨を墓に納骨する義務はないため、建てなくてもよい。

そのワケ、ズバリ、上述したように、墓埋法第4条によると、「埋葬又は焼骨の埋蔵は、墓地以外の区域に、これを行ってはならない」と定めているが、これはあくまでも自宅の庭や所有地、または他人の所有地に勝手に遺骨を埋葬すること自体を禁止している規定にすぎず、焼骨を自宅で保管すること自体は同法に違反するものでない。このため、亡くなった人の遺骨を必ずしも墓を建てて納骨する法的な義務はなく、納骨をせず、自宅などに安置するなど遺族のそばに置いておいてもよいからである。

なお、墓を自宅の庭に建てたいと考える人もいるかと思われるが、その〝墓〟に納骨をすることはできない。

このようななか、最近、注目されているのが法律にもとづき、許可を得た土地に遺骨を埋葬し、墓石の代わりに墓標として樹木を植える樹木葬である。遺骨を粉状に砕いたのち、そのまま土に撒《ま》いたり、紙袋や布袋に入れて土に埋めるもので、遺骨を入れた

写真2-6　最近、人気の樹木葬

（埼玉県の霊園にて）

紙袋や布袋は長い年月のうちに自然に土に還る。すなわち、肉体の魂が土に還るというわけである。

しかも、樹木葬の霊園ではほとんどの場合、宗旨や宗派が問われることはない。また、清掃や日ごろの供養などは管理団体が行うことになっているため、従来の墓地や霊園に比べて管理が簡単なため、費用が安く済むことが魅力となっている。植えられる木もサクラやモミジ、ハナミズキなどさまざまで、自然志向でお墓はいらないという人に向いているとして人気を集めている（写真2―6）。

なお、墓を建てず、ロッカー式の納骨堂を利用する遺族が都市部で増えつつあるが、あくまでも納骨の場所を代々にわたって借りることになるため、その期間の永代使用料などの費用について相手方と十分協議し、トラブルにならないようにしたい。

64 「身寄りのない人が死亡すれば先祖代々の墓の管理料を支払う人がいなくなるため、遺骨は捨てられる」はウソ、ホントは管理料を支払えなくても捨てられることはない。

そのワケ、ズバリ、自分に子どもはもとより、兄弟や姉妹、親戚などがいないため、死亡すれば墓の管理料を払えなくなるため、債務不履行となり、墓地を運営・管理する寺院や霊園など業者によって墓石は「魂抜き」をされて取り壊され、かつ墓地はほかの希望者に販売されて「墓じまい」となるが、遺骨はその寺院や霊園にある無縁仏を祀《まつ》る共同墓地や供養塔に移され、引き続き供養されるからである。また、刑法第190条で「死体、遺骨、遺髪又は棺に納めてある物を損壊し、遺棄し、又は領得した者は、3年以下の懲役に処する」と定めているため、たとえそれが火葬されたのちの遺骨であっても遺骨遺棄罪が成立し、法律違反となるからである。

このほか、墓埋法第4条第1項で「埋葬又は焼骨の埋蔵は、墓地以外の区域に、これを行ってはならない」と定めており、遺骨を墓地以外に勝手に埋めたり、捨てたりした場合、違反となるからである。このため、生前のうちにそのむね霊園の管理者や寺院の住職に伝え、所定の手続きなどを伺い、処理すればよい。

ただし、墓じまいではお布施のほか、墓石を石材業者に処分してもらう必要があるため、全体で10万〜50万円の費用がかかる。

なお、先祖代々の墓のなかに納骨室の底に土がある場合、納骨室がいっぱいになってしまい、やむを得ず古い順に骨壺から遺骨を取り出し、細かく砕いてその土の部分に埋めてあげる場合もある。遺族など関係者にとって複雑な心境には違いないが、土に埋めた遺骨は土に還り、本来の姿に戻るわけであるため、問題はない。また、最近では葬儀で使う骨壺よりも小さな骨壺が販売されているため、このような小さな骨壺に移し替えても構わない。

写真2-7　墓の管理料を支払えなくても捨てられることはない

（沖縄県の霊園にて）

ただし、その際、不要となった骨壺は廃棄物として扱われるため、各市町村のゴミの分別に従って処分する必要がある。

もう一つ、遺骨は原則として遺族が引き取ることになっているが、身寄りがないなどで遺族がいない場合、供養塔を併設している火葬場であれば引き取ってもらうことも可能であるが、すべての火葬場で対応できるわけではないため、あらかじめ相談して確認したい。その結果、困難な場合、遺骨を焼き切り、粉砕してもらって小さくまとめ、併設の供養塔や提携先の寺院、あるいは市町村が管轄する合祀墓に埋葬されることになる。最近、孤独死が大きな社会問題となっているが、身元が判明していたとしても借金や縁故などのため、親族が遺骸の引き取りを拒否すると無縁仏になってしまうが、この場合、市町村が代理として遺骸を火葬し、その遺骨を市町村が管理する合祀墓に埋葬されることになる。

なお、ペットの遺骸は「廃棄物の処理及び清掃に関する法律（廃棄物処理法）」第2条第1項[14]にもとづき、廃棄物として扱われ、処理されることになるが、「それでは不憫《ふびん》で仕方がない」というのであれば、自宅など自分が所有する私有地なら穴を掘って埋めても問題はない。もっとも、埋める場所が地下水など生活用水に使われる場所に近い場合、土壌汚染をさせてしまう場合があるので注意が必要である。

いずれにしても、ペットはともかく、子どもや兄弟・姉妹、親戚がいないなど身寄りがなかったり、関係者がいても疎遠で、先祖代々の墓に入る意思がないのであれば早めにそのむね寺院や霊園などの事業者に永代供養の墓に移してもらうよう、相談しておきたい（写真2―7）。

65「検体はだれでもできる」はウソ、ホントは正常な解剖が不適当だったり、長期保存ができなかったり、遺族や遺骨の引き取り手がいなかったりする場合はできない。

そのワケ、第一は、献体とは「医学及び歯学の教育のための献体に関する法律（献体法）」にもとづき、医学や歯学の発展のため、自分の遺体を解剖学の実習用教材として遺族が故人の意思に沿い、死後、48時間以内を目安に献体の登録をしている大学の医学部や歯学部に提供し、解剖されたのちに火葬され、1～3年後、遺族に遺骨が返されるが、交通事故などによる轢断《れきだん》や衝突、墜落などで亡くなり、損傷が激しい遺体は正常解剖に不適当なことがあるからである。

第二は、献体はそれ以外の遺体でも死後の経過時間が長かったり、温度の高い状態に置かれた場合、外観上、損傷がなくても腐敗が進行し、正常解剖に不適当な場合があるからである。

そして、第三は、B型やC型肝炎、ＨＩＶ（エイズ）、梅毒、結核などにそれぞれ感染していたり、重度の肝硬変症や局所的な壊死、また、交通事故や自殺、不慮の事故などの外傷のため、長期保存できなかったり、手術中、あるいは手術直後に亡くなったり、法医学解剖が行われたりした場合も献体が断られるからである。もとより、献体に同意できる遺族や遺骨の引き取り手がいない場合も断られる（図表2―17）。

なお、献体の申し込みの手順は住所地にある大学の医学部、または歯学部、もしくは献体の会など関係機関にまず問い合わせ、献体の登録票を送ってもらったあと、死亡時の遺体の引き渡しの日時、場所などが決まり次第、大学に連絡するが、複数の遺族の同意が必要である。そして、本人が死亡した際、大学にそのむね連絡すれば大学は借り上げた寝台車で遺体を引き取りに向かい、医師が作成した死亡診断書のコピーを受け取り、防腐処理などを行って保存し、2～3か月以内に解剖学実習の教材に使われる。実習終了後、丁重に納棺、地元の斎場で火葬したのち、遺骨が遺族に返還されるが、遺族の希望により大学や斎場で骨揚げをすることも可能である。

また、毎年秋、大学が遺族など関係者を招き、解剖体慰霊祭を盛大、かつ厳粛に執り行い、献体者の御霊《みたま》を慰めることになっている。

ちなみに、献体の登録者数は1970年代半ばまでは約1万人にすぎなかったが、2007（平成19）年以降、同21万人を突破しており、大学によってはダブついている。

なお、大学への献体の連絡は24時間受け付けている。このため、受け付けてもらったあと、親戚への連絡や葬儀社の手配をすることになるが、葬儀社が決まっていなければ大学が出入りの葬儀社に手配を代行する。角膜や心臓などの臓器を提供する場合も同様である。遺体の大学への搬送や火葬、また、大学内での葬儀や告別式、あるいはお別れ会は無料だが、大学外で葬儀や告別式、お

図表2−17　献体できない場合

1．損傷が激しい遺体
2．正常解剖が不適当
3．長期保存が不能
4．法医学解剖を実施
5．献体への遺族の不同意
6．遺骨の引き取り手がない
7．その他

出典：筆者作成

別れ会などを行う場合、その分、実費のみ負担となる。

66「臓器提供はだれでもできる」はウソ、ホントは年齢制限や家族の同意が必要である。

そのワケ、第一は、臓器提供とは心臓が停止した死後はもとより、脳死後、臓器の機能が低下したり、機能しなくなったりして臓器移植でしか治療できない人に臓器を提供し、治療に役立てようというものだが、脳死後に提供できる臓器は心臓や肺、肝臓、膵臓《すいぞう》、小腸、眼球に限られ、かつ15歳以上となっているからである。

第二は、これらの臓器の提供の年齢は眼球は年齢制限はないものの、心臓は50歳以下、肺と腎臓は70歳以下、膵臓と小腸は60歳以下が望ましいとされているからである。

そして、第三は、脳死の場合、本人が生前、臓器提供意思表示カードに脳死後の臓器の提供と心臓が停止した死後の臓器の提供のむねの記入をし、かつ家族の同意が必要だからである。

ちなみに、臓器提供はあらかじめ臓器提供意思表示カードへの登録が必要なため、事前に家族などと十分話し合ったうえ、その同意を受け、市町村や郵便局、コンビニエンスストア（コンビニ）などで入手後、必要な事項を記入して登録したい。

その記入にあっては、まず脳死後、心臓、肺、肝臓、腎臓、膵臓、小腸、眼球、また、心臓の停止後、腎臓、膵臓、眼球、さらには皮膚や心臓弁、血管、骨などの組織も提供するのか、明記する。もとより、特定の人に臓器提供をしたくないなど提供先を限定する意思表示があった場合、遺族も含め、臓器提供は行われない。そのうえで、本人の署名および署名の年月日を自筆で記入するほか、できれば本人の押印をする。本人がこれらの行為ができない場合、本人と第三者の立ち会いのもと、代筆者が代筆するが、その際、代筆者の自筆の署名と本人との関係を記入することになっている。

ちなみに、公益社団法人日本臓器移植ネットワークによると、臓器提供意思の登録者数は２０１８（平成30）年10月現在、14万３６５５人に上っている（図表2―18）。

67「相続税の申告や不動産登記は専門家でないとできない」はウソ、ホントは素人でもできる。

そのワケ、ズバリ、一般的に相続税の申告は税理士、不動産登記は司法書士など専門職の業務だが、税務署や登記所（法務局・地方法務局支局・出張所）はもとより、市町村でも予約制でこれらの専門家に無料相談できるだけでなく、国税庁や法務省はもとより、税理士や司法書士など個人のウェブサイト、さらにはこれらの専門職の上部団体の税理士会や司法書士会もＨＰで書式の例示や添付書類なども説明しているため、これらを利用すれば多少時間はかかるものの、素人でもできるからである。

具体的には、相続税の場合、国税庁のＨＰで相続税の仕組みや法定相続人の範囲、相続財産の分割、申告の期限や方法など、また、不動産登記の場合、法務省のＨＰで相続した際の所有権移転登記や表示登記などの方法についてくわしく説明している。わからない場合、最寄りの税務署や登記所に相談の予約をすれば係官が丁寧に説明してくれるため、何度も足を運ばなければならなくなったときでもあきらめず、出かければ係官との人間関係もできて何とかなるものである。

図表2-18　臓器提供意思表示カードと意思表示欄の例

出典：厚生労働省HP、2018年

とりわけ、不動産登記はその不動産がどのようなもので、かつだれが所有し、どのような権利を有するものか、第三者に対抗できるものである。このため、放置しておくと思わぬ損害やトラブルを起こしかねないので注意が必要である。

ただし、不動産の遺産分割協議がまとまっていないときは共同相続人が全員で登記を申請しなければならない。これに対し、遺産分割協議がまとまっている場合、単独で登記できる。

なお、税務署や登記所は平日は9時から5時まで、土・日曜日や祝日、年末年始は休業である。また、肝心の相談も1人30分以内などと時間制限しているところがほとんどであるため、あらかじめウェブサイトや専門書でおおその内容を押さえたうえ、無料相談に備えたい。

また、オンライン請求を利用し、各種証明書の請求を行うと登記所や証明サービスセンターに来所し、窓口で申請するよりも手数料が安くなるだけでなく、平日に時間をやりくりしてわざわざ税務署や登記所に出向き、順番待ちしなくてもパソコンから各種証明書の交付申請を行うことができる。さらに、全国の登記所で法定相続情報証明制度が2017（平成29）年5月にスタートし、相続の各種手続きの際、戸籍謄本の束を何度も出し直す必要がなくなった。

なお、税理士や司法書士のなかには事務所のHPをウェブサイトに公開し、無料相談を前面に打ち出したり、低額な報酬を表示したりしてPRしているが、いざ、具体的に申告や登記の手続きとなると現地調査費や通信費、交通費などを加算し、報酬額が雪だるま式に増え、最初の話と違った費用がかかり、引くに引けない事態となってしまうことも日常茶飯事《さはんじ》である。また、税理士のなかには相続税の知識や実務に疎《うと》かったり、現地調査をしなかったりする者もいるため、依頼する場合、上部団体に推薦を照会したり、口コミで親身になってくれる相続にくわしい人を探し、後悔しないようにしたい（写真2―8）。

いずれにしても、家族を亡くしたら悲しむまもなく死亡届の提出や葬儀社の決定、連絡先のとりまとめ、通夜、葬

写真2-8　相続税の申告や不動産登記は素人でもできる

（東京都北区王子にて）

儀・告別式をはじめ、死亡保険金の請求、保険や年金の切り替え、預貯金の停止、故人の戸籍謄本の収集、遺言書の確認、家裁での検認、相続人および土地や家屋、預貯金や保険証券、借入金の債務、未払いの公租公課、葬儀費用など財産の確認、相続の放棄および限定承認、所得税の申告と納税、遺産分割協議、預貯金や株式・公社債、不動産、自動車、電話、電気・ガス・水道などの公共料金、新聞代、賃貸借契約などの名義変更、初七日、忌明け、四十九日の法要、納骨で世話になった人や寺院、施設へのお礼、遺族年金の請求、相続税の申告と納税、不動産移転登記など数限りない手続きが待ち受けている。このため、悲しみもそこそこに綿密なスケジュールを立て、漏《も》れのないよう、家族で協議しながら一つずつ処理していけば素人でもできる。期限はとくに設けられていないが、不動産登記も同様である。

なお、神奈川県横須賀市は２０１５（平成27）年、原則として一人暮らしで身寄りがなく、月収18万円以下、また、預貯金などが２２５万円以下程度で、固定資産税評価額が５００万円以下の不動産しかない高齢者などの市民に対し、葬儀や死後の遺骨の保管、無縁の納骨堂永代供養などエンディングプラン・サポート事業を導入、自治体独自の終活への支援をしており、注目されている。

68「不動産の名義人が亡くなってもその所有権の移転登記をしなくてもよい」はウソ、ホントは所有権の移転登記をしなければ二次相続の際、「争族」となるおそれがある。

そのワケ、ズバリ、不動産の名義人（所有権者）が亡くなったらその変更のむね所有権の移転登記をしなければ法定相続人の共有となるものの、その共有者が確定しないうえ、その後、これらのいずれかの法定相続人のだれかが亡くなった場合、その権利は亡くなった法定相続人に二次相続され、共有者が増えて複雑化し、関係者の間で相続ならぬ「争族」となるおそれがあるからである。とくに共有の不動産の場合、共有者全員の同意がなければ建て替えも売却もできない（前出・図表1―32）。

また、二次相続の場合、一次相続で1億6０００万円の配偶者控除のような税額控除がない。そればかりか、その後も所有権の移転登記を放置しておくと法定相続人がさらに増えて数十人前後となり、法定相続人を確定するため、すべての法定相続人の戸籍謄本や住民票を取り寄せ、かつ法定相続人全員による分割協議による同意を取り付ける手続きが膨大な手間暇《ひま》となり、財産の価値以上に費用がかかって元も子もなくなってしまうことが多いのが一般的である。

具体的には、法定相続人を確定する場合、亡くなった人の住民票や戸籍謄本は保存されるが、その期限は住民票は5年まで、戸籍謄本は１５０年までとなっており、これらのデータがなくなってしまうと所有権の移転登記をする際、必要な書類が取得できず、登記の手続きに支障を来してしまう。このため、登記の期限がないからといって放っておくと「争族」が子々孫々まで続き、親族関係も壊れかねない状況になるおそれがある。

また、住家ならまだしも、空き家の場合、名義変更されなくても亡くなった人に対し、市町村から毎年、土地と建物に対する固定資産税、さらに市街化区域であれば都市計画税の納税のための通知が送り付けられ、滞納した場合、延滞金も課されるなど不利益扱いを受け、だれがその責任を負うべきか、兄弟・姉妹喧嘩《けんか》に発展しかねない。ちなみに、築数十年という古い家は市場価格はほぼゼロになるが、税金はかかる。この点、更地にすれば住宅への固定資産税などはなくなるが、１００万～２００万円の解体費用がかかる。

このようななか、近年、リゾート地を抱える市町村で職員が頭を悩ませているのが別荘で、戦後の高度経済成長期後のリゾートブームで都市部のサラリーマンが各地のリゾート地の別荘地を購入、別荘を建て、一時は5月のゴールデンウイークや夏休みなどに家族連れや友人たちなどでにぎわったものの、その後、所有者の死亡や健康への不安、あるいはマイカーを運転できなくなって利用されずじまいになったかと思えば、孫の子守りや子ども夫婦の子育てや仕事の忙しさ、さらには車離れや別荘離れも伴って管理が行き届かず、リフォームに大金が必要だったりして利用されなくなって動物の棲家となって傷《いた》みが進んだり、外部から何者かが粗大ごみなどを持ち込んで捨てられたり、町内会や自治会費が未納になったりして迷惑施設に成り下がっているところもある（写真2―9）。

写真2-9　空き家同然の別荘

（群馬県にて）

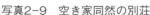

69「遺品整理代は5万~10万円」はウソ、ホントは相場がない。

そのワケ、ズバリ、遺品整理代はその住宅の間取りや遺品の仕分けにかかる時間、回収して運び出す量、これを配送する軽トラックや2トントラックなど車両の大きさ、時間、人員、整理後の部屋の掃除などに応じ、5万~25万円以上などとさまざまなため、いちがいにいえないからである。

そこで、遺品の整理を委託する場合、まず亡くなった人の部屋を掃除したあと、預貯金の通帳や印鑑、遺言書、エンディングノートを一早く見つけ、これらに沿って遺品を残しておく物、形見分けする物、処分する物、地元の社協などに寄附をする物などに仕分けし、供養したあと、可能な限り市町村の一般ゴミ、あるいは粗大ゴミで引き取ってもらう。なかでもスマホやパソコンなどのデータは外付けのハードディスクなどに保管し、消去しておく。ソーシャルネットワーキング（SNS）のIDやパスワードの管理も信頼できる人に託し、個人情報や預貯金、クレジットカードの暗唱番号、マイナンバーがもれないよう、注意する。

また、家電製品は、購入した店舗やリサイクル家電の引き取り専門の業者のサービスを利用したり、不用品回収業者に依頼したりして個数を最小限にして費用を抑えたうえ、遺品整理専門の業者に処理を依頼する遺品に絞り込む。その際、思わぬ〝タンス貯金〟や重要書類、貴金属などが見つかる場合もあるため、業者のプロの目で遺品全体を見てもらうことも忘れないよう、必ず立ち会いたい。

なお、形見分けは故人をしのび、その思い出を大切にしてもらう品であるため、故人とごく親しかった近親者や親戚、友人でなければ失礼に当たる。もちろん、目上の人には贈れないので注意したい。

次に、遺品整理を依頼した場合、どのくらいの費用がかかるか、また、いずれの業者が信頼できるか、ウェブサイ

写真2-10　遺品整理は慎重に

（群馬県のAさん宅にて）

トや市町村、社協、町内会、自治会、友人や知人を通じて情報収集したうえ、複数の業者から相見積もりをとって法外な料金を請求されたり、予想外の料金を追加されたりすることがないよう、おおよその費用の相場を知る。そして、なぜ、その料金か、どこにその費用がかかっているか、説明をしてもらう。

また、それは基本料金か、大きな家具の室内への配置変えや孤独死、自死などのあとの特別な清掃、消毒・消臭、仏壇などの処分、遺品の供養、形見分けの全国発送、エアコンディショナー（エアコン）やキッチンなどの特殊な取り外し作業、リサイクル品の買い取り、引き取り、遺品整理後のリフォーム、空き家の解体、売却、賃貸、駐車や倉庫としての活用、建て替え、自動車やバイク、自転車などの中古車の査定・買い取り、廃車手続きの代行などは追加料金か、確認したい。その際、遺品整理士[15]はいるか、買い取りの場合、古物商、家財の撤去後のリフォーム、空き家の解体は建築士など専門家の紹介が可能か、聞き出したい。さらに、料金の支払いは現金払いか、銀行振り込みか、クレジットカード決済か、分割払いは可能かなども確認したい。

最後に、作業の終了後、業者の立ち会いのうえでの確認のあと、代金を支払うことになるが、なかには手付け金、または全額を前払い金としている業者もあるため、作業を依頼する際、必ず費用の支払い方法も確認したい。また、作業の際、建物の損壊や器物の破損などが発生してしまった場合、損害賠償もするかどうかもチェックしたい。

なお、身寄りがない場合、生前のうちに弁護士や司法書士、行政書士などに対し、上述した任意後見はもとより、公正証書遺言や財産管理等委任契約、さらには死後事務委任契約を結んでおくなど、普通の所帯以上に早めの生前整理を心がけたい。賃貸住宅や借家に住んでいる場合、部屋や家の引き渡しまでの時間に制約があるため、なおさらである（写真2―10）。

70 「法要や法事は必要」はウソ、ホントは縮減できる。

そのワケ、ズバリ、法要は遺族が故人の冥福を祈るために行う追善供養であるのに対し、法事は追善供養の後席の会食まで含むもので、亡くなった命日から数え、7日ごとの初七日と七七日《なななぬか》（四十九日）、遺族のみで供養をし、その後、7月15日の新盆、または8月15日の旧盆のいずれかに行うほか、一周忌、三回忌、三十三回忌まで法要を営むのが一般的だが、いずれも仏教による儀式にすぎず、かつ強制されるものではないため、適当に縮減できるからである。

第二は、日ごろ信仰する宗教がキリスト教、もしくは無宗教であればまったく意に介さなくても構わないからである。まして通夜の概念がないキリスト教、もしくは無宗教の通夜や葬儀・告別式、さらには通夜や葬儀・告別式もしなかったのであれば法要や法事はせいぜい初七日と七七日（四十九日）、新旧盆、一周忌、三回忌までで、三十三回忌は割愛《かつあい》しても差し支えないばかりか、むしろ遺族の生活の方を大切にすることも一考だからである。さらに、五十回忌や百回忌など論外ではないかという意見もある。

なお、同じキリスト教式の通夜・葬儀でもカトリック、プロテスタントなど教派によって儀式が少し異なる。なぜなら、カトリックでは聖書の朗読とミサ、プロテスタントでは聖書による祈りとオルガン演奏、賛美歌の斉唱が行われるからである。そして、いずれも神父、または牧師が祈りを捧げ、参列者は献花を行うことになるが、キリスト教では死ぬことは永遠の命の始まりであると考えられているため、葬儀でお悔やみの言葉はない。

また、弔電では「神のもとに召され、安らかにお眠り下さい」など、キリスト教に適した言葉を使うことになっている。このほか、御花料として香典をもらった場合、死後1か月目の「昇天記念日」のあと、故人を記念する品を贈る。また、金額は仏式と同様、3分の1から半返しが一般的である。

そして、第三は、筆者の体験からいえば、これらの会食も何も寺院や葬儀社など業者の式場や葬祭ホールなどで仕出しの料理をとって行えば割高で、かつ中間マージンもとられ、かえって後味の悪い印象を持たせるだけのため、一般の和食のレストランや料理旅館、ホテルなどで済ませば個人も参加者も喜ばれること間違いないからである。まして、一般の葬儀・告別式をせず、直葬や散骨、生前葬儀などを選んだ場合、法要や法事などを実施しない者も少なくない。「〇〇、丸儲け」とはよくいったものではある。

要は、故人の冥福をどのように祈るかどうかであり、墓地の永代使用料を購入している寺院や葬儀社など業者の意見は参考程度にすればよいのである。

【注】

1　前出『人生100年〝超〟サバイバル法』。
2　調整率には奥行価格補正率、側方路線影響加算率などがあるが、いずれも国税庁HPで確認できる。
3　前出『人生100年〝超〟サバイバル法』、前出『快適老後の生活設計』。ただし、子や孫への教育資金の税制優遇措置は2019年3月までのため、その延長が検討されている。
4　本来、特養など福祉施設で介護を受けるべきだが、入居できないため、入院の必要がないにもかかわらず、やむを得ず入院すること。
5　現在、現役並み所得者は3割負担。
6　前出『社会保障』建帛社、2018年。
7　非営利任意団体・福祉デザイン研究所「80歳代高齢者の生きがいの持続的促進とその社会的対応」報告書（平成25～27年度　公益財団法人みずほ教育福祉財団研究助成事業）」2016年。

8　前出『人生100年〝超〟サバイバル法』、前出『快適老後の生活設計』。

9　民法第904条の2「1．共同相続人中に、被相続人の事業に関する労務の提供又は財産上の給付、被相続人の療養看護その他の方法により被相続人の財産の維持又は増加について特別の寄与をした者があるときは、被相続人が相続開始の時において有した財産の価額から共同相続人の協議で定めたその者の寄与分を控除したものを相続財産とみなし、第900条から第902条までの規定により算定した相続分に寄与分を加えた額をもってその者の相続分とする。2．前項の協議が調わないとき、又は協議をすることができないときは、家庭裁判所は、同項に規定する寄与をした者の請求により、寄与の時期、方法及び程度、相続財産の額その他一切の事情を考慮して、寄与分を定める。3．寄与分は、被相続人が相続開始の時において有した財産の価額から遺贈の価額を控除した残額を超えることができない。4．第二項の請求は、第907条第2項の規定による請求があった場合又は第910条に規定する場合にすることができる。」

10　同法第1028条「兄弟姉妹以外の相続人は、遺留分として、次の各号に掲げる区分に応じてそれぞれ当該各号に定める割合に相当する額を受ける。一　直系尊属のみが相続人である場合　被相続人の財産の三分の一、二　前号に掲げる場合以外の場合　被相続人の財産の二分の一」

11　拙編著『司法福祉論』ミネルヴァ書房、2011年。

12　前出『人生100年〝超〟サバイバル法』。

13　「朝日新聞」2016年9月5日付。

14　「廃棄物の処理及び清掃に関する法律（廃棄物処理法）」第2条第1項「この法律において「廃棄物」とは、ごみ、粗大ごみ、燃え殻、汚泥、ふん尿、廃油、廃酸、廃アルカリ、動物の死体その他の汚物又は不要物であつて、固形状又は液状のもの（放射性物質及びこれによつて汚染された物を除く。）をいう」。

15　民間資格の一つ。2010年に設立された一般社団法人遺品整理士認定協会が独自の資格取得のセミナーや講座を実施、2017年現在、約2万人がいるといわれている。

第3章　老活・終活のポイント5

1　まずは自分のタイムライン(年表)をつくる

さて、これまで老活・終活のウソを見抜くべく、そのホントを述べてきたが、最後にその備えとしてのポイントを五つに整理し、総括したい。「備えあれば憂いなし」というわけである。

その第一は、自分のタイムライン(年表)1をつくることである。

具体的には、「第1章　老活のウソ、ホント45」の1「人生100年時代」はウソ、ホントは「人生70~90年時代」である」で述べたように、確かに「人生100年時代」はウソで、ホントは「人生70~90年時代」だが、100歳以上の高齢者が2018(平成30)年現在、6万9785人とここ10年でほぼ倍増していることも事実である。

そこで、万一、「人生100年」の長寿を迎えても老活・終活で当惑しないよう、現在の年齢から100歳になるまでの自分のタイムラインをつくり、その際、家族など親族は何歳で、どのような生活を送るようになるか、将来を見通すことである。

具体的には、まず自分は現在、何歳か。また、定年は何歳か。さらに、定年後に受給する企業年金や個人年金はあるか、あればその受給は何歳からいくらぐらいか。

さらに、退職金はいくらか。このほか、これまで貯めてきた預貯金はいくらか、そして、公的年金は国民年金、厚生年金、共済年金のいずれで、何歳から合計で月額いくら受け取ることができるか、チェックする。

一方、加齢に伴う認知症の有病率は65～69歳で1・5％だが、75歳以上の後期高齢者となると20％、85歳では27％に上昇する。もっとも、人によっては45～64歳で初老期の認知症を発症するともいわれている。

そこで、認知症の有病率が高まり、かつ心身の健康を患いがちとなるおそれが増すといわれている後期高齢者となる75歳に達するのはいつか。また、このような認知症を発症せず、心身とも健康なまま、しかし、いずれは医療や介護のサービスを受けながら100歳まで生きると仮定した場合、これらのサービスを受けることになるのはいつか。

そして、このような状態になったとき、子ども夫婦や兄弟姉妹、父母、祖父母など親族は何歳になっており、かつ元気か、死別するのであればそれまでにどのような老活・終活を考え、将来、自分がそのような事態となる際の備えをどうすべきか、考えるデータとなるタイムラインをつくる。

たとえば、現在、58歳のAさんの場合、55歳の妻との間に35歳の一人息子がいるが、遠方でサラリーマン生活を送っているため、別居している。その妻は32歳である。

また、現在、自宅で同居している90歳と88歳の父母の今後を考える。幸い、ともに心身とも健康だが、高齢であるため、いつ、なんどき、認知症や要介護状態、疾病となり、医療や介護などのサービスが必要となるか、また、急逝するか、予断を許さない。自分が60歳で定年退職するとき、父母は92歳と90歳である。

そこで、万一のとき、保険医療機関に入院したり、在宅で療養生活を送ったりしてもらうか、それとも介護老人福祉施設（特養）に入居してもらうか、検討せざるを得ないが、両親はそのようなとき、どのように考えているか。また、葬儀や納骨、財産分与などについてどのように考えているか、機会を見つけて話しかけなければならない。さらには、その看取りなどの終活を通じ、自分たちが先立ったりするなど、もしものときのことも妻や息子夫婦と話し

図表3−1　Aさんら親族のタイムライン

	現在の年齢	定年・私的年金の受給	公的年金受給	高齢期	死亡
祖父	死亡				
祖母	死亡				
父	90歳	92歳	97歳	（107歳）	（132歳）
母	88歳	90歳	95歳	（105歳）	（130歳）
兄	65歳	67歳	72歳	82歳	（107歳）
弟	52歳	54歳	59歳	69歳	94歳
姉	62歳	64歳	69歳	79歳	104歳
長男の妻	32歳	34歳	39歳	49歳	74歳
長男	35歳	37歳	42歳	52歳	77歳
妻	55歳	57歳	62歳	72歳	97歳
自分	58歳	60歳	65歳	75歳	100歳

＊（　）は生存中の場合の年齢
出典：筆者作成

合っておかなければならない。

いずれにしても、Aさんは60歳で定年退職したとき、妻は57歳、長男は37歳、長男の妻は34歳、兄は67歳、姉は64歳で2人とも老後の生活に入る。

一方、弟は54歳で、定年までまだ少し間があるが、自分が75歳になったとき、長男は52歳、長男の妻は49歳、兄は82歳、姉は79歳になる。これに対し、弟は69歳で、後期高齢者の仲間入りの直前となる。

なお、現在、兄は65歳、弟は52歳、姉は62歳だが、いずれもサラリーマンで別居しており、子どもがいるが、それぞれ扶養できる子ども夫婦がいるほか、退職金や預貯金、私的年金および公的年金もそれなりにありそうなため、親族としては心配ないと思われる。

ともあれ、このようにAさんのようにタイムラインをつくりたい（図表3−1）。

2　家族会議と親族会議を開いて協議する

第二は、この自分のタイムラインについて最終的に親族で合意形成を図るが、その前に、自分にとって一番の身内である妻に説明し、自分か妻のいずれかが先立っても、いざというとき、葬儀社や寺院など業者に振り回されないよう、夫婦としての基本的な老活や終活のあり方について話し合う。そして、合意後、二人の考えを子ども夫婦に伝えるべく、家族会議を開いて協議する。

具体的には、自分のタイムラインをベースに現在の心身の健康状態はどうか、自分が将来、認知症を発症したり、疾病や要介護状態になったらどのような医療や介護サービスを受けたいか、また、その際の自己負担の見通し、さらに、不幸にして死亡した場合、遺族年金や生命保険はいくらぐらいになるか、住宅ローンなどの借金の返済はないか、預貯金や不動産などの財産はどうなっているか、両親がなお健在ならその医療や介護、看取りはどうするかなど、今後の互いの老活や終活への意見や考え、希望を説明する。このタイムラインについて夫婦で意見交換したうえ、子ども夫婦を交え、家族会議を開いて家族全体で協議する。

そのうえで、その結果について報告すべく、法定相続人の対象となる第三順位の親族などが5月の連休や夏休み、正月休み、あるいは春や秋の彼岸で祖父母の法要や法事など家族が集まる機会をねらって親族会議を開く。

ただし、その際、注意しなくてはならないのは、親族会議だからといって親族が集まるなり唐突に老活や終活の話を持ち出すのではなく、まずは食事を囲みながら互いの近況を報告し合い、日ごろの心身の健康や生活ぶり、趣味や特技、新聞やテレビ、ウェブサイトをめぐる各種出来事などを和気あいあいの雰囲気のなかで話し合い、環境づくりに努める。そして、宴が盛り上がったところで、今後の互いの人生のあり方を披露し合う。

その場合でも、いきなり自分たち家族の老活や終活に話題を提供するのではなく、まずはそれぞれの恩師や会社の上司、仲人、友人や知人の消息、さらには互いの定年の年齢や退職金、年金の受給の見通し、両親の介護や看取りなどの話を少しずつ話し始めるなどし、両親の財産の分与などを唐突に話し出さないことである。なぜなら、いきなりこのような話を始めると誤解を招きやすいからである。

しかし、互いに話し合う雰囲気になってきたら「実は……」と本題に入り、両親の医療や介護、看取り、また、その場合の遺産相続となる財産はその程度か、法定相続人はだれで、どのような順位で、かつその相続分はどうなるか。また、万一の際、だれに連絡するか、葬儀はどのような形で行うか、さらに、納骨する墓は先祖代々の墓でよいか、それとも散骨などの希望があるか、不動産の移転登記はどうするかなど、自分の老活や終活を考え併せ、親族全体による老活や終活について基本的な方向性を確認する。

ただし、この場合に注意したいのは、法定相続人だけによる財産の分与を事務的に行わず、両親や自分たちの配偶者、すなわち、嫁いでくれた配偶者の意見や考え、要望、あるいはホームヘルパー（訪問介護員）や主治医、保険医療機関、福祉施設など世話になった第三者への謝意や社協、社会福祉事業団など関係機関への香典返しや寄附なども考えたい。

また、相続税の申告や不動産の移転登記など終活全体に関わる事務処理は税理士や司法書士、行政書士、社会保険労務士などの専門家や成年後見人、あるいは社協などの権利擁護センターに相談し、適切な助言をもらうことも重要である。なぜなら、とくに専業主婦の場合、ややもすると実の子ども、すなわち、嫁ぎ先の両親、すなわち、義理の父や母の介護や看取りに努めることが多いほか、ホームヘルパーや主治医、保険医療機関、福祉施設など第三者の功労にも配慮しなければならないケースが多いからである。そればかりか、その立場を必要以上に強調し、遺産分割をめぐって「争族」に発展しかねないからでもある。

図表3-2 「在宅支援」研究プロジェクト構想

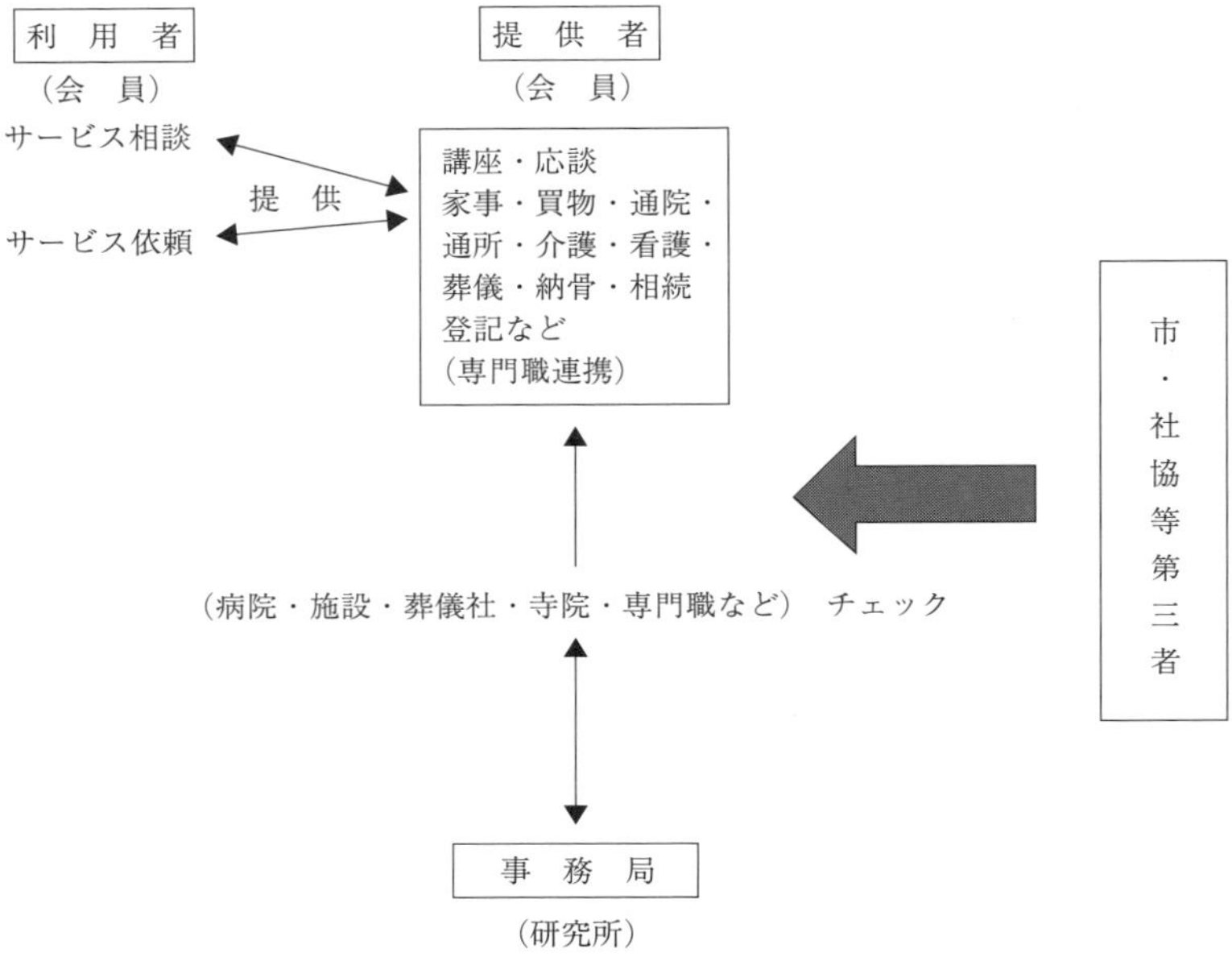

出典：筆者作成

なお、すでに夫に先立たれ、子どもなど家族や親族がいない一人暮らしや生涯独身、あるいは離婚して家族も親族がない場合、自分のタイムラインを福祉事務所や地域の民生委員、社協、権利擁護センター、地域包括支援センター、居宅介護支援事業所（デイサービスセンター）、福祉施設、町内会、自治会の役員など信頼できる関係機関や団体に話し、相談に乗ってもらう。

ちなみに、筆者は公的年金および私的年金や賃貸マンションの家賃収入があるため、経済的には何とかなる。また、長年、妻と山歩きを楽しんでいるせいか、2人とも至って健康である。このほか、毎年、親族と海外旅行や国内旅行を楽しみながらそれぞれの両親の医療や介護、看取り、死別に伴う葬儀、納骨、相続税の申告、不動産の移転登記など老活や終活について意見交換しているため、今のところ何ら不安はない。

それだけではない。筆者は12年前から都下の賃貸マンションの1階を地域サロンとして地域に開放し、地元の市の登録団体として年金や医療、介護、老活・終活などのミニ講座を毎週開き、仲間づくりに努めている。また、教え子など研究者約10人と研究所を併設し、地域福祉活動に努めたり、地元の保険医療機関のロビーを拝借してコミュニティカフェを主宰、老活と終活のあり方について意見交換している[2]。

このほか、年会費３０００円とし、仲間同士で家事や買い物、病院の通院、福祉施設への通所などの助け合いを通じ、1時間当たり1点を預託し、将来、困ったとき、その点数に応じ、必要なサービスを仲間から受けるＮＰＯのボランティア団体の活動に関わっているため、このＮＰＯと連携し、在宅での医療、介護、看取り、葬儀、納骨、墓守、相続税の申告、不動産移転登記など老活や終活をパッケージ化した「在宅支援」研究プロジェクトを今後、推進することを検討しているが、このような有志による市民活動として老活や終活に取り組むのも一考ではないか(図表３―２)。

３　行政やメディア、消費生活センターなどの情報を集める

第三は、家族会議や親族会議で自分たち夫婦や両親、子ども夫婦など家族や親族の老活や終活の合意形成が全員によって基本的な方向を見いだせたら、「第1章　老活のウソ、ホント45」および「第2章　終活のウソ、ホント25」でそれぞれ述べたパッケージ旅行はもとより、公共の宿の宿泊料金や住宅のリフォーム費用、自宅の住み替え、実家や空き家の処分、墓の永代使用料、仏壇、葬儀費用、香典返し（返礼品）の代金、遺品整理代など老活や終活に関わるすべての情報を行政やメディア、消費生活センターなどから集める。

具体的には、政府や自治体、社協など関係機関の広報紙、ミニコミ紙、ウェブサイト、また、新聞やテレビ、ラジオ、雑誌、書籍などのメディア、チラシ、ダイレクトメール、通販、訪問販売員の説明、体験者の口コミなどを収集し、比較検討するが、なかでも一番信頼がおけるのが国民生活センターの情報である。なぜなら、同センターは２０

09（平成21）年の消費者庁の設置に伴い、同庁所管の独立行政法人として、「消費者ホットライン（188）」を設け、各地の消費者問題に関わるさまざまな相談に応じているほか、各地の消費生活センターに寄せられた年間約90万件に及ぶ消費者からの相談や苦情などを集め、センター内のPIO－NETを通じ、悪質商法をめぐるトラブルの予防や解決のため、情報を開示しているからである。

それだけではない。消費者はもとより、生活者全般にわたる日々のさまざまなトラブルに関わる消費生活相談員やその志望者、企業など業者の消費者対応窓口の職員、消費者問題を学ぶ学生などを対象に研修やセミナー、講座、イベントを行っている。

しかも、このような業務は各地の消費生活センターでも専門の相談員が老活や終活についてもだれにも気軽に対応することになっている。このため、ややもすると、消費者にとって裁判などに及ぶ場合、お金も時間もかかりすぎるため、泣き寝入りすることが多いなか、「消費生活センターに相談してみる」などと相手に告げるだけでも有効な解決策となる。

図表3-3　都道府県消費生活センター

北海道・東北	北海道立消費生活センター 〒060-0003　札幌市中央区北3条西7　北海道庁別館西棟 電話番号（050）7505-0999 青森県消費生活センター 〒030-0822　青森市中央3－20－30　県民福祉プラザ5階 電話番号（017）722-3343 岩手県立県民生活センター 〒020-0021　盛岡市中央通3－10－2　電話番号（019）624-2209 宮城県消費生活センター 〒980-8570　仙台市青葉区本町3－8－1　宮城県庁1階 電話番号（022）261-5161 秋田県生活センター 〒010-0001　秋田市中通2－3－8　アトリオン7階 電話番号（018）835-0999 山形県消費生活センター 〒990-8570　山形市松波2－8－1　電話番号（023）624-0999 福島県消費生活センター 〒960-8043　福島市中町8－2　自治会館1階　電話番号（024）521-0999

関　　　東	茨城県消費生活センター 〒310-0802　水戸市柵町1－3－1　水戸合同庁舎1階 電話番号（029）225-6445 栃木県消費生活センター 〒320-8501　宇都宮市塙田1－1－20　県庁本館7階南側 くらし安全安心課消費者行政推進室　電話番号（028）625-2227 群馬県消費生活センター 〒371-8570　前橋市大手町1－1－1　群馬県昭和庁舎1階 電話番号（027）223-3001 埼玉県消費生活支援センター 〒333-0844　川口市上青木3－12－18　電話番号（048）261-0999 千葉県消費者センター 〒273-0014　船橋市高瀬町66－18　電話番号（047）434-0999 東京都消費生活総合センター 〒162-0823　新宿区神楽河岸1－1　セントラルプラザ16階 電話番号（03）3235-1155 かながわ中央消費生活センター 〒221-0835　横浜市神奈川区鶴屋町2－24－2 かながわ県民センター6階　電話番号（045）311-0999
甲信越・北陸	新潟県消費生活センター 〒950-0994　新潟市中央区上所2－2－2　新潟ユニゾンプラザ 電話番号（025）285-4196 富山県消費生活センター 〒930-0805　富山市湊入船町6－7　富山県民共生センター内 電話番号（076）432-9233 石川県消費生活支援センター 〒920-8204　金沢市戸水2－30　電話番号（076）267-6110 福井県消費生活センター 〒910-0858　福井市手寄1－4－1　AOSSA7階 電話番号（0776）22-1102 山梨県県民生活センター 〒400-0035　甲府市飯田1－1－20　山梨県JA会館5階 電話番号（055）235-8455 長野県北信消費生活センター 〒380-0936　長野市大字中御所字岡田98－1　電話番号（026）223-6777
東　　　海	岐阜県環境生活部県民生活相談センター 〒500-8384　岐阜市薮田南5－14－53　OKBふれあい会館1棟5階 電話番号（058）277-1003 静岡県中部県民生活センター 〒422-8067　静岡市駿河区南町14－1　水の森ビル3階 電話番号（054）202-6006

東　海	愛知県消費生活総合センター 〒460-0001　名古屋市中区三の丸2-3-2 愛知県自治センター１階　電話番号（052）962-0999 三重県消費生活センター 〒514-0004　津市栄町1－954　三重県栄町庁舎3階 電話番号（059）228-2212
近　畿	滋賀県消費生活センター 〒522-0071　彦根市元町4－1　電話番号（0749）23-0999 京都府府民生活部消費生活安全センター 〒601-8047　京都市南区東九条下殿田町70（新町通九条下ル） 京都府民総合交流プラザ（京都テルサ）内 電話番号（075）671-0004 大阪府消費生活センター 〒559-0034　大阪市住之江区南港北2-1-10 ATC（アジア太平洋トレードセンター）ITM棟3階 電話番号（06）6616-0888 兵庫県立消費生活総合センター 〒650-0046　神戸市中央区港島中町6－9－1　神戸国際交流会館7階 電話番号（078）303-0999 奈良県消費生活センター 〒630-8122　奈良市三条本町8－1　シルキア奈良2階 電話番号（0742）36-0931 和歌山県消費生活センター 〒640-8319　和歌山市手平2－1－2 県民交流プラザ・和歌山ビッグ愛8階　電話番号（073）433-1551
中　国	鳥取県立消費生活センター東部消費生活相談室 〒680-0011　鳥取市東町1－271　県庁第二庁舎2階 電話番号（0857）26-7605 島根県消費者センター 〒690-0887　松江市殿町8－3　島根県市町村振興センター5階 電話番号（0852）32-5916 岡山県消費生活センター 〒700-0807　岡山市北区南方2－13－1　きらめきプラザ5階 電話番号（086）226-0999 広島県生活センター 〒730-8511　広島市中区基町10－52　電話番号（082）223-6111 山口県消費生活センター 〒753-8501　山口市滝町1－1　（山口県庁厚生棟2階） 電話番号（083）924-0999

四　国	徳島県消費者情報センター 〒770-0851　徳島市徳島町城内2－1　とくぎんトモニプラザ5階 電話番号（088）623-0110 香川県消費生活センター 〒760-8570　高松市番町4－1－10　香川県庁東館2階 電話番号（087）833-0999 愛媛県消費生活センター 〒791-8014　松山市山越町450　電話番号（089）925-3700 高知県立消費生活センター 〒780-0935　高知市旭町3－115　こうち男女共同参画センター2階 電話番号（088）824-0999
九州・沖縄	福岡県消費生活センター 〒812-0046　福岡市博多区吉塚本町13－50　吉塚合同庁舎1階 電話番号（092）632-0999 佐賀県消費生活センター 〒840-0815　佐賀市天神3－2－11　アバンセ内 電話番号（0952）24-0999 長崎県消費生活センター 〒850-8570　長崎市尾上町3番1号　長崎県庁舎行政棟2階 電話番号（095）824-0999 熊本県消費生活センター 〒862-8570　熊本市中央区水前寺6－18－1　電話番号（096）383-0999 大分県消費生活・男女共同参画プラザ 〒870-0037　大分市東春日町1－1　電話番号（097）534-0999 宮崎県消費生活センター 〒880-0051　宮崎市江平西2－1－20　電話番号（0985）25-0999 鹿児島県消費生活センター 〒892-0838　鹿児島市新屋敷町16-203　県住宅供給公社ビル2階 電話番号（099）224-0999 沖縄県消費生活センター 〒900-8570　那覇市泉崎1－2－2　沖縄県本庁舎1階 電話番号（098）863-9214

（注）都道府県によっては一部、県庁の関係部署にある。また、各区市町村にも同様の消費生活センターが設置されている。

出典：国民生活センターHP、2018年より作成

現に、筆者は昨年、自宅や山荘を一斉にリフォームした際、請負業者が手抜きの工事をしたことが明らかだったのでその是正を申し入れたものの、聞き入れなかったため、「このままでは消費生活センターに相談せざるを得ない」と業者に告げると態度を一変し、即、手抜き工事を認め、修復してもらった。その意味でも、困ったら最寄りの消費生活センターに直接出向いたり、とりあえず「消費者ホットライン（188）」に電話をして事態の解決のため、相談したい。

なお、電子メールによる相談の受け付けは一部の消費生活センターを除き、行っていないため、原則として電話、またはあらかじめ受け付けの時間を予約したうえで出向いた方がよい（図表3―3）。

4　複数の業者から見積もりを取り、比較検討する

第四は、自分がつくったタイムラインを家族会議と親族会議で披露し、意見交換して合意形成を図ったら行政やメディア、消費生活センターの情報を集め、「第1章　老活のウソ、ホント45」、および「第2章　終活のウソ、ホント25」で述べたパッケージ旅行や住宅のリフォーム費用、自宅の住み替え、実家や空き家の処分、墓の永代使用料、仏壇、葬儀費用、香典返

写真3−1　住宅の住み替え工事でも「ウインウイン」の関係づくりを

（都下の賃貸マンションにて）

し（返礼品）の代金、遺品整理代など老活や終活に関わる見積書を複数の業者から取り、比較検討する。税理士や司法書士、行政書士などとの相続税の申告や不動産の移転登記などの契約の締結の際においても同様で、料金の追加がないか、あればどのようなときかなどについても遠慮せず、洗いざらい聞き出す。

とりわけ、素人では理解できない住宅のリフォーム費用、自宅の住み替え、実家や空き家の処分などの場合、業者が最近請け負った地元の発注者の工事の現場を見せて説明をお願いする。また、葬儀費用や香典返し（返礼品）の代金、遺品整理代などの場合も最近、同じ葬儀社や寺院、業者によって葬儀や香典返し（返礼品）、遺品整理などを済ませた体験者を紹介してもらい、その感想や評価を聞く。

ただし、「高かろう、よかろう」、あるいは「安かろう、悪かろう」、否、〝安かろう、よかろう〟は禁物で、豊富な経験と信頼があり、他人に奨《すす》められる良心的な業者と契約し、双方はもとより、関係者全員が「ウインウイン」となるような老活や終活をしたい。

また、契約の履行後、アフターサービスも万全なものとしていることはもとより、一定期間内であればクーリングオフ制度の対象とするのは常識だが、とくに大金となる住宅のリフォーム費用、自宅の住み替えなどの工事の場合、完成後、最低向こう10年は保証付きとするよう、契約の締結時に念押しをして念書をもらう（写真3－1）。

5　自分たちの知識や体験を伝え、ともに消費者運動に関わる

最後に、第五は、無事に老活や終活を済ませたらそれで「ハッピーエンド」ではなく、その体験で得た知識や体験を第三者に伝え、消費者として情報を共有するとともに地元の行政や社協、市民団体、さらには消費生活センターなど関係機関や団体と連携し、「不安のない老活」、あるいは「安心な終活」となるよう、ともに消費者運動に関わりた

い。

周知のように、国民主権、基本的人権の尊重、平和主義を三大原則とする日本国憲法第25条第1項[3]に定めた国民の生存権などさまざまな権利擁護は大日本帝国憲法（明治憲法）の制定下、当時、ヨーロッパで定めた基本的人権の尊重に関する規定を取り入れたものの、国民各層からの要請を受けて行ったのではなく、臣民[4]の権利と義務に関する規定を取り入れなければ近代憲法を整備した欧米から相手にされなかった。

そこで、戦後、新たに制定した日本国憲法第13条の前段[5]で個人の尊厳を究極の目標とすることを宣言し、第14条第1項[6]以下で平等権や精神的自由権などの人権規定を設けることになった。また、上述したように、第25条第1項で国民の生存権、第2項[7]で国および自治体の社会保障的義務を定めた。

ところが、戦後の高度経済成長に伴う人口の大都市集中による地方の崩壊、核家族化、少子高齢化や人口減少に伴う家庭における老親の介護の過重負担やおむつ交換、食事などの拒否、暴力などの高齢者虐待が顕著になってきた。このため、２０００（平成12）年の介護保険法の施行に先立ち、その前年の１９９９（平成11）年、民法改正などによって成年後見制度が創設されるとともに、同年、弁護士や司法書士、行政書士などの専門家に頼らなくてもよい医療費や税金、公共料金などの支払い、預貯金通帳や不動産の権利証書、各種契約書の管理、実印や銀行印、その他社協が適当と認めた書類の管理などを手伝う日常の生活支援をすべく、国庫補助事業として都道府県社協による地域福祉権利擁護事業（現日常生活自立支援事業）がスタートし、現在に至っている[8]。

しかし、〝縦割り行政〟に伴い、高齢者を消費者としてとらえる視点に欠けている。また、成年後見制度や地域福祉権利擁護事業に先立つ１９６８（昭和43）年、消費者保護基本法、および１９９４（平成６）年、欧米などで消費者保護としてすでに導入されている製造物責任法（ＰＬ法）が制定、翌１９９５（平成７）年に施行され、ＰＬセンター[9]の設立の契機となったが、同法は従来の民法第７０９条[10]と比べ、被害者が製品の欠陥を立証するだけにすぎず、事故に対

図表3-4　消費者運動への実践理念

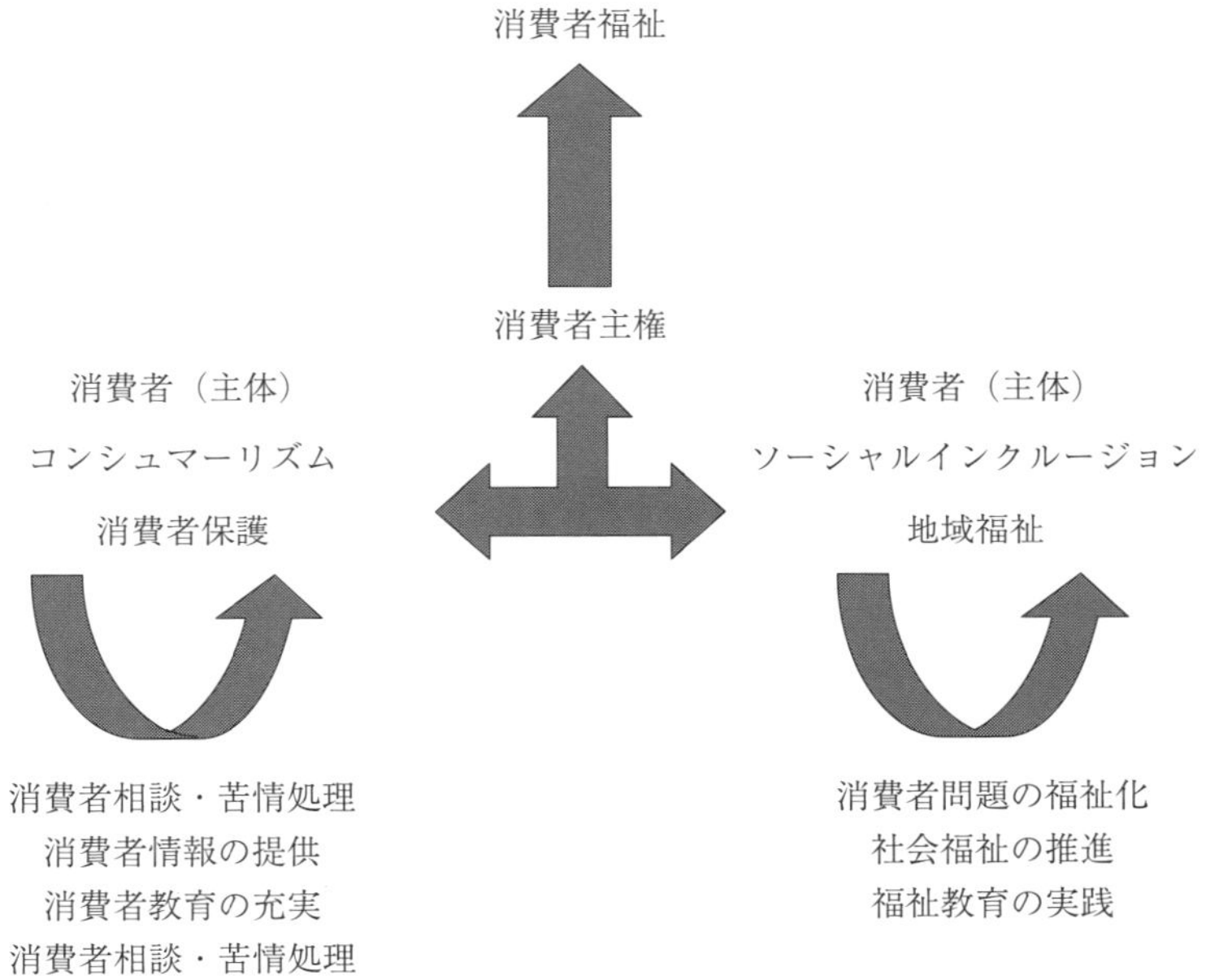

出典：拙編著『司法福祉論』ミネルヴァ書房、2011年、117ページを一部改変

する損害賠償の請求のためには民事訴訟も併せて行わなければならない。

その後、２０００（平成12）年、消費者保護基本法が消費者契約法に改正・改称、翌２００１（平成13）年に施行され、高齢者や障害者などを中心とした商取引上の苦情や被害など消費者契約上のトラブルを解決することになった。もっとも、その背景には規制緩和に伴う消費者保護にある一方、国民生活センターの業務縮小があり、戦後、旧態依然として不十分な消費者教育のなか、ただでさえ業界寄りの消費者保護行政をさらに後退させるものではないか、との懸念もないわけでない。

それだけに、高齢者をめぐる老活や終活に関わる悪質商法の解消、また、高齢者一人ひとりも個人的な問題として済ませるのではなく、そこで得たさまざまな知識や体験を友人や知人、さらには第三者に伝え、同じ消費者として情報を共有するほか、地元の行政や社協、市民団体、さらには消費生活センターなど関係機関や団体と連携し、「不安のない老活」、あるいは「安心な終活」となるよう、ともに消費者運動に関わりたい。

したがって、今後は単なる消費者から主権者としての消費者に止揚すべく、義務教育や高等学校、大学、短期大学・専門学校における学校教育はもとより、公民館やコミセンなど社会教育における市民講座、また、家庭教育における消費者教育の充実や国民生活センターおよび各地の消費生活センターによる各種講座や相談・助言、メディア、ウェブサイトなどの協力による消費者情報の提供、消費者相談・苦情処理による消費者保護からコンシュマーリズム（消費者主義）、さらには福祉教育の実践や地域福祉の推進、消費者問題の福祉化、およびソーシャルインクルージョン（社会的包摂）を通じ、高齢者も消費者としての主権者であることを自覚すべく、「消費者福祉」として概念化し、消費者運動に取り組みたいものである（図表3－4）。

【注】

1　災害時に備えたタイムラインは防災行動計画という。
2　拙著『団塊世代の地域デビュー』みらい、2001年。「朝日新聞」2012年2月2日付。
3　「すべて国民は、健康で文化的な最低限度の生活を営む権利を有する。」
4　君主国のもと、君主に支配される人民。日本の場合、大日本帝国憲法下における皇族以外の国民をいい、天皇への絶対的服従とされた。
5　「すべて国民は、個人として尊重される。」
6　「すべて国民は、法の下に平等であって、人種、信条、性別、社会的身分または門地により、政治的、経済的または社会的関係において、差別されない。」
7　「国は、すべての生活部面について、社会福祉、社会保障及び公衆衛生の向上及び増進に努めなければならない。」
8　実施主体は区市町村に事業委託されている。

9　製品の欠陥によって事故が発生した場合、中立公平な立場で相談の斡旋や裁判外の紛争処理に当たる民間機関。

10　「故意又は過失によって他人の権利又は法律上保護される利益を侵害した者は、これによって生じた損害を賠償する責任を負う。」

参考文献

1　川村匡由編著『社会保障』建帛社、2018年。
2　川村匡由監修『改正介護保険サービス・しくみ・利用料がわかる本（2018～2020年版）』自由国民社、2018年。
3　川村匡由『介護保険再点検』ミネルヴァ書房、2014年。
4　川村匡由『人生100年〝超〟サバイバル法』久美出版、2010年。
5　川村匡由・森長秀・佐藤みゆき編著『権利擁護と成年後見制度』久美出版、2010年。
6　川村匡由編著『司法福祉論』ミネルヴァ書房、2011年。
7　川村匡由『介護保険とシルバーサービス』ミネルヴァ書房、2000年。
8　川村匡由編著『シルバーサービス論』ミネルヴァ書房、2005年。
9　川村匡由・亀井節子編著『とことんわかる年金パスポート』ミネルヴァ書房、2004年。
10　唐沢稜『はじめての不動産投資で成功する本』自由国民社、2010年。
11　石原豊昭監修『あなたの生前準備完全ガイド』自由国民社、2011年。
12　浅見昇吾編『「終活」を考える』上智大学出版、2017年。
13　NPOニッポン・アクティブライフ・クラブ編『エンディングノート』NPOニッポン・アクティブライフ・クラブ、2006年。
14　非営利任意団体・福祉デザイン研究所「平成25～27（2013～2015）年度　公益財団法人みずほ教育福祉財団研究助成事業「80歳代高齢者の生きがいの持続的促進とその社会的対応」2016年。
15　ダイヤモンド社編集「相続重税！迫りくる増税　加速する地価上昇」『週刊ダイヤモンド』2014年9月13日、第102巻35号。
16　国税庁「相続税の申告のしかた」2017年。
17　ゆうちょ銀行「ゆうちょの知ってトクする年金・相続BOOK！」2017年。
18　ゆうちょ銀行「ゆうちょの相続対策ガイド」2017年。
19　税理士法人山田&パートナーズ監修「相続読本（2017年4月版）」三井住友銀行、2017年。
20　税理士法人山田&パートナーズ監修「相続手続ガイド」三井住友銀行、2017年。
21　JA遠中サービス「葬儀前　準備と安心の本」イガラシ、2014年。

22　イオンライフ「イオンライフのライフエンディングサービス（２０１７年６月版）」２０１７年。
23　厚生労働省ＨＰ　https://www.mhlw.go.jp/
24　国税庁ＨＰ　www.nta.go.jp/
25　法務省ＨＰ　www.moj.go.jp/
26　独立行政法人国民生活センターＨＰ　www.kokusen.go.jp /

おわりに

これまで「老活・終活のウソ、ホント70」について縷々《るる》述べてきたが、賢明な読者諸兄姉はどのような感想やご意見をお持ちになったであろうか。

たとえば、最初に取り上げた「老活」ではそれぞれの出身地や家庭環境、学歴、友人、知人、現役時代の職場の人間関係、年金、医療、介護、子育てなど社会保障との関係はもとより、ライフスタイルによってもさまざまであろう。まして、「終活」ともなればそれぞれの死生観や信仰する宗教、あるいは無宗教などにより、これまた、さまざまであろう。

しかし、だれでも間違いなく実感したのは、戦後、国民主権、基本的人権の尊重、平和主義を三大原則とする日本国憲法が制定されて以来、７０年以上も経つにもかかわらず、相変わらず対米従属で、かつ政財官の癒着による大企業の利益誘導に邁進する政治とこれを許すメディアや多くの国民の存在であることだけは明らかである。このような現状を打破し、いずれの国とも対等平等な平和外交に徹し、国民生活を最優先する政治に転換する必要があることではないだろうか。

とりわけ、今後、本格的な少子高齢社会および人口減少に向かい、膨れ上がる社会保障給付費が抑制されるなか、団塊世代など現役世代に比べ、経済的にゆとりを持っているといわれている65歳以上の高齢者をターゲットに病院など医療機関や介護サービス事業者、寺院、葬儀社などがシルバービジネスや葬祭ビジネスに躍起となっているため、そのウソを見抜き、ホントの実像を知って「賢い消費者」となり、悪質商法などに引っかからないよう、注意していただければ幸いである。

また、その一方で対米従属や大企業優先、庶民不在の政治を改めるべく、老活や終活の体験を通じ、地域で仲間や有志と意見交換し、市民活動から国民運動へと拡大、発展させ、世直しに努めていただければこのうえない喜びである。もとより、筆者もその一人として残された人生に悔いが残らないよう、今後も精進するつもりである。

なお、年明け早々、厚生労働省の「毎月勤労統計」調査における不正問題が発覚し、今後の行方が懸念されるが、本書で扱った公的なデータなどは最新のものでも2018（平成30）年12月現在であることをお断りしておきたい。

もう一つ、著者に個人的に老活や終活についてご相談されたい場合、本書に挟み込んだ「愛読者無料相談カード」で相談内容をご記入のうえ、大学教育出版編集部「老活・終活のウソ、ホント70」係あてお送り下さい。責任をもってお答えします。

川村　匡由

2019年　早春

■著者略歴

川村　匡由（かわむら　まさよし）

1969年、立命館大学文学部卒。99年、早稲田大学大学院人間科学研究科博士学位取得。
現在、社会保障学者・武蔵野大学名誉教授。博士（人間科学）。行政書士有資格、シニア社会学会理事、世田谷区社会福祉事業団理事、ＮＰＯニッポン・アクティブライフ・クラブむさしの地区（ナルクむさしの）相談役、地域サロン「ぷらっと」主宰など。

著書

『社会保障（編著）』建帛社、『改正介護保険サービス・しくみ・利用料がわかる本（2018～2020年版：監修）』自由国民社、『介護保険再点検』『介護保険とシルバーサービス』『司法福祉論（編著）』ともにミネルヴァ書房、『権利擁護と成年後見制度（共編著）』久美出版、『地域福祉源流の真実と防災福祉コミュニティ』『地方災害と防災福祉コミュニティ』『大都市災害と防災福祉コミュニティ』『防災福祉コミュニティ形成のために　実践編』いずれも大学教育出版、『防災福祉のまちづくり』（水曜社）、『地域福祉とソーシャルガバナンス』（中央法規出版）ほか。

著者ＨＰ　http：//www. geocities. jp/kawamura0515/

老活・終活のウソ、ホント70

データや研究実践、経験からみた実像

2019年６月25日　初版第１刷発行

■著　　者── 川村匡由
■発 行 者── 佐藤　守
■発 行 所── 株式会社 大学教育出版
〒700-0953　岡山市南区西市855-4
電話（086）244-1268㈹　FAX（086）246-0294
■Ｄ Ｔ Ｐ── 難波田見子
■印刷製本── モリモト印刷㈱

ISBN978-4-86692-019-1